재미있는 곁말 기행 (하)

— 곁에 두고 읽는 곁말 —

재미있는 곁말 기행 (하)

–곁에 두고 읽는 곁말–

박 갑 수

역락

머리말

오늘날은 각박한 시대다. 긴장이 연속된다. 좀 여유를 가지고 살아야겠다. 그러기 위해서는 좀 흐트러진 면도 있어야 하겠고, 허튼 소리도 좀 해야 하겠다. 이에 여기 "재미있는 곁말 기행—곁에 두고 읽는 곁말"을 세상에 내어 놓는다.

"곁말"이란 본래 은어(隱語)와 같은 특수한 사회적 방언을 이르던 말이다. 그런데 이 말이 오늘날은 바로 말하지 아니하고, 특히 다른 말로 빗대어 하는 말로 그 의미가 확대되었다. 예를 들면 황석영의 "장길산"에서 강령 광대에게 문화 광대의 소재를 물으니, "문화" 광대를 유음어(類音語) "문어(文魚)"에 빗대어 서해 용왕님을 모시고 있다가, 엊저녁에 낚시에 걸려 사거리 주막집 초장 속에 담겨 있다고 하는 따위가 그것이다. 곁말은 이렇게 말소리나 의미의 면에서 관련이 있는 것에 빗대어 에둘러 표현하는 여유가 있고, 그것이 말장난이니만큼 재미가 있다. 따라서 각박한 생활을 하는 현대인은 이에 의지하여 긴장의 끈을 늦추고 마음의 여유를 가져 볼만한 언어 표현이다.

이러한 곁말은 다음과 같은 특성을 지니는 것으로 볼 수 있다.

① 빗대어 표현하는 해학과 풍자의 말이다.
② 동음어와 유음어, 및 다의어에 의한 어희(語戱)다.
③ 속담 · 수수께끼 · 파자와 같은 일정한 형식의 비유적인 지적(知的) 표현이다.
④ 재담 · 육담과 같은 재치 있고 해학적인 표현을 아울러 이른다.

인간생활의 원칙은 협동에 있고, 이는 주로 언어에 의해 이루어진다. 언어의 기능은 일반적으로 통달적(通達的) 기능과 환정적(喚情的) 기능으로 나뉜다. 통달적 기능은 지시, 지적하는 보고적 기능이요, 환정적 기능은 감정이나 태도를 환기하는 기능이다. 곁말은 이 가운데 환정적 기능을 지니는 말이라 할 수 있다. 주로 직설적으로 표현되는 통달적 표현은 아무래도 단조하고 긴장을 초래하게 마련이다. 이에 대해 환정적 표현은 긴장을 해소하고, 마음의 여유를 갖게 한다. 이는 문학, 특히 시(詩)가 수행하는 기능이다. 우리 조상들이 활용한 곁말을 통해 마음의 여유와 휴식을 취했으면 한다.

곁말은 흔히 서민들이 즐기는 것으로 알고 있다. 확실히 서민들이 많이 즐기는 것임에 틀림없다. 그러나 이는 서민들의 전유물만은 아니다. 서민으로부터 왕후장상, 유 · 무식(有無識)의 구분 없이 누구나가 즐기는 수사기법이다. 따라서 이 책에는 일상의 평범한 곁말에서 난해한 곁말에 이르기까지 다양한 곁말의 세계가 소개될 것이다. 때로는 쉽게 즐기고, 때로는 궁리를 하며 즐겨야 한다. 그리고 내용도 때로는 야한 육담(肉談)도 제시될 것이고, 지적인 교훈이나 지식도 접하게 될 것이다. 모두가 이런 것 저런 것을 다 즐기시기 바란다.

이 책은 상하권으로 이루어졌으며, 프롤로그를 시작으로 중간에 본론이 나오고, 에필로그로 대단원을 마치게 되어 있다. 프롤로그에서는 첫째, 곁말의 정의를 내리고, 둘째 정의에 따른 용례를 제시하였다. 58편의 본론에서는 비유, 동음어, 다의어, 속담, 수수께끼, 파자, 재담, 육담 등 곁말의 각종 형식에 따라 용례를 제시하며 향수하도록 하였다. 그리고 에필로그에서는 정리하는 면에서 첫째, 곁말의 의미와 용례를 확인하고, 둘째, 곁말의 효용성을 살펴보았다. 따라서 바쁜 분은 프롤로그와 에필로그만 보아도 곁말의 대강을 이해하고 맛볼 수 있을 것이다. 그리고 여유가 있는 분은 본론까지 천천히 즐기시면 좋겠다. 곁말의 용례는 재미있는 내용으로 되어 있으므로 문자 그대로 즐기실 수 있다. 본론은 반드시 순서대로 읽을 필요도 없다. 보고 싶은 대로 아무데나 먼저 펼쳐 보아도 좋다. 각 편은 독립된 것이고, 목차는 글이 쓰인 순서와 관계없이 가나다순으로 새로 배열하였기 때문이다.

여기 수록된 글은 2013년 1월부터 2016년 12월까지 "한글+漢字문화"에 "곁말 기행"이라 하여 연재했던 60회분의 원고다. 이는 "월간중앙"과 "문예중앙"에 1979년 3월부터 21회에 걸쳐 "인기 연재 곁말의 재미"라는 타이틀을 달고 연재했던 글을 개고한 것과 새로 집필한 원고로 되어 있다.

저자는 본래 곁말을 좁은 의미로만 이해하고 있었다. 그런데 "월간중앙"에 곁말을 연재하며 "인기 연재"라는 타이틀까지 제목에 얹게 되어 이를 본격적으로 탐구하게 되어 오늘 이렇게 두 권의 책으로 묶게 되었다. 이러한 곁말의 정리, 출간은 무엇보다 당시 "월간중앙"의 편집국장이셨던 양태조(梁泰朝) 형을 만난 덕분이라 생각한다. 이에 머리말에 이를 밝혀 감사의 뜻을 표한다. 그리고 왕년의 애독자 여러분께도 감사한다. 새로운 독자분들께는 우선 곁말을 통해 즐거움을 누리시기 바라고, 각박한 세상에 마음의 여유를 가지고, 행복한 삶을 누리게 되시길 기원한다.

2018년 9월 10일
瑞草書室에서
南川 적음

차례

1. 아비와 상련으로 인한 고소

경전에 어찌 그런 말이 있단 말이오?

패설(稗說)에는 사람을 웃기는 곁말이 많다. 부묵자의 『파수록(破睡錄)』에는 여색을 밝히는 사내와 그 부인의 익살스러운 이야기가 보인다. 사내가 여인을 밝히는 버릇이 심해, 마침내 아내는 남편에게 도전장을 내게 된다. 여인들에게는 무엇보다 시앗을 보는 일이 참을 수 없는 일이기 때문이다.

> "만에 하나 경(卿)이 끝내 버릇을 고치지 못하겠다면 저도 가만히 있지 않을 것이오. 숫제 지아비를 바꾸고 말겠어요."
>
> 청천벽력 같은 아내의 말에 사내는 성을 내며 단호하게 말하였다.
>
> "서방을 경이라고 부르는 것만도 벌써 경(黥)을 칠 일인데, 하물며 지아비가 여색을 밝힌다하여 아내마저 그 허물을 흉내내겠다는 법이 어디 있소? 이야말로 심히 예에 벗어난 일이 아니오?"
>
> 아내가 벌벌 떨며 말하였다.

"이는 제가 항간에 떠도는 말을 듣고 한 말이 아닙니다. 경전(經傳)을 보고 한 말입니다."

"아니 경전(經典)에 어디 그런 말이 있단 말이오?"

"안왕풍(安王豊)의 아내가 남편을 경(卿)이라고 불렀는데, 이는 전(傳)이 아니고 뭡니까? 대학(大學) 서두에 하남(河南) 정(程)씨 양부자(兩夫子)라고 하고 있는데 남편이 어찌 둘이 아니며 대학은 경전이 아니고 뭐란 말이에요?"

남편은 하도 어이가 없어 그만 허허 웃고 말았다. 그리고 화를 풀고 부인에게 다정하게 일러 주었다.

"부인 오해를 하였소. 그럴 만도 하오. 정씨 양 부자(程氏兩夫子)란 송나라의 큰 유학자 정이(程頤)와 정호(程顥) 형제를 일컬음인데, 당신은 오해를 한 것이오."

남편을 "경(卿)"이라 부르는 것만 해도 경을 칠 일이란 것은 "경"이란 임금이 이품 이상의 신하를 가리키던 2인칭 대명사인데, 한낱 가정의 여인이 남편을 경이라 불렀으니 불경죄에 해당할 일로, 먹물로 이마에 죄인임을 새기는 입묵(入墨)을 해 마땅할 죄라는 것이다. 그리고 여기 "경전"이란 동음어 경전(經典)과 경전(經傳)의 혼란으로 의미 상충이 일어난 것이다. 더구나 부인은 경전(經傳)을 "경서와 그 해설서"라는 의미도 아닌, 경서와 전기의 뜻으로 알고 있는 것으로 보인다. 또한 "양부자(兩夫子)"란 송나라의 유학자 정이 정호를 "두 선생"이라고 높인 지칭인데, 부인은 이를 "두 남편"으로 잘못 풀이해 소학지희(笑謔之戲)가 되게 한 것이다.

장모가 축 처진 것도 사람을 많이 겪어선가요?

같은 『파수록』에는 사위에게 잘난 체하다 망신을 당하는 장인의 이야기도 보인다. 사위가 글을 모른다고 하자 장인이 너무 아는 체를 하다 오히려 사위에게 당하는 이야기다. 사람은 겸손해야 한다.

> "자네는 글을 잘 아는가?'
> "아니오."
> 오랑캐하고도 소통할 수 있는 것은 글을 알기 때문이다. 장인은 글의 위력을 이렇게 늘어놓았다.
> "소나무와 잣나무가 상시 푸른 것은 중심이 굳은 까닭이요, 학이 울음소리를 잘 내는 것은 울대가 긴 까닭이요, 길가의 버드나무가 축 처진 것은 사람을 하도 많이 겪은 까닭일세. 자네가 글을 안다면 이 이치를 깨달을 텐데, 글에 어둡고 서툰 것이 한스러운 일일세."
> 그러자 사위는 이내 반문을 했다.
> "그렇다면 대나무가 푸른 것도 중심이 굳어서 그런 건가요? 맹꽁이가 잘 우는 것도 울대가 길어서 그런 건가요? 장모님이 저렇게 축 늘어진 것도 사람을 많이 겪어서 그런 건가요?"
> 장인은 비로소 글을 잘 아는 사위에게 속았음을 알고 얼굴만 붉힐 뿐 아무 말을 하지 못했다.

사위가 글을 모른다고 하자 장인은 너무 난 체하였다. 그러자 사위는 반어법에 의해 역공을 가한 것이다. 익살스러운 결말이다.

특히 "장모님이 저렇게 축 늘어진 것도 사람을 많이 겪어서 그런 건가요?"라 한 것은 외설적인 의미까지 내포하고 있어 더욱 익살스럽다. 장인이 몸 둘 바를 몰랐을 것이다.

이렇게 잘난 체하다 무안을 당하는 이야기는 조선 후기의 문신 박두세(朴斗世)의 『요로원야화기(要路院夜話記)』에도 보인다. 이는 과거를 보고 집으로 돌아가는 "나(余)"와 한 서울 양반인 과객이 요로원의 어느 숫막에서 나눈 대화로, 이는 앞의 파수록 이야기와 주제를 같이 하는 것이다. 경반(京班)은 허름한 차림의 향반(鄕班)을 싹 무시했다. 그러자 주인공은 그 과객의 어리석고 교만한 거동을 보고, 궤휼(詭譎)로 속이기로 하고 글을 모른다고 하니 더욱 거드름을 피우며 이렇게 말했다.

"사람이 어찌 경향이 다르리오마는, 서울 사람은 진서를 못할 이 없고, 시골사람은 언문도 못 하는도다. 글을 못 하면 어찌 사람이라 하리오?"

이에 주인공은 이렇게 답했다.

"나도 글을 못 해도 남이 사람이라 하니, 어찌 반드시 글을 한 후에야 사람이라 하리요?"

그러자 경반은 더 나아가 "슬프다. 글을 하는 사람은 성인이요, 글 못하는 이는 금수라."한다. 이에 주인공이 "행차는 글을 하시니 진실로 성인이시고, 나도 언문을 하니 금수는 면하리로소이다."란 역설을 한다. 그런즉 "도척이라도 언문이야 못하랴?"라고 폄하의

도수(度數)를 누그리지 않는다. 과객은 마침내 글을 짓지 못한다는 사람에게 육담 풍월이라도 화답하라고 강요한다. 그리고 육담 풍월을 읊는다.

> 아관향지도(我觀鄕之賭)하니,
> 괴저형체조(怪底形體條)로다

"내 시골내기를 보니, 형상 가지기를 괴저히 하는 도다."라 읊은 것이다. 각 구절의 끝 자 도(賭)와 조(條)를 새김으로 지은 육담 풍월이다. 곧 도(賭)는 "내기", 조(條)는 "가지"로 읊은 것이다. 이에 주인공은 마침내 사양 끝에 화답시를 읊는다.

> 아관경지표(我觀京之表)하니,
> 과연거동융(果然擧動戎)이라.

"내 서울 것을 보니, 과연 거동이 되로다."라 한 것이다. 역시 각 구절의 끝자 표(表)와 융(戎)을 새김 "것"과 "되"로 노래한 것이다. "서울 것"과 "되놈"이라 욕을 한 것이다. 이에 경반(京班)은 놀라 비로소 주인공에게 속은 것을 알고, 어찌 사람을 그리 속이느냐고 부끄러워하며 사죄했다. "겉 볼 안"이란 속담이 있기는 하지만, 역시 외양만 가지고 사람을 판단할 일은 못 된다. 겸손의 덕이 있어야 한다.

아비(衙婢)와 상련(賞蓮)으로 인한 고소

다음에는 장한종(張漢宗)의 『어수록』에서 동음어에 의한 결말의 예를 하나 보기로 한다. 이는 환로에서 겪게 된 일로, 자칫했으면 고난을 겪게 될 일이 줄을 잘 대어, 그리고 익살스러운 유머에 의해 일이 잘 해결된 이야기다.

황해도 감사가 연안(延安) 지역을 순시할 때의 일이다. 원래 이 고을에는 창기가 없어 연안부사는 관비 아닌, 아비(衙婢 · 사사로이 부리던 계집종)로서 감사의 수청을 들게 하였다. 또한 부사의 어머니는 지나치게 연꽃을 좋아하여 연꽃이 필 무렵부터 꽃이 모두 질 때까지 날마다 남대지(南大池)에 나가 연꽃을 구경하므로 그 폐단이 여간 아니었다.

이 소문은 서울에까지 전해졌고, 사대부들은 경악하고 비웃었다. 이에 대간(臺諫)이 장차 상소하기에 이르렀다. 이를 안 연안부사는 아들을 서울의 재상가에 보내 손을 쓰게 되었다. 재상과 대간은 친밀한 사이였다. 재상이 부사의 아들을 만나 이 일을 의논하고 있을 때 대간이 재상의 집을 찾았다. 이에 부사의 아들은 병풍 뒤로 피하였다. 두 사람은 날이 저물도록 술을 마셨다. 그리고 대간이 떠나려 하자 재상은 그의 소매를 잡고 말하였다.

"그대는 장차 어쩔 셈인가? 연안 부사가 어미로써 객을 대접했다면 크게 망측한 일이나 아비로 객을 접대했으니 무슨 욕이 되겠는가? 또한 대부인이 상놈과 간통이라도 했다면 해괴망측한 일이겠으나 상련(相蓮)을 좋아한 것이니 그게 뭐가 그리 죄가 되겠는가?"

대간이 웃으며 말했다.

"대감께서 누누이 그러시니 소인이 어찌 상소를 그만 두지 않을 수 있겠습니까?"

대간이 떠나자 병풍 뒤에 숨어 있던 부사의 아들이 재상 앞에 나와 무릎 꿇고 말하였다.

"다행히 대감마님의 주선으로 은혜를 입게 되어 상소의 폐로움을 덜게 되어 감사드립니다. 그러나 그 자식이 듣는 자리에서 어찌 그리 심한 욕을 하십니까?"

재상은 그저 웃을 뿐이었다. 아비가 아비(父)로, 상련이 상년(常女)으로 들렸기 때문이다.

패설의 뒷부분에서 말하듯 아비(衙婢)가 아비(父)로, 상련(賞蓮)이 상년(常女)으로 들리는 것은 우연한 것이 아니다. 재상은 이를 의도적으로 활용한 것이다. 그래야 재상의 체면에 말하기가 수월할 것이고, 또 희화화함으로 사건의 심각성을 누그릴 수 있기 때문이다. 비범한 화술이다. 그러나 저러나 병풍 뒤에서 이 이야기를 들은 아들은 자못 민망하였을 것이다.

영감 찾는 데도 고하가 있나

동음에 의한 곁말을 보았으니 다음에는 다의어에 의한 곁말을 보기로 한다. "부르다"란 말은 여러 가지 뜻을 지닌다. 국립국어연

구원의 표준국어대사전(1999)에는 여덟 가지 뜻이 있는 것으로 풀이하고 있다.

① 말이나 행동 따위로 다른 사람의 주의를 끌거나 오라고 하다.
② 이름이나 명단을 소리 내어 읽으며 대상을 확인하다.
③ 남이 받아 적을 수 있게 또박또박 읽다.
④ 곡조에 맞추어 노래의 가사를 소리 내다.
⑤ 값이나 액수 따위를 얼마라고 말하다.
⑥ 구호나 만세 따위를 소리 내어 외치다.
⑦ 어떤 방향으로 따라오거나 동참하도록 유도하다.
⑧ 어떤 행동이나 말이 관련된 다른 일이나 상황을 초래하다

"부르다"가 이렇게 여러 가지 뜻을 가졌기에 가면극 대사에는 재미있는 대화가 보인다. 먼저 "봉산탈춤"의 것을 보기로 한다.

악공: 영감을 한번 불러 봅소.
미얄: 여기 없는 영감을 불러본들 무엇합나.
악공: 아, 그래도 한번 불러 봐.
미얄: 영가암.
악공: 거 너무 짧아 못쓰겠습네.
미얄: 여엉가암!
악공: 너무 길어 못쓰겠습네.
미얄: 그러면 어떻게 부르란 말입나?
악공: 아, 전라도 제주 망막골에 산다니 시나위청으로 불러 봅소.

미얄: (시나위청으로) 절절 절시구 저절절절 절시구. 얼시구 절시구. 우리 영감 어데 갔나...

"부르다"란 말을 악공은 "소리하다", 곧 사전풀이 ④의 뜻으로 쓰고 있는데, 미알 할미는 이것을 "말로 오라 하다"는 ①의 뜻으로 받아 말놀음이 되게 한 것이다. 봉산탈춤에서는 "할멈"을 찾을 때에도 악공과 영감 사이에 똑같은 대화가 진행된다.

"부르다"의 다의성에 의한 어희는 강령탈춤이 좀 더 해학적이다. 봉산탈춤과 같이 역시 영감과 할멈이 서로 찾는 장면이다.

장구: 그럼 불러 봅소.
할멈: (강아지 부르는 시늉을 한다.) 애야... 애야...
장구: 누가 강아지를 부르랬어?
할멈: 난 부르라니까 강아지를 불르라는 줄 알았지.
장구: 영감을 찾아보란 말이야.
할멈: 영감(짧게)
장구: 그건 너무 짧아.
할멈: 영감을 찾는데도 고하(高下)가 있나?
장구: 고하가 있지.
할멈: 그럼 어찌 부르란 말이야?
장구: 영산 도도리로 한번 불러 봅소.
할멈: 영-감-.

여기서는 "부르다"가 "개를 부르는 것"에서 "사람을 찾는 것",

"영산 도도리 타령을 부르는 것"으로 그 의미가 변해 나가고 있다. 영감을 찾아 나선 할멈이 "불러 봅소" 하는데 강아지를 부르는 것이 의외의 반응이어 이것이 웃음을 자아낸다. 언어의 다의성을 활용한 유머다. 이러한 "부르다"의 다의성은 할멈을 찾을 때에 또 영감과 장구 사이에 진행된다. 여기서는 강아지가 아니라, 개를 부른다. 참고로 그 대목만 보면 다음과 같다.

장구: 불러 봅소
영감: 워리 워리.
장구: 그거야 개 부르는 소리지.
영감: 아, 난 부르라니깐 개를 부르라는 줄 알았지. 사람도 불르나?
장구: 한번 찾아보란 말이야.

이렇게 부르는 것은 개나 돼지요, 사람은 찾지, 부르는 것이 아닌 것처럼 말함으로 낱말의 다의성을 살려 말놀음을 한 것이다. 이런 표현은 흔히 오늘날 드라마에서 눈물을 짜는 것과는 달리 웃음을 선사한다.

말은 이렇게 단순히 의미전달만을 하는 것이 아니라, 그것을 어떻게 하느냐에 따라 웃음을 선사한다. 경우에 따라서는 사람의 마음을 뒤틀리게 한다. 말은 겸사(謙辭)에, 장면에 맞는 곁말을 더하면 좋을 것 같다.

2. '아차!' 실수하여 아차산

여인은 사랑을 위해 살고, 남자는 사업을 위해 산다는 말이 있다. 확실히 남녀를 비교해 보면 이런 경향이 있는 것 같다. 더구나 전통적으로 한국 여자는 집안에 있어야 하는 '겨집(>계집)'이 그들의 운명이었다. 그러니 출가 후에 의지할 곳은 남편밖에 없었다. 그리고 전통적인 사랑이란 주로 육체적인 것이었다. 다음의 시조도 이러한 내용의 노래다.

욕심의 세 단계

나는 마다, 나는 마다, 고대광실(高臺廣室) 나는 마다.

노비 전택(奴婢田宅) 대단(大緞) 장옷, 비단 치마, 자지향직(紫芝香織) 저고리, 밀화주(蜜花珠) 곁칼, 딴 머리 석웅황(石雄黃) 오로 다 쓸어 꿈자리로다.

나의 원하는 바는 키 크고, 얼굴 곱고, 글 잘하고, 놀래(노래) 용코,

춤 잘 추고, 활 잘 쏘고, 바돌(바둑) 두고, 품자리 더욱 알뜰히 잘 하는 백마금편(白馬金鞭)의 풍류랑(風流郞)인가 하노라.

이는 작자 미상의 사설시조다. 고대광실이나 재산, 노리개란 다 허황한 것이요, 잘 생기고, 풍류 알고, 잠자리를 잘 해 주는 풍류랑이 내 원하는 바라는 것이다. 이 시조의 작자는 남자이겠지만 그 내용은 여인의 소망을 읊은 것이다. 이에 대해 남자들의 소원은 광의의 사업이라 할 입신양명으로 나타난다. 다음 시조가 이러한 것이다.

대장부(大丈夫) 되어 나서 입신양명(立身揚名) 못할진대
찰하리 다 버리고 주색(酒色)으로 늙으리라.
이 밖의 녹녹(碌碌)한 영위(營爲)야 걸릴 줄이 있으랴.

조선조 중종 때의 가인(歌人) 김유기(金裕器)가 지은 시조다. 사내의 꿈인 입신양명을 못할 바에는 차라리 방탕한 생활로 일생을 마치겠다는 것이다.

문호 괴테는 그의 극시 '파우스트'에서 인생의 욕심의 변화를 지식욕, 향락욕, 사업욕의 세 단계로 그리고 있다. 대학자로서의 파우스트, 그레첸에게 쏟는 애정, 재상으로서의 사업이 그것이다. 괴테는 사업을 인생의 최고 가치로 보고, 이를 인생이 걸어야 할 마지막 종착점으로 본 것이다. 그는 파우스트의 입을 빌어 "명문

과 권세는 공허한 것"이라 말하고 있다.

그런데 우리는 예나 이제나 이 공허한 '명성'과 '권세'에만 지나치게 집착하는 것 같다. 무엇인가 사회와 국가에 기여하겠다는 인생관, 생활관, 국가관이 아쉽다 하겠다. 인생의 행복은 '파우스트'에서처럼 활동, 그것도 남을 위한 희생적 활동에서 찾아야 하겠다. 이렇게 되면 오늘날과 같은 정치적·사회적 혼란은 사라지고 이 나라와 사회에 좀 더 평화와 안정이 깃들게 될 것이다.

홍계관의 죽음과 아차산

홍계관은 출장입상(出將入相)하여 명성을 떨친 것은 아니나, 점쟁이로 양명(揚名)을 하여 목숨을 잃게 된 사람이다. 서울의 광나루 밖에는 '아차산'이란 산이 있는데, 이 산에는 홍계관과 관련된 일화가 전한다. 동음어에 의한 결말의 이야기다.

조선조 명종 때 홍계관이란 유명한 점쟁이가 있었다. 그의 소문은 명종 임금에게까지 알려졌다. 임금은 그를 시험해 보려고 궁중으로 불렀다. 계관은 비로소 때가 왔다고 기뻐하며 입궐하였다. 시험은 자물쇠를 굳게 잠근 목궤(木机) 안에 무엇이 들어 있는지 알아 맞히는 것이었다.

"네가 만일 바로 맞힌다면 너의 소원을 풀어 줄 거시오, 바로 맞히지 못한다면 세상을 어지럽히고 왕을 속인 죄로 죽음을 면치 못하리라."

왕명은 이렇게 준엄하였다. 계관은 궤짝을 응시하고, 주위의 시선은 계관의 입에 모아졌다. 한참 동안의 시간이 흘렀다. 그러나 계관은 돌부처처럼 앉아 궤짝만 노려보고 있다. 다시 한참의 시간이 흘렀다. 그리고 자신이 선 듯 입을 열었다.

"아뢰오리다. 저 궤 속에 쥐가 들었습니다."

왕과 신하들은 깜짝 놀랐다.

"그것 참 신통하도다. 그러나 한 가지 더 묻노니 쥐가 몇 마리 들어 있느냐?"

계관은 난처한 듯 머뭇거렸다. 이마에는 땀이 송송 솟았다. 왕은 다시 재촉하였다. 계관은 결심한 듯 입술을 축이고 대답하였다.

"저 쥐는 두, 아니 세 마리입니다."

그러자 왕은 크게 웃으며, 너 같은 놈이 무엇을 알겠느냐고 하였다. 궤짝을 열었다. 분명히 두 마리뿐이었다. 계관은 아무리 생각해도 그의 점괘가 틀림없었다. 참 모를 일이었다. 왕은 그의 목을 자르라고 명령하였다. 계관은 궁궐에서 광나루 웅화대 밑 사형대로 끌려나갔다.

"아차!"

그때 왕은 소스라쳐 놀라며 경솔했음을 뉘우쳤다. 승지에게 궤 속의 쥐가 모두 수컷이더냐고 물었다. 암수 한 쌍이라고 했다. 왕은 암컷의 배를 갈라 보게 하였다. 새끼가 한 마리 들어 있었다.

"이를 어쩔꼬? 곧 홍계관을 다시 불러들이고 큰 상을 내리도록 하라."

선전관은 죽어라 하고 광나루로 말을 달렸다. 계관은 이때 자기의 최후를 점쳐 보니 길조였다. 그는 시퍼런 칼을 든 도부수(刀斧手)에게 잠시 기다려 주길 부탁했다. 도부수는 거절하다가 최후의 애원에 쳐든 칼을 내려놓았다. 바로 그때 멀리서 선전관이 달려오고 있었다.

"어명이다. 잠시 기다려라!"

계관은 자기 점괘가 맞았다고 기뻐하였다. 그러나 도부수는 사형을 늦춘 화가 자기에게 미칠까 하여 시퍼런 칼을 내리쳤다. 선전관이 땀과 먼지로 뒤범벅이 되어 도착한 때는 이미 홍계관의 목이 떨어진 뒤였다.

"아차, 늦었구나!"

이렇게 유명한 점쟁이 홍계관은, 양명, 곧 유명세를 탄 탓에 비명에 가고 말았다. 그런데 이 계관이 죽은 곳은 백제의 요충이며, 상봉에는 옛날에 봉화대가 있었던 '아차산'이었다. 우리 전설은 이 산 이름이 '아차산'으로 된 것은 이러한 홍계관의 사건이 있은 뒤부터라고 한다. 선전관이 "아차!"하고 소리쳤을 때는 이미 사형이 집행되고 있었기 때문에 이 산을 '아차산'이라 했다는 것이다.

이는 지명에 후에 '아차!'란 감탄사를 부회한 설화로 사실과는 다르다. 통속적인 어원의 해석, 통속어원(通俗語源)을 한 것이다. 역사적으로는 일찍이 백제가 지금의 광주에 도읍하였을 때 백제는 고구려를 막기 위해 여기에 아차산성을 쌓은 바 있다. 그리고 고구려 군의 공격으로 수도가 함락되었을 때 이곳에서 개로왕이 피살되기도 하였다 한다. 이곳은 백제가 웅진으로 천도한 뒤에는 신라와 고구려가 한강 유역 쟁탈전의 싸움터이기도 했던 곳이다. '아차산'은 그 이름이 '아차산(阿且山)'에서 지금의 '아차산(峨嵯山)'으로 바뀌었다. '아차(峨嵯)'는 '산이 높고 험하다'는 의미를 지닌다.

견훤과 백마, 그리고 아차산

아차산의 전설은 홍계관과 관련된 서울 '아차산'의 전설만이 있는 것이 아니다. 경상북도 문경군 농암의 아차산 전설도 있다. 이는 후백제의 견훤(甄萱)과 백마(白馬)에 얽힌 전설이다.

> 견훤이 어릴 때 문경의 어느 마을에 살고 있었다. 그 마을에는 커다란 걱정거리가 하나 있었다. 마을 뒷산 바위 아래 굴에 매우 사나운 백마(白馬)가 한 마리 살고 있었다. 그런데 이 백마가 밤만 되면 들판을 마구 달리고, 곡식을 뜯어 먹어 농사를 지을 수 없을 지경이었기 때문이다. 마을 사람들은 끊임없이 이 백마를 없앨 의론을 하였으나 신통한 결론을 얻지 못하고 있었다. 이때 어린 견훤이 말참견을 하고 나섰다.
>
> "그까짓 말 한 마리 가지고 뭘 그리 걱정하세요? 내가 그놈을 잡을 테니 두고 보세요."
>
> 마을 사람들은 버릇없는 놈이라고 견훤을 나무랐다. 견훤은 허수아비를 만들어 백마가 살고 있는 굴 앞에 세워 놓았다. 백마는 경계를 하더니 뛰어나오며 허수아비를 걷어찼다. 견훤은 이러한 일을 여러 번 거듭했다. 백마는 마침내 허수아비를 경계하지 않게 되었다. 그러자 견훤은 스스로 허수아비처럼 옷을 입고, 두 팔을 벌리고 굴 밖에 서 있었다. 백마는 이런 줄 모르고 태연히 나왔다. 이때 견훤은 백마의 갈기를 잡아채어 굴레를 씌우고 백마의 등에 올라탔다. 백마가 미친 듯이 몸부림을 치고 뛰면서, 견훤을 떨어뜨리려 하였다. 그러나 말갈기를 잡은 견훤은 떨어지지 않았다. 백마는 마구 달리다가 지쳐 조용해지더니, 마침내 견훤을 등에 태운 채 가만히

서 있게 되었다. 그 뒤 견훤은 날마다 백마를 타고 길을 들여 얼마 후에는 둘도 없는 좋은 말이 되었다. 그 빠른 속력은 화살을 앞질렀고, 기민한 머리는 견훤의 심중을 곧잘 헤아렸다. 하루는 이쪽 산에서 저쪽 산으로 활을 쏘아 놓고 말을 달려 화살보다 빨리 달려가 보기로 하였다.

"백마야, 만일에 화살보다 늦게 달리면 네 목을 베겠다."

백마는 견훤의 말을 알았다는 듯 고개를 끄덕이었다. 견훤은 저쪽 산꼭대기를 향해 활을 쏘고 백마에 채찍을 쳤다. 백마는 나는 듯이 금시에 산정에 당도하였다. 그러나 어느새 소나무에는 화살이 하나 꽂혀 있었다. 화가 난 견훤은 사정없이 백마의 목을 내리쳤다. 그 순간 '휘익' 하는 소리와 함께 화살 하나가 소나무에 날아와 꽂혔다. 견훤이 조금 전에 쏜 화살이었다.

"아차!"

그러나 때는 이미 늦어 백마의 목이 땅에 뒹글고 있었다. 소나무에 꽂혀 있던 화살은 전날 연습하노라 쏜 화살이었다. 이로 인해 백마가 살던 바위를 말바위라 하고, 견훤이 말의 목을 베고 나서 "아차!" 했던 산은 "아차산"이라 하게 되었다.

이 전설도 서울 '아차산'의 경우처럼 조금 확인해 보는 여유를 가졌던들 미리 막을 수 있는 실수였다. 논어의 "눌어언 민어행(訥於言 民於行)"이라고 판단은 천천히 하고, 이미 판단을 하였으면 실행은 민첩하게 할 일이다. 성급한 판단은 삼갈 일이다.

조금 생각을 잘못하거나, 언행을 잘못 하게 되면 그 결과는 엄청나게 다른 양상을 빚게 된다. 나폴레온은 그의 사전에 '불가능'

이란 단어는 없다 하였고, 춘향은 '이별' 두 자를 원망하였지만, 작은 실수로 인해 부르짖게 되는 '아차!'란 이 탄성도 우리 인생에 있어 그리 많아서는 안 될 것이다. 정유년 새 해에는 나라나 개인이나 '아차!'하고 실수로 탄성을 지르는 일이 없었으면 한다.

누나 시집 갈 때 국수 통

전설을 통해 동음어의 결말을 살펴보았으니, 다음에는 민요에 나타나는 어말음의 결말을 보기로 한다. '통타령'이다. '통타령'은 여러 가지가 있다. 그래서 앞서도 살펴본 바 있다.(상, p.184 참조)이러한 '통타령' 가운데 아주 간단한 것이 있다. 그것은 송화(松禾) 지방의 민요로, "이 통, 저 통, 가슴 아래 젖통"이란 것이다. 이는 많은 '통'이 있겠으나, 그 들 가운데 가장 소망스러운 것은 '젖통'이란 것이겠다.

그러면 '통'에는 과연 어떤 '통'이 있을까? 경기도 양주 지방에 전하는 민요에는 다음과 같이 재미있는 '통' 사설이 보인다.

신통방통
노방통(奴房通), 금부통(禁府通)
장구통, 여우홀림통
깽깽이통, 원산 고불통(古佛通)
윗집 오줌통, 아랫집 똥통

장님 복통, 돼지 오줌통
수비대(守備隊) 나발통, 얽은놈의 상통
목수 먹통, 못생긴 밥통
큰애기 젖통, 주정꾼 술통
못된 놈 심통, 설은 사랑 애통(哀痛)
이 통, 저 통
우리 누나 시집갈 때 국수 통

우리는 신통하게 잘 아는 것을 흔히 '신통방통'이라 한다. 이렇게 관용어로 쓰는 '신통방통'을 서두로 하여 노래 불리는 이 민요는 동음이의의 여러 가지 '통'을 늘어놓음으로 곁말의 재미를 실컷 느끼게 하고 있다.

'신통방통'의 '통'은 '통달하다'란 뜻의 '통(通)'이며, '노방통, 금부통, 고불통'의 '통'은 '통할 통(通)'의 뜻으로 길을 의미한다. 따라서 같은 '통(通)'이나 그 의미가 다르다. 이들은 각각 '노방청(奴房廳 : 관노들이 출근하던 집), 금부(禁府), 고불(古佛)'이 있는 길을 뜻한다. 이에 대해 '오줌통, 똥통, 먹통, 밥통, 술통, 국수통'의 '통'은 그곳에 무엇을 담는 '통(桶)'을 의미한다. '돼지 오줌통, 젖통'의 '통'도 이 '통(桶)'에 비유된 것이라 하겠다. '나발통'의 '통'은 '통(筒)'이요, '장구통, 깽깽이통(깡깡이통), 북통'의 '통'은 악기의 몸통으로, 몸을 뜻하는 '통'이라 하겠다. '심통(心統)'은 마음자리를 뜻하는 말로, 이 '통'은 '거느릴 통(統)'이며, '상통(相-)'은 '상(相)', 곧 얼굴의 속어이다. 이에 대해 '애통(哀痛)'의 '통'은 '아플 통(痛)'자임은 말할 것도 없다. 따라서 한글로는 다 같은 '통'자이나, 그 뜻은 실로 다양한 '통'이 섞이어 그 내용이 다양한 결말이 되고 있다. 평안도 신천(信川) 지방의 '통타령'도 이와 비슷하다.

> 심통 맹통 고불통/ 장구통 절구통/
> 아이 오마니 젖통/ 서울 남대문통 동대문통
> 박통 똥통/ 평양 칠성문통
> 밥통 먹통/ 대굴통 오줌통
> 북통 노방통/ 술통 물통 금부통

이에 대해 충남 당진(唐津) 지방의 '통타령'은 좀더 사설에 맥락(脈絡)을 주어 단순한 나열 이상의 의미를 지니게 한다.

> 신통이 방통이 꼬부랑통
> 부자집이나 세수통
> 미국놈이나 간스메통
> 기상방이나 장구(長鼓)통
> 가난한 집이나 절구통

이 노래는 '이상하게 꼬부라진 통/ 부잣집의 세수통(洗手桶)/ 미국사람의 통조림통/ 기생방의 장구통/ 가난한 집의 절구통'이란 내용의 민요다. 미국 원조물자로서의 통조림, 기생방의 장구가 낯익은 사회적 장면으로서 우리에게 지난날의 사회적 현실을 환기해 준다.

3. 어디 열쇠 좀 맞추어 봅시다.

삼월이다. 사랑의 계절이다. 어떤 행복한 남녀는 이 봄에 결혼 행진곡을 울리는 사람도 있을 것이다.

이번에는 지난날 혼수를 마련하느라 어려움을 겪은 익살스럽고, 그러면서도 가슴 푸근한 이야기부터 하기로 한다(이훈종, 1988).

'열쇠 한 개(開金一個)'

이웃에 의형제를 맺고 사는 친구가 같은 또래의 아들을 두고 있었다. 그들은 아이들에게 이렇게 타일렀다.

"너희는 아버지들처럼 친 동기와 같이 변함없는 정의로 살아가야 하느니라."

아이들은 다정하게 지냈다. 장성해서 한 사람은 벼슬이 평안감사에 이르렀고, 한 사람은 백두(白頭)의 신세로 생활마저 어려웠다.

그런데 이 백두의 서생이 딸을 출가시키게 되었다. 그러니 혼수를 마련할 길이 없었다. 감사 친구에게 아쉬운 소리를 하기로 하였다.

친구를 만나서는 오래 못 만난 인사를 하고 혼사의 어려움을 얘기했다. 친구는 알았다며 방을 하나 치우고 동자를 붙여 주었다. 객사에 혼자 앉아 있자니 소복 아낙이 눈에 들어왔다. 심심하기도 하고 객고도 심해 동자에게 그녀에 대해 물어보니, 그녀는 자기 누이로 대령시킬 수 있다 하였다. 저녁에 그녀와 같이 술을 거나하게 한 잔하고 금침을 폈다. 여인이 물건 선이나 한번 보자고 한다. 맡겼더니 여인은 어느 사이에 주머니와 함께 그 물건에 자물쇠를 채우고 문을 박차고 도망친다. 완전히 속임수에 당한 것이다.

이튿날 동자는 다른 놈이 오고, 감사는 쓰다달다 아무 소리가 없다. 가겠다고 하니 감사는 놀이도 한번 못하고 안 됐다며, 노자라며 엽전 꾸러미를 감아 준다. 그것만이라도 감지덕지하며 돌아오는데, 그 자물쇠 때문에 길을 제대로 걸을 수 없다. 어기죽거리며 여러 날 걸려 집에 돌아오니, 집안은 온통 잔치 분위기로 각색 옷을 마련하느라 분주하다. 마누라는 달려 나오며 반색을 한다. 그리고 "글쎄, 이렇게 고마울 데가 어디 있어요?" 한다.

(옳지! 이렇게 해 놓고, 나한테는 몹쓸 장난을 하였구나!)

옷을 갈아입으며, 아내를 골방으로 끌고 가 자물쇠를 보이며 말했다.

"그러나 저러나 이걸 어떻게 하면 좋소?"

마누라는 우스워 죽겠다며 나동그라졌다. 감사가 보낸 장기(帳記)

끝에 "개금일개(開金一個)"가 있어 이상하게 생각했는데 한번 맞추어 보자고 한다. 갖다가 맞추어 보니 달가닥 열린다.

마누라가 웃으며 말했다.

"그러고 보니, 당신 게 가선 재미를 못 보셨겠구려!"

인심이 하 고약한 세상이라 의형제는 고사하고 친형제도 몰라라 하는 판인데, 의형제의 의리를 생각하고 친구네 혼사를 잘 치르도록 주선해 준 이야기다. 그것도 친구가 자존심 상하지 않게. '자물쇠'는 본인의 말처럼 감사가 '장난'을 친 것이다. 아니 저의가 있었다면 혼수 물품들이 집에 도착한 뒤에 친구가 집에 도착해 실망하지 않게 배려한 것이겠다. 친구로 하여금 천천히 집으로 가게 한 것이다. 이는 익살스러운, 그러면서도 훈훈한 인정의 소화(笑話)다. 그러나 장난이 좀 지나쳤다 하겠다.

노감투 곁에 고깔을

이번에는 점잖은 유머가 아니라, 사설시조의 좀 속되거나, 야한 유머를 보기로 한다. 먼저 '청구영언'등의 시조집에 보이는, 작자와 연대를 알 수 없는 풍자 시조를 보기로 한다.

> 중놈은 승년의 머리털 잡고, 승년은 중놈의 상투 잡고
> 두 끝을 맞맺고 이 왼고, 저 왼고, 짝짜꿍이 쳤는데, 뭇 소경이 굿

을 보니

어디서 귀먹은 벙어리는 외다 옳다 하느니.

이 노래를 풀이하면 다음과 같다.

남승(男僧)은 여승의 머리를 걷어잡고, 여승은 남승의 상투를 감아쥐어 두 끝을 마주 매고, 네가 그르냐, 내가 그르냐 다툰다. 이때 여러 소경들은 이 광경을 구경하는데, 어디서 귀먹은 벙어리는 누가 잘 했느니, 잘 못했느니 하느냐?

이 시조는 이렇게 겉으로 보면 평범한 싸움의 광경을 묘사한 것으로 보인다. 그러나 잘 보면 온통 반어법에 의한 골계적 노래다. '삭발위승(削髮爲僧)'이라고 중은 머리를 깎는 법인데, 이 시조에서는 '중놈의 상투', '승년의 머리털'과 같이 '상투'와 '머리털'이 있는가 하면 두 끝을 마주 매고 싸움을 한다. 그리고 안맹(眼盲)한 소경들이 굿을 보고, 귀먹고 말을 못하는 벙어리가 시비를 가린다고 되어 있다. 그러니 이는 있을 수 없는 광경을, 그것도 익살스럽게 노래한 것이다. 따라서 이 시조는 사실을 묘사한 것이 아니라, 거짓 사실로서 사회를 풍자한 것이다.

우리 사회는 이 시조에 풍자된 사실처럼 의외의 사건이 터지고, 알지도 못하면서 이러쿵저러쿵 제 나름의 시비곡직을 평정하는 경우가 많다. 이 시조는 이를 세 불구자를 통해 고발한 것이다. 그러나 이 시조에서처럼 '귀먹은 벙어리'의 엉뚱한 단죄가 사회적 정의로 오해되는 일이 있어서는 안 될 것이다.

다음에는 난투극을 벌이는 것이 아니라, 꼬리치는 여승을 소재로 한 풍자적 시조를 보기로 한다. 이는 '해동가요'와 '청구영언' 등에 보이는 것이다. 역시 시대나 작자는 알 수 없는 시조다.

> 아함, 긔 뉘신고? 건너 불당(佛堂)의 동냥승(洞糧僧)이온데
> 홀 거사(居士) 홀로 자옵는 방에 무엇 하러 와 계신고?
> 홀 거사님의 노 감투 벗어 거는 말뚝 곁에 내 곳갈 벗어 걸러 왔습네.

이 시조는 대화체의 노래로 그 뜻은 다음과 같다.

> "아함!"
> "거기 누가 와 계시오?"
> "건너 불당에 있는 동냥하는 여승이온데..."
> "홀아비 수도(修道) 중이 홀로 자는 방에 무엇하러 와 계신고?"
> "홀아비 거사님의 노감투(노로 만든 감투) 벗어 거는 말뚝 곁에 내 고깔 벗어 걸러 왔습니다."

이는 나비가 꽃을 찾은 것이 아니라, 꽃이 나비를 찾으면서, 구애의 심정을 은근히 노래한 것이다. 이 시조는 외형적으로는 완곡한 표현의 사랑의 시조라 할 수 있다. 그러나 이러한 외형과는 달리 내면적으로는 비유적 표현을 통해 남녀의 성애를 노래한 것이다. 그것은 '노감투'는 노거사(老居士)의 양경(陽經)을, '고깔'은 '여성

의 상징'을 비유한 것이라 하겠기 때문이다. 따라서 이 시조는 문란한 승속(僧俗)을 풍자적으로 노래한 시조라 하겠다.

다음에는 '중놈은 승년의 머리털을 잡고' 시조와 같이 사실이 아닌 것을 사실처럼 표현한 반어적 민담을 하나 보기로 한다. 우리의 '말놀이'에는 의외로 이런 것이 많다. 다음은 '새빨간 거짓말'이란 민담이다.

> 지붕 없는 집에 눈 없는 영감이 대통 없는 담뱃대로 담배를 태워 물고, 문살 없는 문을 열고 앞산을 바라보니, 나무 없는 앞산에서 다리 없는 멧돼지가 떼를 지어 뛰어가길래, 구멍 없는 총으로 한 방 쏘아 잡아서 썩은 새끼줄로 꽁꽁 묶어서 지게뿔 없는 지게를 지고 사람 없는 장터에 나가 돈 한 푼 안 받고 팔고서 집으로 오는데, 물 없는 강물에 배를 타고 건너자 빈 가마니가 빙빙 떠내려 오기에 그것을 건져내어 이리저리 들쳐보니 새빨간 거짓말이 잔뜩 쏟아져 나오더라.

이는 충북 음성 지방에서 채집된 민담이나, 다른 지방에도 이와 비슷한 민담이 분포되어 있다. 민담 속에 나오는 말처럼 이 이야기는 '새빨간 거짓말'로, 재미있는 말놀이를 한 것이다. 민담 속의 거짓말처럼 심하지는 않지만 이 세상에는 참으로 많은 거짓말이 횡행하고 있다.

변변치 않은 것을 잘 했는가?

다음에는 골계적 야담을 하나 보기로 한다. 이는 『파수록』에 수록된 '삼차위지(三次爲之)'라고 '세 차례 하다'란 제목의 이야기다. 『파수록』의 저자는 부묵자란 호를 가진 사람으로, 누구인지는 분명치 않다. 다만 그 내용으로 보아 광해군 이후의 사람으로, 상당한 문사의 서출일 것으로 추정된다. '삼차위지'란 야담은 다의성이 빚어내는 해학적인 어희다.

> 시골말로 음식을 사양해서 '변변치 않은 것(劣物)'이라 하고, 먹는 것을 '하다(爲)'라 한다.
>
> 한 늙은 할미가 사위를 맞은 이튿날 아침에 신랑에게 물었다.
>
> "어젯밤 들여보낸 변변치 않은 것(劣物)을 잘 하였는가(善爲之否)?"
>
> 이 말은 들여보낸 밤참을 가리켜 한 말이었다. 신랑은 신부를 가리켜 말하는 것으로 알고 고개를 숙이고 대답하였다.
>
> "세 차례 하였습니다(三次爲之矣)."
>
> 장모는 사위의 실언이 부끄러워 말없이 가만히 앉아 있었다. 그의 어린 처남은 신랑이 잘못 대답하는 것을 보고 똑똑치 못하다고 생각하고 혼자말로 이렇게 중얼거렸다.
>
> "매부 인사가 논금(論金)이만도 못하군."
>
> '논금이'는 이 집의 어리석은 종이었다. 신랑은 이 말을 듣고 크게 노해 이렇게 말하였다.
>
> "이놈의 애야, 이놈의 애야. 며칠 동안 말 등에 매달려 오고, 어찌 이보다 더 할 수 있겠나? 10여차 하면 네 마음에 시원하겠느냐?"

듣는 사람은 모두 놀라지 않을 수 없었다.

이 야담은 '변변치 않은 것'과 '하다'란 말을 시골 방언이라 하였지만, 이들 말이 다의성을 지녀 우스개가 된 것이다. 장모는 음식을 '변변치 않은 것'이라 하고, 먹는 것을 '하다'라 완곡하게 표현을 한 것이다. 그런데 사위는 이를 각각 '신부', '성관계를 하다'라는 다른 상황에 잘못 적용해 외설적 표현이 되게 한 것이다. 그리하여 듣는 사람은 말귀를 제대로 알아듣지 못하는 어리석은 사위를 가엾이 여기며 무안해 한 것이다. '하다'라는 말은 그 다의성으로 말미암아 오늘날도 농담에 곧잘 쓰이고 있다.

이 야담에서 매부의 말을 듣고 신랑이 노하여 소리친 것은 애연한 동정과 함께 폭소를 자아내게 한다. 사람이 실수를 하자면 이렇게 우연한 것이 빌미가 되어 연속적으로 실수를 하게 된다. 그래서 우리 선조들은 '돌다리도 두드리며 건너라.'라고 삼가고 조심하게 하였다. 나라나 개인이나 작은 실수로 일을 크게 그르치는 일이 없도록 해야 한다.

정월달에 정이 들어 이월달에 이별하고

을미년은 지난해에 윤달이 들어 양력으로 2월의 중순이 지나서야 비로소 새해로 접어들게 되었다. 이에 이번에는 월령체(月令體)

의 노래를 하나 보기로 한다. 이 민요는 강화지방의 '달풀이요', 곧 월령체의 노래다.

정월달에 정(情)이 들어
이월달에 이별(離別)하고
삼월달에 삼십 청춘 고개를 넘고
사월달에 사시나무 옛님이 그리워
오월달에 오시는가
유월달에 윷놀이점도
칠월달에 칠성별이
팔월달에 팔자를 비웃는구나.

한 달만에 한마디로
두 달만에 두마디로
석 달만에 서로 좋아 맺었든 정도
넉 달만에 너는 싫다 버림을 받고,
다섯 달에 달빛 아래
여섯 달에 영(嶺)너머 님을
일곱 달에 일편단심(一片丹心)
여덟 달에 옛님 찾어 울면서 간다.

이 노래는 상사의 노래요, 이별의 노래라 할 수 있는 것이다. 이를 두 편의 노래로 나눌 때 전편은 별리(別離)의 노래요, 후편은 애모(愛慕)의 노래가 된다.

이 노래를 보면 지난날도 오늘날처럼 꽤 스피드 시대였다. 특히 애정 세계의 속도가 꽤나 빨랐던 것 같다. 전편의 노래는 정이 든지 한 달만에 이별하는가 하면, 후편의 노래는 석달만에 맺어지고 넉 달만에 버림을 받고 있다.

이 노래에는 동음어에 의한 결말이 많이 쓰이고 있다.

전편은 '정월달'의 '정(正)'과 '정이 들어'의 '정(情)', '이월달'의 '이(二)'와 '이별하고'의 '이(離)', '사월달'의 '사(四)'와 '사시나무'의 '사', '오월달'의 '오(五)'와 '오시는가'의 '오', '유월달'의 '유'와 '윷놀이점'의 '유'가 동음이의의 유음(類音)으로 쓰여 결말이 되고 있다. 이에 대해 '삼월달'과 '삼십청춘'의 '삼(三)', '칠월달'과 '칠성별'의 '칠(七)', '팔월달'과 '팔자'의 '팔(八)'은 동음 동의의 말로서 결말이 아니다.

후편은 전편과 달리 유음, 곧 비슷한 부분음을 활용함으로 결말을 이루고 있는 것이다. '석 달만에'와 '서로 좋아'의 '서', '넉 달만에'와 '너는 싫다'의 '너', '다섯 달에'와 '달빛 아래'의 '다', '여섯 달에'와 '영 너머'의 '여', '일곱 달에'와 '일편단심'의 '일', '여덟 달에'와 '옛님'의 '여/예'가 서로 같거나 비슷하기 때문에 결말이 된 것이다. '한 달'과 '한 마디'의 '한', '두 달'과 '두 마디'의 '두'는 동의어가 두운(頭韻)을 드러내기 위해 쓰인 것이다.

따라서 이 달풀이요(謠)는 민요 본래의 4·4조의 음수율을 지니기 때문에 운율을 지니거니와, 또한 이렇게 동의이건, 이의(異意)이

건 두운(頭韻)을 지녀 운율적 효과를 드러낸다. 그리고 이 민요가 해학적이고, 기지에 찬 것은 결말의 표현 효과라 할 것이다. 이는 결말의 요소를 제거할 때 무미한 산문이 되는 것을 보아 쉽게 알 수 있다.

4. 언제 외조할미 콩죽으로 살았나?

내 복에 산다

"내 복에 산다"고 하여, 대감인 아버지의 미움을 사 집에서 쫓겨나, 남에게 의지하지 아니하고 스스로 인생을 개척해 나간 딸 이야기가 있다. 우리 속담에는 이렇게 남에게 의지하지 아니하고, 독자적으로 살아가는 것을 나타내는 속담이 있다. "언제 외조할미 콩죽으로 살았나?"라는 것이 그것이다. 이 속담에 대해 편자 미상의 속담집 『동언해』는 다음과 같은 풀이를 하고 있다.

> "고기식외조모태죽활호 불자인혜 기자오생(古豈食外祖母太粥活乎, 不藉人惠 已資吾生)"

이는 "지난날 어찌 외조모의 콩죽을 먹고 살았겠나?는 남의 은혜를 빌지 아니하고 내 것으로 내가 산다."는 뜻을 나타낸다고 풀이한 것이다. 따라서 “언제 외조할미 콩죽으로 살았나?”라는 속담은 남의 은덕으로 살아온 것이 아니니, 이제 새삼스레 호의를 바라지 않는다고 거절할 때 쓰는 말이다.

이 속담의 용례는 흥부전에 보인다. 놀부가 삯을 후히 주기로 하고 동네에서 힘깨나 쓰는 언청이와 곱사등이를 삯군으로 사서 첫째 박을 타는 장면에서다. 곱사등이가 박을 켜며 소리를 메기고 언청이가 이를 받는다. 이때 언청이의 째진 입술 사이로 소리가 새어 ‘톱질’을 ‘흡질’이라 하는 등 이상한 소리를 내자 곱사등이가 언청이의 뺨을 치고 시비를 한 뒤의 장면에서다. 손낙범 교주의 『흥부전』(문헌사, 1957)에는 이때의 장면이 다음과 같이 묘사되어 있다.

> 꼽사등이 이른 말이, “이놈 째보야, 삯을 후히 받고 남의 술밥(酒食)만 잔뜩 먹고 보물 박을 타면서 그래도 흡질이란 말이야? 이쪽 뺨마저 맞겠다.”
>
> 언청이 화를 내어 “네가 내 뺨에 게방(契房)하였느냐? 여차하면 뺨을 치게. 언제라 외조할미 콩죽 먹고 살았으랴? 이놈 네 꼬부라진 허리를 펴 놓으리라.”
>
> 꼽사등이 의심하여 눙치고, “어서 타자. 흡질 소리만 말아라. 어이여라, 톱질이랴.”

이는 ‘보물 박’을 타면서 언청이가 ‘톱질’을 ‘흡질’이라 한다 하여, 곱사등이가 한쪽 빰마저 또 때리겠다고 하자, 언청이가 항의하며 달려들려는 장면이다. 곱사등이가 톱질을 하며 소리를 메기고 언청이가 이를 받는데, 입술이 째진 언청이가 계속하여 '톱질'을 '흡질'이라 하는 등 발음을 제대로 하지 않자 그것을 나무라며 뺨을 또 때리려 한 것이다. 그러자 언청이가 "언제라 외조할미 콩죽 먹고 살았으랴?"라며, 곱사등이 네게 신세 진 것이 없고, 앞으로도 네게 어떤 호의도 바라지 않는다며, 꼽추의 곱으라진 허리를 펴 놓겠다고 으름장을 놓은 것이다. 그러자 곱사등이가 겁이 나 '흡질' 소리만 하지 말라고 눙치며 사태를 수습한 것이다.

우리의 삶은 개인이나, 나라나 "언제 외조할미 콩죽으로 살았나?"라고 큰 소리 치며 살 수 있어야 한다. 남에게 빌붙어 사는 것이 아니라, 독립하여 살 수 있어야 한다. 그런데 우리는 과불호(過保護) 탓인지 지나치게 의존적인 것 같다.

남에게 신세를 지고 남의 호의로 살아온 것이 아니니, 새삼스레 남의 도움을 받지 않겠다고 거절하는 속담에는 또 "외갓집 콩죽에 잔뼈가 굵었겠나?"라는 것도 있다. 이는 외갓집 콩죽에 잔뼈가 굵은 것이 아니요, 독자적으로 성장한 것이라는 말이며, 나아가 남에게 종속(從屬)될 것이 없음을 나타내는 말이다. 외가에서 구박을 받은 서인(西人)의 거장, 우암 송시열(宋時烈)은 그리하여 외가와 인연을 끊고 독립하는 설화가 많이 남아 전한다.(박갑수, 2015)

거문고라니 옷 칠한 괴냐, 먹칠한 괴냐?

일본의 동양문고에 소장된 춘향전에는 이 도령이 술이 취해 삼강오륜을 "서울 한강, 평양 대동강, 공주 금강, 한성(漢城) 판윤(判尹), 좌윤(左尹), 우윤(右尹), 경상도 경주 부윤(慶州 府尹), 평안도 의주 부윤(義州 府尹)"이라고 동음어 내지 유음어에 의해 기발한 풀이를 한 뒤에 이 도령과 춘향이의 다음과 같은 대화가 이어진다.

"내 딸 되기 정 원통하거든, 내가 네 아들이 되자구나. 그는 그러하고 저 우뚝 섰는 것이 싸개질꾼이냐?"

"사람이 아니라 거문고요."

"거문고라니 옷 칠한 괴(櫃)냐, 먹칠 한 괴(櫃)냐?"

"검은 것이 아니라, 줄 타는 것이오."

"줄을 타면 하루 얼마나 가나니?"

"가는 것이 아니라, 뜯는 것이오."

"종일 잘 뜯으면 몇 조각이나 뜯나니?"

"그렇게 뜯는 것이 아니라, 손으로 줄을 희롱하면 풍류 소래 난다 하오."

"정녕 그러하량이면 한번 들을 만하고나."

이 대화는 악기 거문고를 두고 동음 및 유음에 의해 말장난을 한 것이다. 거문고(玄琴)를 '검은 궤(櫃)'로, 현악기 연주를 뜻하는 '줄 타는 것'을 광대가 줄에 올라 타듯 줄을 타고 가는 것으로, 역시 연주한다는 뜻의 '뜯는다(彈)'를 문자 그대로 어디에 붙은 것을

'뗀다'는 뜻으로 받아, 돌려서 표현함으로 결말을 한 것이다. 이러한 '거문고' 사설은 남원고사, 고려대학 소장 춘향전, 이명선본 춘향전, 최남선의 고본 춘향전 등에도 보인다. 이 가운데 고대본 춘향전은 좀 색다르게 되어 있다. 이는 좀 단순화 되어 있는가 하면 상징적 표현도 하고 있다.

> "웃목에 선 것이 무엇이냐?"
> "거문고요."
> "그것 무엇 하는 거냐?"
> "타지요."
> "타면 하루 몇 리나 가느냐?"
> "아니 뜯어요."
> "무엇으로 뜯느냐?"
> "댓가지로 뜯나이다."
> "에라, 이 아이야. 인물은 어여쁜 아이가 소견은 아주 없다. 송곳으로 뜯었으면 장래성이 있지. 어찌 뜯던지 조각 수나 잃지 마라."

이 이본은 특히 뜯는 것에 대한 풀이를 다른 춘향전과 달리 하고 있다. "송곳으로 뜯었으면 장래성이나 있지"는 암시적인 것으로, 외설성을 띤 것이다. 이러한 결말은 통달성(通達性)에 목적이 있는 것이 아니라, 오히려 춘향이를 희롱하고 즐기고자 한 것이며, 독자의 흥미를 돋우고자 한 말놀이다.

춘향전의 도령과 춘향은 정식으로 육례(六禮)를 갖추어 합환주를 나누어 마신 사이가 아니기에 도령은 춘향을 백년가약을 한 부인이 아니라, 일개 기생으로 생각하고 희롱하고 있는 면이 짙다. 그래서 도령은 초야에 술이 취해 "… 마지막 부어라. 먹자." 하는가 하면, 또 "이러한 좋은 밤에 아니 먹고 어이 하리? 남은 술 있거든 마자 부어라."라고 술에 게걸이 들린 사람처럼 춘향에게 술만 부으라고 하는가 하면 욕설까지 한다.

그러나 춘향은 다소곳이 순종할 뿐이다. 아마도 당시 여인은 춘향이 아니라, 사대부가 규수라 할지라도 그러했을 것이다. 여인은 순종을 미덕으로 알았기 때문이다. 그러나 오늘날은 그렇지 않다. 신혼 초야에 만일 이런 일이 벌어진다면 당장 싸움이 나고, 결혼은 파경으로 접어들고, 그 신랑은 정신이상자로 낙인찍히고 말 것이다. 세상은 참으로 많이도 변했다.

토요일날 튀어 나왔네

요일요(曜日謠)를 하나 보기로 한다. 요일요란 요일에 따라 노래한 민요다. 이는 수요(數謠)와 마찬가지로 요일 이름과 그것에 대한 풀이의 어두음이 같게 되어 있다. 따라서 요일요(曜日謠)는 또 하나의 동음어에 의한 어희의 노래다.

일요일날 일하고

월요일날 월급을 타
화요일날 화토를 쳐서
수요일날 순경에 붙들리어
목요일날 목을 묶여
금요일날 금시를 하여
토요일날 피를 토하고 죽었다네.

이는 충남 당진(唐津) 지방의 민요다. '일요일날' 일을 하고, '화요일날' 잡기 화투(花鬪)를 하여 일생을 망친 것을 그린 것이다. 서민생활에 오락의 수단이 없어 예나 오늘이나 화투놀이는 꽤나 성했던 것 같다. 그런데 여기서는 오락이 아닌 도박을 하였기에 문제다. 그리하여 범법자로 체포된 것이다.

화투 놀이를 하다가 체포되어 가는 노래는 이 당진의 민요 외에 서울 지방의 다음과 같은 요일요도 있다. 이는 일요일부터 금요일까지는 요일을 밝히지 않아 동음어에 의한 요일요임을 미처 느끼지 못하게 하고 있다.

일을 해서
월급을 타 가지고
화투를 해서
수가 없어 순사한테 붙들려
목을 짜르게 되어서
금을 들여 바쳐
토요일날 튀여 나왔네.

당진의 민요와 서울의 민요는 이렇게 형식상 차이가 있다. 서울요는 당진요에 비해 간결하게 압축되어 있다. 그러나 이 두 노래는 이러한 형식보다 주제, 곧 사건의 결과에 큰 차이를 보인다. 충청도 양반은 죄를 짓고 순진하게 토요일에 피를 토하고 죽었으나, 서울깍쟁이는 뇌물을 주고 수사기관을 빠져 나왔다. 이런 것이 바로 민요가 생활을 반영하고 있는 것이라 할 수 있는 것인지 모른다.

예나 이제나 어리숙한 놈은 당하기만 하고, 약삭빠른 놈은 요리조리 빠져나와 내가 언제 그랬느냐는 듯 활개를 치고 다닌다. 요즘의 정치사회가 특별히 그러하다. 신용사회, 선이 인정되는 사회, 상식이 통하고, 실력이 통하는 사회의 형성이 못내 아쉽게 느껴진다.

다음에는 비유에 의한 곁말을 하나 보기로 한다.

외보살(外菩薩) 내야차(內夜叉)

"외보살 내야차"란 겉은 보살, 속은 야차란 말이다.

'보살'은 위로 보리(菩提)를 구하며, 아래로는 중생을 교화하고자 하는 사홍서원(四弘誓願)을 발하며, 육도(六度)를 수행하는 대승불교의 부처 다음 가는 성인을 말한다.

이에 대해 '야차(夜叉)'란 모습(形貌)이 추악하고 괴상하며, 하늘을 날아다니며 사람을 잡아먹고 상해(傷害)를 입힌다는 잔인하고 혹독한 귀신을 가리킨다. 석가의 일생을 기록한 『석보상절』에 의하면

야차는 몸이 길고 머리 위에 불이 일고, 눈이 피 무더기 같고, 손톱과 발톱 및 어금니가 날카롭고, 입에서 불을 토하는 것으로 그려져 있다.

따라서 "외보살 내야차"란 겉으로 보기에는 아주 착한 것 같으나, 내심이 음흉한 사람을 빗대어 이르는 말이 된다. 오늘날 불신풍조가 만연한 것은 바로 이런 "외보살 내야차"의 인간이 도처에 횡행하기 때문이라 할 것이다.

채만식의 『탁류』에는 다음과 같은 구절이 보인다.

> "외보살 내야차라고 하거니와 곡절은 어떠했든 저렇듯 애련한 계집이 왈 남편이라는 인간 하나를 굳히려 사약을 사서 들고 만인에 섞여 장안 한 복판을 어엿이 걷는 줄이야 당자 저도 실상은 잊었거든 하물며 남이 어찌 짐작인들 할 것인고."

이 글에서는 애련한 계집의 모습이 '외보살'이요, 남편을 독살하려는 여심이 내야차라 할 것이다. 실로 "열길 물속은 알아도, 한 길 사람 속은 모른다."는 속담은 바로 이런 것을 두고 이름이라 하겠다.

영조(英祖)가 계비를 간택하는 자리에서 "이 세상에서 무엇이 가장 깊으냐."고 물었을 때, 뒷날 정순왕후가 된 김한구(金漢耈)의 딸이 "사람의 마음이 가장 깊습니다."라 대답했다는 것도 이 천리(天

理)를 밝힌 것이라 할 것이다.

그녀는 사람의 마음이 깊은 까닭을 산이나 물은 아무리 깊다고 하여도 그 깊이를 측량할 수 있는데, 사람의 마음은 측량할 수 없기 때문이라 했다. 확실히 사람의 마음은 알 수 없다. 동상이몽(同床異夢)이란 말이 있거니와 같은 잠자리에 들어 있어도 그 마음이 한결같은 것은 아니다. 오늘도 우리는 "외보살 내야차"가 우글거리는 험난한 세상을 살아가고 있다. 조심, 조심 하여야 하겠다.

5. 얼씨고 절씨고 지화자 졸씨고…

「수영야유(水營野遊)」의 대사에는 동음어에 의한 결말이 여럿 보인다. 이 가운데는 좀 엉뚱한 것도 있다. "을씨고 졸씨고 지화자 졸씨고"가 그러한 예이다.

을씨고 졸씨고 지화자 졸씨고

「수영야유」는 산대도감극 계통의 영남형의 놀이로, 「동래야유」보다 내용면에서 그 대사가 좀 더 고형인 것으로 보이는 것이다. 여기에는 '막득이'란 하인이 등장하는데 이 녀석은 아주 오만한 놈으로, 한두 번 불러 대령하지 않는 것은 말할 것도 없고, 대령한대도 양반들이 욕을 볼까 겁을 내는 인물이다. 그런 인물을 대령시켰더니 동음 및 유음어에 의한 가지가지 결말을 한다.

수양반이 막득이에게 어디 갔었더냐고 나무라니 그는 서방님을 찾으려고 아니 간 데 없이 다녔다고 한다. 그리고 찾아다닌 곳을 이르면서 양반을 조롱한다.

이때 "아무 개 아들놈도 없습디다."라 하고는, 이에 양반들이 "개아들이라니?"라고 다그치자 "개개(皆皆)히 찾았다"는 말이라고 비슷한 발음의 말로 둘러댄다. 이런 식으로 "아무 새 아들놈도 없습디다."라 욕을 하고, 이를 "세세(細細)히 찾았다."로, "아무 내 아들놈도 없습디다."라 욕을 하고, 이를 "내내히 찾았다."로 둘러댄다.

이 중 가장 걸작은 마지막으로 서방님 댁을 찾았을 때와, 그 뒤의 '해산타령'이다. 막득이가 서방님 댁에 갔더니 종년은 세탁하러 가고, 도령님은 서당에 가고, 머슴은 논을 갈러 가 집안에 대부인 마누라만 홀로 있다. 막득이는 대부인 마누라와 산해진미에 각종 명주로 일배일배 부일배하였다. 그리고 취흥이 도도하게 되니, 대부인도 청춘이요, 막득이 자신도 청춘이라 양 청춘이 마주쳐 '동방화촉'을 밝혔다고 한다. 막득이의 이 말을 들은 양반들은 '망했다'고 탄식을 하고, '해산타령'을 한다.(이두현, 1981)

차양반 : 쉬-. (당황하여 장내를 유달리 정돈한 후 막득이에게 조용히 질문, 확인하고는 수양반을 제외한 양반들과 상의하고 합창으로)
일동 : 망했네, 망했네. 양반의 집이 망했네.(노래와 함께 한참 춤을 추다가 해산타령에 이어서 갈까부 타령을 제창한다.)

<해산타령>

1. 망했구나, 망했구나 양반의 집이 망했구나.

(후렴) 얼(孽)씨고 절(僧)씨고, 지하자(至下者) 졸(卒)씨고.

대부인 마누라가 천한 막둑이와 놀아났다. 이에 양반들은 양반의 집안이 망했다고 노래를 부른다. 이는 탈춤의 전형적인 주제의 하나인 양반을 모욕하고 조롱한 것이다. '해산타령'의 후렴을 동음어에 의해 재해석한 것은 그 절정이다. "얼씨고 절씨고 지화자 좋을씨고"란 대표적 노래의 후렴을 "서얼(庶孽)의 씨고, 절의 중의 씨고, 지하자(至下者)인 나졸의 씨"가 태어났다고 노래하는 것이다. 이는 전통적인 가사의 후렴을 동음어에 의해 기발하게 재해석 하여 양반을 조롱한 것이다. 더구나 이 '해산타령'은 「수영야유」의 대부인의 행실과 직결되어 구체성을 띤다. 얼씨(孽子)와, 절씨(僧子)와, 졸씨(卒子)의 해산이란 혈통을 중시하는 양반 가문의 폐망을 의미한다.

이러한 후렴의 해석은 그리 놀라울 것이 없는지 모른다. 같은 산대도감극 계통의 '고성오광대(固城五廣大)'에는 다음과 같은 양반 집안의 내력이 진술되고 있기 때문이다.

청보양반 : 이놈, 네 근본 제쳐두고, 내 근본 들어보라. 기생이 八仙女(팔선녀)요, 婢子(비자)가 열둘이요, 馬護軍(마호군)이 스물이요, 農奴軍(농노군)이 서른이다. 그 근본은 어

떠하뇨?

말뚝이 : 허허허…. 그 근본 자아니(장히) 좋소.

이렇게 양반의 근본이 기생·비자로 나간 여인이 스물이며, 마호군·농노군으로 나간 사내가 50명이란 것이다. 이러한 집안이고 보면 그 집안은 더 이상 양반가라 할 수 없다. 이런 집안이라면 "얼(孼)씨고 절(僧)씨고 졸(卒)씨"가 태어나는 것도 조금도 이상할 게 없을 것이다. 탈춤에서는 이렇게 양반이 놀림감이다.

새야, 새야, 파랑새야. 너 어이 나왔느냐?

새야, 새야, 파랑새야
너 어이 나왔느냐?
솔잎 댓잎 푸릇푸릇키로
봄철인가 나왔더니
백설이 펄펄 흩날린다.
저 건너 저 青松(청송) 綠竹(녹죽)이
날 속였네.

이는 '파랑새요'라 하는 참요(讖謠)로, 고종 31년(1394) 전라도 고부(古阜)에서 일어난 동학혁명이 시기가 성숙되지 않은 때 거사를 하여 실패할 것임을 예언한 것이다.

이 노래에서 '파랑새'는 민중, 곧 봉기한 동학군을 가리키며,

'백설'은 엄동, 곧 거사할 시기가 아님을 나타내고, '봄철'은 거사의 적기를 나타낸다.

이 노래의 내용은 청송, 녹죽을 보고 거사의 시기인 줄 알고 혁명을 도모했으나, 적기인 봄이 아니요, 백설이 펄펄 흩날리는 엄동설한이라는 것이다. 따라서 동학혁명은 때 아닌 때, 너무 일찍 거사하여 실패하게 될 것임을 비유적으로 노래한 것이다.

동학과 관련된 참요에는 「녹두새요」라는 것도 있다.

> 아랫녘 새야 윗녘 새야
> 全州(전주) 古阜(고부) 녹두새야
> 녹두밭에 앉지 마라
> 두류박 딱딱 우여

이 노래의 '새'는 민중을 가리키며, '녹두'는 동학의 접주(接主) 전봉준(全琫準)이 키가 작아 별명이 '녹두장군'이었으므로, 이를 풍자한 것이다. '두류박'은 새를 쫓기 위해 두드리는 두레박을 의미하나, 심층은 전주 고부에 있는 두류산을 나타낸 것이다. 따라서 이 노래는 대체로 "민중들아, 전주의 고부에서 일어난 전봉준의 동학군에 가담하지 마라. 민중들아, 동학혁명에 가담하지 말고 흩어져라, 우여-" 이런 내용이 된다.

이 녹두새요는 오늘날 예언적 참요의 성격은 없어지고, 정서적

동요가 되어 전국적으로 확산되어 있는데, 가사도 "새야, 새야 파랑새야/ 녹두밭에 앉지 마라/ 녹두꽃이 떨어지면/ 청포 장사 울고 간다."로 바뀌어 불리고 있다.

목두기에 갓 씌운 성

다음에는 동음어나 비유가 아닌, 파자에 의한 곁말을 보기로 한다. 파자에 의한 곁말은 흔히 통성명 하는 과정에서 잘 나타난다. 이러한 파자는 이미 심청가에 쓰인 것을 살펴본 바 있다. 여기서는 홍부전의 통성명 장면을 보기로 한다. 홍부전은 판본이 두 가지가 있는데 여기서는 경판 25장본에서 그 예를 들기로 한다.

홍부전에서 놀부가 아홉 번째 박을 타니 수백 명의 왈짜들이 밀거니, 뛰거니 나온다. 이들은 단가를 부르며 한참 놀다가 통성명을 한다.

> "바닥 셋째로 앉은 저분은 성짜(姓字)를 뉘라 하시오?"
> 한 놈이 답하되,
> "나무 둘이 씨름하는 성이오."
> 군평이 하는 말이,
> "목자 둘이 겹으로 붙이니 수풀 림(林)자 임 서방이시오. 또 저분은 뉘라 하시오?"
> 한 놈이 답하되,
> "내 성은 목두기에 갓 쓰인 자이오."
> 군평이 하는 말이,

"갓머리 안에 나무 목을 하였으니, 나라 송(宋)자 송 서방이오. 또 저 분은 뉘라 하시오?"

한 놈이 답하되,

"내 성은 계수남이란 목자 아래 만승천자(萬乘天子)란 자(子)자를 받친 외얏 이(李)자 이 서방이오. 또 저분은 뉘라 하시오?"

한 놈이 원간 무식한 놈이라 함부로 하는 말이,

"내 성은 난장(亂杖) 몽둥이란 나무 목자 아래 발긴 역적의 아들, 누렁쇠(黃牛) 아들, 검정 개 아들이란 아들 자(子) 받친 복숭화 이(李)자 이 서방이오."

"또 저 분은 뉘라 하오?"

한 놈이 대답하되,

"내 성자는 뫼 산(山)자 넷이 사면(四面)으로 두른 성이오."

군평이 가만히 새겨 하는 말이,

"뫼 산(山)자 넷이 둘렀으니 밭 전(田)자, 전(田) 서방인가 보오."

통성명하는 자리에서는 흔히 "임가요, 송가요, 이가요, 전가요" 라 하게 마련이다. 그러나 여기서는 새김과 파자에 의해 자기 성을 소개하고 있다. 그런데 그 새김도 일반적인 새김이 아니라, 각자의 개성에 따라 시건방을 떨기도 하고, 희어(戱語)와 비어(卑語)를 섞어 파자를 새기고 있다. 따라서 수인사(修人事)에 변화를 주고, 통성명을 익살스럽고 흥미롭게 한다.

내 성은 쇠 금자를 열대엿 쓰오

흥부전에는 위의 통성명에 이어 정신이 없는 배(裵)가 놈의 익살스런 꼭지 사설이 나온 다음, 통성명이 다음과 같이 이어진다.

"또 저분은 뉘라 하시오?"

한 놈이 하는 말이, "내 성은 안갑 자손한다는 안(安)자에, 부어 터져 죽다는 '부'자에, 난장(亂杖) 몽동이란 '동'자를 합한 안부동이라 하오."

"또 저분은 뉘시오?"

한 놈이 답하되, "내 성은 쇠 금자를 열대엿 쓰오."

군평이 새겨 보고 하는 말이, "쇠가 열이니 김자 하나를 떼어 성을 만들고, 나머지 쇠가 아홉이니 부딪치면 덜렁덜렁 할 듯하니 합하면 김 덜렁쇠오."

"또 저분은 뉘시오?"

한 놈이 손을 불끈 쥐고 하는 말이, "내 성명은 이러하오."

군평이 새겨 하는 말이, "성은 주(朱)가요, 이름은 머귄가 보오."

"또 저분은 뉘라 하오?"

한 놈이 손을 길길이 펴어 뵈거늘 철풍이 새기는 말이, "손을 펴 뵈니 성은 손(孫)이오, 명은 가락인가 보외."

"저 분은 뉘라 하시오?"

한 놈이 답하되, "내 성명은 한가지오."

떠중이 하는 말이, "저기 저분 성명과 같단 말이오."

그 놈이 하는 말이, "어찌 알고 하는 말이오? 내 성은 한이오, 이름은 가지란 말이올새."

"또 친구의 성은 뉘라 하오?"

한 놈이 답하되, "나는 난장몽동의 아들놈이오."

"또 저분은 뉘시오?"

한 놈이 하는 말이, "나도기오."

부딪치기 내달아 히히 웃고 하는 말이, "게도 난장몽동이와 같다 말인 게오."

그 놈이 하는 말이, "이 양반아, 이것이 우스운 체오, 짓궂은 체오, 말 잘하는 체오, 누구를 욕하는 말이오? 성명을 바로 일러도 모르옵나? 각각 뜯어 일러야 알겠습내."

"또 저분은 뉘라 하오?"

한 놈이 하는 말이, "내 성명은 이털, 저털, 괴털, 쇠털, 말털, 시금털털 하는 털자에 보뵤 보자 합하면 털보란 사람이올새."

"또 저분은 뉘시오?"

한 놈이 답하되, "조치안이하오."

거절이 내달아 하는 말이, "성명을 물은즉 조치 아니하단 말이 어찐 말이오?"

그놈이 하는 말이, "내 성이 조(趙)오, 이름은 치안이올새."

이들 통성명에는 "난장 몽둥이의 아들(李)"과 같은 파자도 보이나, 대부분이 동음어에 의한 말장난이거나, 재담을 한 것이다.

"내 성은 안갑 자손한다는 안(安)자에, 부어 터져 죽다는 '부'자에, 난장(亂杖) 몽동이란 '동'자를 합한 안부동이"라 한 것이나, "내 성명은 이털, 저털, 괴털, 쇠털, 말털, 시금털털 하는 털자에 보뵤 보자 합하면 털보란 사람이올새."는 동음어에 의한 곁말이다. "내 성명은 한가지오."라 중의성을 지니는 말을 하고, "내 성은 한이오, 이름은 가지란 말이올새."라 하는 것도 마찬가지다.

이에 대해 "쇠가 열이니 김자 하나를 떼어 성을 만들고, 나머지 쇠가 아홉이니 부딪치면 덜렁덜렁 할 듯하니 합하면 김 덜렁쇠오."나, 손을 불끈 쥔 것을 보고, "성은 주(朱)가요, 이름은 머귄가 보오."라 하거나, 손을 펴 보이는 것을 보고 "성은 손(孫)이오, 명은 가락인가 보외."라 한 것은 재담이다.

통성명을 이렇게 하면 단조롭거나 따분할 장면이 익살스럽고 흥미롭게 진행된다. 오늘날의 수인사도 이러한 결말을 적절히 사용하면 재미있고, 잊히지 않는 통성명이 될 것 같다.

6. 연적 같은 젖통이도 씻어 보고...

더운 여름날이 계속된다. 이런 날에는 무엇보다 시원하게 물에 몸을 담그는 것이 제일이다.

우리 고전에는 여인이 목욕하는 장면이 몇 군데 보인다. 이번에는 이런 목욕의 장면을 살펴보며 더위를 잊기로 한다. 목욕 장면의 하나는 '춘향전'에서 춘향이 풍덩 냇물에 뛰어 들어 시원하게 몸을 씻는 것이요, 다른 하나는 "배비장전"에서 애랑(愛娘)이 어지러이 목욕하는 모습이다.

춘향의 야단스러운 목욕 장면

춘향전에는 춘향이 그네 뛰는 장면이 나온다. 이것이 인연이 되어 춘향과 도령이 사랑을 하게 되는 것은 누구나 다 아는 사실이다. 그런데 그 그네 뛸 때의 장면이 고대본 춘향전에는 좀 색다르게 그려져 있다. 다른 이본과 달리 그네를 뛰고 난 다음 목욕을 하는 것이다. 이때 도령은 물론 춘향의 목욕하는 장면을 광한루에서 다 지켜본다. 도령은 이를 보고 심사가 산란하여 초풍(招風) 만난 사람처럼 몸을 떤다. 그리고 그녀를 두고 방자와 더불어 "금이야, 옥이야"하는 금옥(金玉) 사설을 늘어놓는다. 이때의 목욕 장면을 구체적으로 보면 다음과 같다. 독자의 편의를 위해 표기는 현대식으로 바꾸기로 한다.

> 추천을 다 한 후에 춘흥(春興)을 못 이기어 목욕을 하랴 하고 물가로 내려갈 제 구름 같은 흩은 머리 전반(剪板)같이 넓게 땋아 오색(五色) 직금(織錦) 도투락댕기 끝만 물려 들이치고, 섬섬옥수 번듯 들어 나상(羅裳) 자락 부여잡고 물가로 내려갈 제, 양지쪽 마당 씨암탉걸음으로, 대명전(大明殿) 대들보의 명매기걸음으로, 시내 강변의 금자라 같이 행동접붓 가는 양은 봉래 선녀(蓬萊仙女) 걸음이냐? 창해(滄海)의 잉어같이 굼실굼실 내려가서 물가에 접붓 서며 끈을 끌러 치마 벗어 접첨접첨 넌짓 개어 암상(岩上)에 접어 얹고, 고름 끌러 저고리 벗어 벽도지(碧桃枝)에 접어 걸고, 끈을 끌러 허리띠 벗어 돌돌 말아 한편에 놓고, 속곳 벗어 암상에 접어 얹고, 바람에 옷 날릴까 조약돌도 덤뻑 집어 가만히 지질러 놓고, 사면을 살펴보다가 물에 풍덩 뛰어들어 물 한 줌 듬뿍 집어 양치질도 하여 보며, 물 한 줌 듬뿍 집어 도화(桃花) 같은 두 귀밑을 훌랑훌랑 씻어 보며, 물 한 줌 듬뿍 집어 연적(硯滴) 같은 젖통이를 왕십리(往十里) 마누라 풋나물 주무르듯 주물렁주물렁 씻어보며, 물 한 줌 듬뿍 집어 옥 같은 모가지를 칠팔월에 가지 씻듯 뽀드독뽀드독, 모래 한 줌 듬뿍 잡어 양

손에 갈라 쥐고,

"애비 밥이 많으냐, 에미밥이 많으냐?"

꽃 한 송이 지끈 꺾어 입에도 덤썩 물려 보며, 버들잎도 주루룩 훑어 물에도 풍덩 들이치고, 물그림자 들여다보고,

"네가 고우냐, 내가 곱지?"

한참 이리 노는 양을 도령님이 보시더니 심사가 산란하여 떨며 방자를 부르니, 방자놈 낌새 알고 곱배나 떨더니라.

고대본에 그려진 춘향은 차분하면서도 개구쟁이 같은 성격을 지녔던 모양이다. 그러기에 그녀는 '춘흥'을 못 이기어 그런다고는 하나, 이팔청춘 다 큰 처녀가 홀딱 벗고, 어린애 같은 물장난을 한다. 그러니 이를 지켜보는 도령의 마음이 어떠했으랴? 본문에는 '심사가 산란하여 떨며'라 하고 있으나, 황홀하고 사랑스러워 넋을 잃었을 것임에 틀림없다.

춘향의 목욕 장면은 비유에 의한 곁말을 한 것이다. "물 한 줌 듬뿍 집어 도화 같은 두 귀 밑을 홀랑홀랑 씻어 보며, 물 한 줌 듬뿍 집어 연적 같은 젖통이를 왕십리 마누라 풋나물 주무르듯 주물럭주물럭 씻어 보며, 물 한 줌 듬뿍 집어 옥 같은 모가지를 칠팔월 가지 씻듯 뽀도독뽀도독"이 그것이다. 이들 비유는 독창적인 것이 아니라, 관용적인 것이다. 그러나 그것이 우리가 잘 아는 생활 주변의 사실로 나타냄으로 해서 표현 효과는 배가되고 있다. '복숭아꽃과 같은 붉은 두 귀', '연적같이 볼록 나온 젖가슴', '왕

십리의 여인이 풋나물 씻듯 젖통이를 주물럭주물럭 씻어 보며', '옥같이 흰 목', '팔월에 가지 씻듯 목을 뽀드독뽀드독 씻으며'는 비유의 속성 그대로 구체적이고 명확하게, 원관념(原觀念)을 우리에게 잘 제시해 준다. 이는 현대시의 난해한 비유와는 달리 설명의 필요가 없이 이해되는 구체적 표현이다. 그러니 독자들도 실감을 느낄 것임은 말할 것도 없다.

애랑(愛娘)의 연출된 목욕 장면

고대본 춘향전의 관능적이고 외설적인 춘향의 목욕 장면을 보았다. 그런데 이러한 목욕 장면이 또 하나의 고소설 '배비장전(裵裨將傳)'에 보인다. '배비장전'은 판소리계 소설로, 이는 배 비장이 제주도의 묘기(妙妓) 애랑(愛娘)에게 빠져 망신을 당하는 내용을 그린 소설이다. 이 소설은 춘향전에 많은 영향을 받은 듯, 그 표현이 춘향전과 상당히 일치한다. 목욕 하는 장면의 묘사도 그 가운데 하나다.

이미 정 비장을 대혹케 하여 천하의 망신을 하게 한 바 있는 애랑은, 여인에게 빠지지 않는다고 장담하는 신임 예방(禮房), 배 비장을 사또의 지시에 따라 계략적으로 파계를 유도한다. 목욕하는 장면은 바로 그 첫 단계다. 사또를 따라 한라산에 꽃놀이를 나온 배 비장을 애랑은 녹림 간에서 옷을 벗고 목욕을 함으로 여인의 나신(裸身)에 취하게 한 것이다. 이 계략은 그대로 적중된다. 이 때의 장면은 다음과 같이 묘사되어 있다.

이때 배 비장이 글을 읊고 무료히 앉았다가 우연히 수포동(水布洞) 녹림 간을 바라보니 양안(兩岸) 도화(桃花) 어린 곳에 옥녀 일색(玉女一色) 일 미인이 어릴락 비칠락 백만 교태를 다 부리며 춘광(春光)을 희롱할 제, 백포장(白布帳) 녹림 간으로 혹출 혹입(或出或入), 혹좌 혹립(或坐或立), 연롱한수 월롱사(煙籠寒水月籠沙) 격으로 이리저리 노는 거동 월계화(月桂花) 명월궁(明月宮)에 월아선녀(月娥仙女) 거니는 듯, 상하 의복 활활 벗어 반석(盤石) 상에 올려놓고, 기러기 낙수상망(落水相望) 격으로 물에 풍덩 뛰어들어 노는 거동 아미산(娥媚山) 반륜추월(半輪秋月)이 평강수(平江水)에 잠겼는 듯, 둥글둥글 둥근 돌을 굴려 여산폭포(廬山瀑布)에 들이친 듯, 별유천지 무릉춘(別有天地武陵春)에 도화유수 묘연거(桃花流水杳然去) 격으로 물결 따라 내려가며 백구(白鷗) 동동 반불침(半不沈) 격으로 이리 덤벙 저리 덤벙 우르렁 출렁 굽히는 거동, 녹파담담(綠波淡淡) 저 연못에 세우(細雨) 뿌려 젖은 꽃이 구십춘광(九十春光) 때를 만나 부용화(芙蓉花)가 넘노는 듯, 온 가지로 교태한다.

맑은 물 한 줌 옥수로 담쏙 쥐여 분길 같은 양수를 칠팔월 가지 씻듯 보드득 씻어 보고, 청계(淸溪) 하엽(荷葉) 만발한 데 푸른 연잎 뚝 떼어서 맑은 물 담쑥 떠서 호치(皓齒) 단순(丹脣) 물어다가 양치질도 솰솰 하며 왁 토하여 뿜어 보고, 물 한 줌 덤벅 쥐어 연적 같은 젖통이도 씻어 보고, 버들잎도 주루룩 훑어 내려 석양풍에 펄펄 날려 만수(滿水) 잔잔 흐르는 물에 훨훨 띄워도 보고, 홍홍난만(紅紅爛漫) 꽃도 따서 입에 담뿍 물어도 보고, 꽃가지도 질끈 꺾어 머리에도 꽂아 보고, 물그림자 보고 솰솰 흩어 화용도수(華容道水) 노는 고기

관어변(觀魚邊) 청계상(淸溪上)에 은린옥척(銀鱗玉尺) 희롱하고, 녹음방초 청계변에 조약돌도 얼른 집어 양류상(楊柳上)에 왕래하는 꾀꼬리를 아주 툭 쳐 날려도 보고, 흑운(黑雲) 같이 채진 머리 솰솰 떨쳐 갈라내어 구룡토수(九龍吐水) 늙은 용이 물결 뒤쳐 벽화춘천(碧花春天) 격으로 의후리쳐 틀어 두 손으로 쥐는 양은 금봉차(金鳳釵)가 좋을시고. 꼬리 넓은 금붕어가 어변성룡(魚變成龍) 하려하고, 벽파담담(碧波淡淡) 물결 따라 굽이굽이 노니는 듯, 농춘파(弄春波)에 우르렁출렁 목욕하는 저 거동 손도 씻고 발도 씻고, 등 배 가슴 젖도 씻고, 예도 씻고 샅도 씻고, 게도 씻고, 한창 이리 목욕할 제, 배 비장이 그 거동 보고 어깨가 실룩, 정신을 잃어 구대정남(九代貞男) 간 데 없고, 도리어 음남(淫男)이 되어 눈을 모로 뜨고, 숨을 도둑나무 하다 쫓긴 듯이 어깨춤에 호흡을 통치 못하여 혼자 이른 말이,

"뉘 여인인지 모르거니와 사람 여럿 굳히겠다."

하며, 그 여자 근본을 듣고 싶으되 묻도 못하고, 헛침만 모두어 삼키며 안간힘만 쓰고 무수히 자탄하되,

"차산(此山)의 좋은 경개 오늘날 모두 보고 비조투림(飛鳥投林)하여 잘 새는 날아들고, 어촌낙조(漁村落照)는 석양이 거의로다."

'배비장전'의 목욕 장면은 춘향전의 그것에 비하여 한시문에 의한 비유가 많다. 그러나 전반적으로 춘향의 목욕 장면과 비슷하나, 의도된 연출이라 좀 더 유혹적이다. 몸을 씻을 때의 비유는 춘향전과 같이 관용적이다. "분길 같은 양수(兩手)를 칠팔월 가지 씻듯 보드득 씻어 보고", "연적 같은 젖통이도 씻어 보고"가 그것이다. 그러나 이들 표현은 춘향전과 약간의 차이를 보이기도 한다. 춘향

전에서는 "칠팔월 가지 씻듯"이 '양수(兩手)'가 아닌 '목'을 씻으며, 젖가슴을 씻을 때에는 '왕십리 마누라 풋나물 주무르듯 주물럭주물럭' 씻는다고 또 하나의 비유를 써 감각적으로 표현하고 있다. 이런 점에서는 춘향전이 좀 더 구상적이고 익살스러운 표현을 한 것이다. 그러나 이에 반해 '배비장전'은 '예', '게'와 같은 대명사를 써서 은근히 색정적 색채를 드러내 육담을 하고 있음을 간과할 수 없다.

왕십리 어멈 풋나물 주무르듯

고대본 춘향전에 쓰인 '왕십리 마누라 풋나물 씻듯'이란 비유는 '왕십리 어멈 풋나물 주무르듯'으로 다소 표현이 바뀌어 속담으로까지 굳은 말이다. 이는 말하자면 비유요, 속담이 곁말로 쓰인 것으로, '되는 대로 마구 주무르다'란 뜻을 나타낸다. 이 속담이 곁말로 쓰인 예는 최남선의 고본 춘향전에도 보인다.

> 혼자 사설 눈물 섞어 한숨 질 새 외촌 사는 허 판수 문복(問卜) 도부 외며 가니 서울 판수와 달라 소리를 아주 죽쥐며 지르는 듯이,
> "문수합소, 문수합소"
> 거드럭거려 지나다가 묽은 똥을 디디고 미크러져 안성장(安城場)의 풋송아지처로 왼통으로 나 뒤처지며 철퍼덕 거려 일어날 새, 두 손으로 똥 주무르기를 왕십리 어멈 풋나물 주무르듯, 똥 묻은 손을

뿌리다가 돌부리에 부딪치니 급히 아파 입에 손을 넣어 부니 전 구린내가 코를 찌른다.

"에피이 어느 년석의 똥이 곧 세벌 썩은 똥내로다."

이는 옥중의 춘향이 판수를 불러 해몽을 하기 전의 장면이다. 이 장면은 유머나 위트라는 의미의 곁말과 관련이 있는 것이기도 하다. 이 글 가운데 허 판수가 넘어져 일어날 때 똥 주무르기를, 예의 '왕십리 어멈 풋나물 주무르듯'이라 하고 있다. 이는 물론 허 판수가 똥을 되는 대로 마구 주물렀다는 것을 비유로 나타낸 것이다.

왕십리 마누라, 또는 어멈이 풋나물을 씻거나, 주무른다는 비유의 배경은 야단스러운 고증을 필요로 하지 않는다. 이는 충청남도 홍성 지방의 민요 '군밤타령'이 잘 설명해 준다.

처녀, 처녀 왕십리(往十里) 큰애기는
풋나물 장사로 다 나간다.
에라야 야 고것도 똑똑단 말이지.
왕십리 처녀라 다 그러하랴?
고비 고사리 참두릅 나물
용문(龍門) 산채(山菜)가 제제길레(제 格일네)
에허구두 군밤이야.

처녀, 처녀 삼청동(三淸洞) 큰애기는
마전질 하기가 제제길레.
에라야 야 고것도 똑똑단 말이지.

삼청동 큰애기라 다 그러하랴?
녹수(綠水) 흑수(黑水) 흐르는 물에
차득차득 헤윈다.
에허구두 군밤이야.

처녀, 처녀 남산골(南山洞) 큰애기는
솔방울 따기가 제제길래
에라야 야 고것도 똑똑단 말이지.
남산골 큰애기가 다 그러하랴?
숙세 짚세기 쇠갈퀴로
솔방울 따는구나.
에허구두 군밤이야.

위의 민요 '군밤타령'이 보이듯 왕십리에서는 채소를 많이 재배하였고, 여인들은 풋나물 장사를 하였다. 그러기에 '왕십리 마누라 풋나물 씻듯', 또는 '왕십리 어멈 풋나물 주무르듯'이란 비유가 자연스레 형성된 것이다. 같은 민요에 '삼청동 큰애기는 마전질 하기가 제격일레.'라 한 것은 창덕궁 옆에 있는 삼청동에는 북악산에서 흘러내린 물이 개울을 이루어 아낙네들이 여기에서 빨래를 잘 하였기 때문이다. 그리고 남산에는 소나무가 많아 처녀들은 솔방울을 따 연료로 사용하였다. 그리하여 '남산골 큰 애기는 솔방울 따기가 제격일레.'라 한 것이다. 그러고 보면 참 세상은 많이도 변했다. 지금의 서울의 모습에서는 이런 풍경을 상상할 수 없다.

이열치열(以熱治熱)의 피서법

삼청동 빨래터 이야기는 고소설 "운영전(雲英傳)"에도 나온다. 이 소설은 작자 연대 미상의 소설로 몽유록의 형식을 빈 염정소설(艶情小說)이다. 내용은 세종의 셋째 아들인 안평대군의 사궁(私宮)인 수성궁(壽城宮)을 배경으로 궁녀 운영과 소년 선비 김 진사와의 사랑을 다룬 것이다. 운영은 수성궁에 출입하는 김 진사의 모습에 끌려 그를 사모하게 되었고, 나아가 연시(戀詩)를 지어 김 진사에게 전하였다. 그리고 중추절에 궁녀들이 삼청동에 빨래하러 가는 말미를 빌어 김 진사를 만나 운우지락을 누렸다. 그 이후 김 진사는 밤마다 궁장을 넘어 운영과 운우지정을 나누었다. 그러다가 마침내 이 일이 탄로가 나 운영은 자결하고, 김 진사는 절에 가 운영의 명복을 빈 뒤 자결한다는 비극적 이야기다. 운영전은 우리 고소설에서는 보기 드문 비극적 소설이다.

피서법으로 여인의 목욕하는 장면을 살펴보았다. 그러나 피서법에는 물놀이만 있는 것이 아니다. 이열치열의 방법도 있다. 뜨거운 사랑을 하는 것이다. 우리 시조에는 다음과 같은 것이 있다.

> 閣氏(각씨)네 더위들 사시오. 이른 더위 늦은 더위 여러 해포 묵은 더위 五六月(오뉴월) 伏(복)더위에 情(정)의 님 만나서 달 밝은 平床(평상) 위에 츤츤 감겨 누웠다가 무슨 일 하였던지, 五臟(오장)이 煩熱(번열)하고 구슬땀 흘리면서 헐떡이는 그 더위와, 冬至(동지)ㅅ달

긴긴 밤에 고운님 데리고 따스한 아랫목과 두꺼운 이불 속의 두 몸이 한 몸 되어 그리저리 하니 手足(수족)이 답답하며, 목 굼이 타 올 적에 윗목의 찬 숭늉을 벌떡벌떡 켜는 더위를 閣氏(각씨)네 사려거든 소견대로 사오시오.

장사야, 네 더위 여럿 中(중)에 님 만나는 두 더위야 뉘 아니 좋아하리. 남에게 팔지 말고 내게 부디 팔으시소.

이 시조에는 더위를 피하는 것이 아니라, 님 만나는 더위야 뉘 아니 좋아하겠는가고 그 두 더위는 자기에게 팔라고 장수에게 간청하고 있다. 사람의 생각도 가지가지요, 세상사도 각양각색이다. 그러기에 세상은 살맛이 있나보다.

7. 오리 밖의 십리 나무

언제나 내일을 바라고 사는 불쌍한 민족, 늘 기다리기만 한 이 겨레에게 계절적으로나 시대적으로 춘신(春信)은 소망스럽고 대견한 것이다. 이런 때 우리 조상들은 유산가(遊山歌) 한 자락쯤 불렀으리라.

> 화란춘성(花爛春盛)하고 만화방창(萬化方暢)이라. 때 좋다, 벗님네야, 산천(山川)경개(景槪) 구경가자.

참으로 멋들어진 풍류다. 눌리고 찌들려 한번 기를 펴보지 못한 현대인들도 이런 마음의 여유와 현실을 즐길 수 있었으면 좋겠다.

봄과 유산가 이야기를 하였으니 화류(花柳)를 가는 것에서부터 우리의 곁말 기행을 시작하기로 한다.

화신(花信)을 전해 주는 봄

양주별산대놀이의 제3과장에는 '백구사(白鷗詞)'의 일절이 보인다. 이는 자칭 '우리가 겉은 중이라도 속은 오입쟁이'니 가사나 해 보자고 하여 중들이 부른 것이다.

'백구사'는 작자와 제작 연대를 알 수 없는 가사로, 12가사 가운데 하나다. 가사의 내용은 벼슬에서 물러난 처사가 천석지간(泉石之間)을 거닐면서 봄날의 승경(勝景)을 한가롭게 읊은 것이다.

그런데 '양주별산대'에는 이 '백구사'의 서두에 나오는 '화류(花柳)'를 두고 곁말을 하고 있는 것이 보인다.

> 완보와 목중들 : [꽹과리를 치면서 노랫조로]
> 백구야 껑청 나지 마라, 너를 잡을 내 아닌데.
> 성상(聖上)이 바리시니 너를 좇아 여기 왔다.
> 오류춘광(五柳春光) 경개 좋은데 백마 타고 화류갈까?
> 목중(첫째) : 어느 제밀할 놈이 하루를 가, 이틀을 가고 사흘을 가지.

위의 보기 가운데 '화류(花柳)'를 비슷한 음인 '하루'라 보고, '화류를 갈까'를 '하루를 갈까'로 받아 곁말을 한 것이다. 유음어에 의한 곁말이다.

사실 '화류'를 간다면 산천경개를 두루 둘러보게 '하루' 아닌, '이틀, 사흘'을 가는 것이 좋을는지 모른다. 더구나 '백구사'의 가

사처럼 '오류 춘광 경개 좋은데 백마 타고' 가는 것이라면 그 호탕한 기분을 어찌 하루만 누리고 말 것이랴? 이런 의미에서 '하루를 가'란 결말은 단순한 어희 이상의 표현 효과를 지니는 것이라 하겠다.

이 도령의 화류

춘향전에도 '화류'를 가는 장면이 보인다. 도령은 '초목군생(草木群生)이 개유이자락(皆有以自樂)'하는 삼춘(三春)에 광한루(廣寒樓) 구경을 나온다. 그는 그 전에 자기의 짝이 없는 신세를 한탄한다. "날짐승도 쌍이 있고 길 벌어지도 짝이 있고, 헌 고리도 짝이 있고, 헌 짚신도 짝이 있네. 나는 어인 팔자관대 어제 밤도 새우잠 자고, 오늘 밤도 새우잠 자고, 매양 장상(長常) 새우잠만 자노?"라 탄식한 것이 그것이다. 봄날 유정지물(有情之物)은 다 짝을 찾는데, 자기의 짝 없는 신세를 한탄하고 짝을 무어 주지 않는 부모를 탓하였다.

그래서 그는 명승경처를 찾아 광한루를 찾아가는데, 이 때 나무 사설, 새 사설, 길짐승 사설이 이어진다. 이들 사설 가운데는 독자를 즐겁게 하는 결말이 쓰이고 있다. 먼저 남원고사(南原古詞)의 다소 외설적인 길짐승의 육담 사설부터 보기로 한다.

산군(山君)은 호랑이오, 성수(聖獸)는 기린이라. 장생불사(長生不死)

미록(麋鹿)이요, 사과춘산(麝過春山) 궁노루, 시위상서(侍衛尚書) 코끼리오, 한세융왕 약대(駱駝)로다. 돈피(獤皮), 서피(黍皮), 이리, 승냥이, 해달피(海獺皮), 수달피(水獺皮), 청설모(靑鼠毛), 다람쥐 이리저리 기어들고, 잔나비 휘파람 불고, 청개구리 북질 한다. 금두꺼비 새남하고, 청메뚜기 장고 치고, 흑메뚜기 저를 불고, 돌진 가재 무고(舞鼓) 친다. 도야지 밭을 갈고, 수달피 고기 잡고, 암곰이 외입(外入)하니 수 토끼 복통(腹痛)한다. 다람이 그 꼴 보고 암상에서 용개친다.

이들 사설에서 호랑이, 기린, 코끼리, 약대는 비유에 의한 겯말을 한 것이고, 잔나비, 청개구리, 금두꺼비, 청메뚜기, 흑메뚜기, 가재는 그들의 재주를 익살스럽게 그려 독자에게 웃음을 선사하고 있다. 그런가 하면 암곰이 외입을 하니 수토끼는 배 아파하고, 다람쥐는 암곰의 외도하는 모습을 보고 자위(自慰) 행위를 한다고 육담을 하고 있다. 봄은 짝짓기의 계절이다. 그러기에 앞에서 본 책방 도령의 자탄은 암곰의 외도로, 그리고 다람쥐의 자위행위로 이어진 것이다. 그리고 물론 이는 도령으로 하여금 마침내 춘향을 찾아 '개구멍서방'이 되게까지 한다.

입 맞추어 쪽나무

춘향전에는 나무 사설이 두 군데 보인다. 하나는 책방 도령으로서 광한루 구경 차 나왔을 때의 사설이고, 또 하나는 도령이 전라

어사에 제수 되어 임실(任實)에 당도하였을 때인 춘삼월 호시절의 나무 타령이다. 임실에 당도하였을 때 도령은 마음이 어지럽고, 몸이 곤비(困憊)하여 다리도 쉬고 경개도 구경할 겸, 화류간(花柳間)에 앉아 사면을 살펴보게 된다. 이때 새타령과 나무타령이 삽입가요로 나온다. 이 나무 타령은 광한루에서의 나무사설에 비해 곁말이 많이 쓰이고 있어 좀 더 흥미롭다. "남원고사"의 사설을 현대 표기로 바꾸어 보면 다음과 같다.

> 또 한 곳을 바라보니 각색 초모 무성한데 천두목(天桃木), 지두목(地桃木), 백자목(柏子木), 행자목(杏子木), 느러진 장송(長松), 부러진 고목, 넓적 떡갈나무, 산유자(山柚子), 검팽, 느릅, 박달, 능수버들, 한 가지 늘어져, 한 가지 펑퍼져, 휘휘 늘어져 구비 층층 맺혔는데, 십리(十里) 안의 오리나무, 오리(五里) 밖의 십리나무, 마주 섰다 은행나무, 님 그려 상사(相思)나무, 입 맞추어 쪽나무, 방귀 뀌어 뽕나무, 한 다리 전나무, 두 다리 들믜나무, 하인 불러 상나무, 양반 불러 귀목(貴木)나무, 부처님 전 공양(供養)나무.

이 타령 가운데 '십리 안의 오리나무...' 이하는 단순히 나무 이름만 거론한 것이 아니라, 동음어에 의한 곁말을 한 것이다. 여기서는 '오리나무(榆理木)'를 오리(五里) 밖에 있는 '오리(五里)나무'로, '산사(山査)나무'를 임 그리는 '상사(相思)나무'로 재해석해 곁말을 한 것이다. '쪽나무(木藍)'는 입을 쪽 맞추는 나무로, '뽕나무(桑木)'

는 '뽕'하고 방귀 뀌는 소리로 보아 곁말을 한 것이다. '전나무(從木)'는 다리를 저는 나무로, 목서과의 '들믜나무(들메나무)'는 다리를 들고 메는 나무로 보아 곁말을 하였다. '상나무(香木)'는 하인 상놈의 나무로, '귀목(槻木)'은 귀인 양반 나무로, '공양나무(고양나무 · 회양나무)'는 부처에게 공양(供養)하는 나무로 재해석해 곁말을 한 것이다. 이렇게 곁말을 함으로 이들은 단순한 나무 이름 이상으로 표현 효과를 드러내고 재미를 느끼게 한다.

논어를 읊는 제비

봄 하면 빼놓을 수 없는 것에 또 제비가 있다. 그리하여 어린 학동들은 봄이 되면 '정이월 다 가고 3월이라네. 강남 갔던 제비가 돌아오면 이 땅에도 또 다시 봄이 온다네.'라고 제비 노래를 부른다. 제비는 봄을 몰고 온다.

이 노래에서 '강남(江南)'은 '양자강(揚子江) 남쪽', 곧 중국을 말한다. 중국에서 '강(江)'은 양자강, '하(河)'는 황하(黃河)를 이른다. 겨울을 나러 중국 양자강 남쪽으로 간 제비가 봄에 다시 한국으로 돌아오기 때문이다. 그런데 놀랍게 중국의 양자강 북쪽에서도 우리와 같이 삼월 삼짇날 강남 갔던 제비가 북쪽으로 날아온다고 한다. 묘한 발상의 일치다.

봄을 몰고 오는 제비와 관련된 재미있는 곁말이 있다. 우리는 흔히 제비의 지저귀는 소리를 '지지배배'라 한다. 그런데 흥부전에는 이것이 유음어에 의해 위트가 있는 곁말로 바뀌어 있다.

> 부러진 두 다리를 칠산(七山) 조기(石魚) 껍질로 찬찬 감고,
> "여보 마누라, 당사(唐絲)실 한 바람만 주소. 제비 다리 동여매게."
> 흥부 아내 시집 올 때 가져 온 당사실을 급히 찾아 내어주니 흥부 선뜻 받아 제비 새끼 상한 다리를 곱게 곱게 감어 매어 찬 이슬에 얹어 두었더니 하루 지내고 이틀 지내고 십여일 되더니 상한 다리 완구히 소생되어 비거비래(飛去飛來) 줄에 앉어 남남지성(喃喃之聲) 우는 소리 '지지위지지(知之爲知之)요 부지위부지(不知爲不知) 시지야(是知也)니라.' 우는 소리 드러보니,
> "옛날에 여경이(黎景逸)는 옥중에 가쳤을 때 까치가 기쁨을 보하고, 태상(太史) 위상(魏商) 범죄시에 참새 울어 복직(復職)하니 내 아무리 미물이나 은혜 어찌 못 갚으랴?"
> 둥덩실 떠서 날아갈 제 소상강(瀟湘江) 기러기는 왔노라 하고, 강남으로 가는 제비 가노라 하직한다.

위의 예문에 보이듯 제비가 우는 소리를 '지지배배'라 하지 않고, '지지위지지요, 부지위부지 시지야니라.'라 한 것이 곁말이다. 이는 논어 위정편에 나오는 말로, 공자가 제자 유(由)에게 안다는 것이 무엇인가를 가르친 대목이다. '아는 것을 안다 하고, 모르는 것을 모른다고 하는 것, 이것이 아는 것이다.'라 한 말이다.

이는 지적이요, 지적인 곁말이다. 제비가 논어를 왼다는 것이 익살스러운 일이나, 이렇게 유음의 곁말로, 제비의 울음을 돌려 표

현함으로 보은할 수 있는 소지를 마련한 것이다.

제비도 '지지위지지(知之爲知之)요 부지위부지(不知爲不知) 시지야(是知也)니라.'라고 논어를 외운다. 만물의 영장이라면 무엇인가 좀 더 알도록 해야 하겠고, 알지도 못하면서 아는 체하며 나대는 경거망동은 삼가야겠다. 세상이 어지러울수록 어중이떠중이가 날치게 마련이다. 내가 아는 것이 무엇이고, 내가 할 수 있는 것이 무엇인가 분수를 알고, 덤벙대는 일이 없어야 하겠다.

정비장과 애랑의 이별

봄은 사랑의 계절이다. 이에 '배비장전'에 나오는 유머로서의 정비장과 애랑의 이별 장면을 보기로 한다. '배비장전'은 해학소설(諧謔小說)의 대표적 작품으로, 그 서두에 보이는 애랑과 배비장이 아닌, 정 비장과의 이별 장면은 배꼽을 잡게 하는 해학적 표현의 한 대목이다.

구관 사또가 신임(信任)하던 정 비장과 수청 기생 애랑은 망월루에서 이별을 안타까워하고 있다. 한 동안 먹고 쓰기에 넉넉한 재물을 받은 애랑이지만, 그녀는 또 설운 사연을 늘어놓는다. 그러니 정 비장은 다정한 마음에 자기 몸에 지닌 노리개를 마음대로 달라고 하라 한다. 그러지 않아도 홀딱 벗기려는 판에 달라고 하라 하니 피나무 껍질 벗기듯 아주 홀딱 벗기려 하였다. 먼저 갖두루마

기를 벗어 달라 하고, 돈피(獤皮) 휘양(揮項)을, 철병도(鐵柄刀)를, 숙주 창의(熟紬氅衣), 분주(粉紬) 바지, 상하 의복을, 그리고 고의적삼을 벗어 달래서 정 비장을 알몸으로 만들었다. 그리고는 다시 상투를 떼어 달라, 앞니를 빼어 달라 하며, 마침내는 남자의 성기(性器)를 중반만 베어 달라고 한다. 성기는 승선(乘船)을 재촉하는 방자의 말로 간신히 화를 면하였다. 여기서는 이러한 이별의 장면 가운데 이를 빼달라는 장면과 성기를 베어 달라는 장면만을 예로 보기로 한다.

"나으리 여보, 내 말씀 듣소. 나으리가 아무리 다정하여도 소녀의 뜻만 못하오니 애닯고 그 아니 원통한가? 그는 그러하거니와 분벽사창(粉壁紗窓)에 마주 앉아 서로 보고 당신 웃으시던 앞니 하나 빼어 주오."

정 비장이 어이없어 하는 말이,

"이제는 부모의 유체(遺體)까지 헐라 하니, 그는 얻다 쓰려느냐?"

애랑이 여쭈오되,

"호치(皓齒) 하나 빼어 주면 손수건에 싸고 싸서 백옥함에 넣어 두고, 눈에 암암, 귀에 쟁쟁, 임의 얼굴 보고 싶은 생각나면 종종 내어 설움 풀고, 소녀 죽은 후에라도 관(棺) 구석에 지녀 가면 합장일체(合葬一體) 아니 될까? 근들 아니 다정하오?"

정 비장 대혹하여,

"고방(庫房) 고자(庫子)야! 장도리 집게 대령하여라."

"예, 대령하였소."

"네 이를 얼마나 빼어 보았는다?"

"예, 많이는 못 빼어 보았으되, 서너 말 그럭이나 빼어 보았소."

"이놈, 제주(濟州) 이는 몰봉친 놈이로구나. 다른 이는 상치 않게 하나만 쏙 빼어라."

"소인이 이 빼기에는 숙수단(熟手段)이 났사오니 어련하오리까?" 하더니 소 집게로 잡고 빼었으면 쏙 빠질 것을 큰 집게로 이 덤불째 휩쓸어 잡고 좌충우돌 창검격(槍劍格)으로, 차포(車包) 접은 장기 면상(面象) 차린 격으로 무수히 어르다가 뜻밖의 코를 탁 치니, 정 비장이 코를 잔뜩 부둥키고,

"어허, 봉패(逢敗)로고, 이놈 너더러 이 빼랬지, 코 빼라더냐?"

고방 고자 여쭈오되,

"울리어 쑥 빠지게 하느라고 코를 좀 쳤소."

정 비장 탄식하며,

"이 빼란 게 내 그르다."

애랑이 또 여쭈오되,

"나으리님 양각(兩脚) 산중(山中) 주장군(朱將軍) 중반만 베어 주오."

정 비장이 어이없어 하는 말이,

"이제는 씨도 앉히지 말라는구나. 그는 얻다 쓰려느냐?"

애랑이 여쭈오되,

"나으리 가신 후에 독수공방 수심 할 제 비워 두기 허하오니, 문지기 삼아 두었으면 일부당관(一夫當關)에 만부막개(萬夫莫開)라. 어느 놈이 범하오리까?"

정 비장이 그 말에 입맛이 붙으나, 베어 줄 수 없는지라. 한참 이리 수작할 제, 방자 여쭈오되,

"초취(初吹), 이취(二吹), 삼취(三吹) 끝에 사또 등선(登船)하옵시니 어서 등선하옵소서."

달라는 물건의 대상도 해학적이거니와, 그것을 쓰겠다는 사용처 또한 절묘하다. 그러니 정 비장이 녹아날 수밖에. 사랑을 맹목이라 하거니와 어리석을 손 정 비장은 이러한 애랑의 교언영색을 진정으로 알고 돌이킬 수 없는 망신을 당하고 말았다. 그나마 방자의 승선 재촉에 '남자'의 큰 위기는 넘겼지만...

8. 오매지상(烏梅之上)이오, 초병 마개오

안주에다 접시에다 잡숫고

춘향전은 춘향과 이 도령의 사랑의 이야기를 그린 소설이다. 그러면 이들은 어떻게 만나 사랑을 하게 되었는가? 100여 종이나 되는 이본이 있어 차이를 보인다.

춘향과 이 도령은 도령이 광한루에 소풍 차 나왔다가 그네 뛰는 춘향을 보고 불러오라 하여 만나게 된다. 그런데 이 만나게 되는 상봉 과정이 이본에 따라 다양하게 그려져 있다. 경판(京板) 춘향전은 단옷날 도령이 그네 뛰는 춘향을 보고, '성화같이 불러오라 분부 지엄하니 아니 가던 못하리라'라는 방자의 말에, 춘향은 거절하거나 사양 한번 하는 일 없이 그대로 따라 나선다. 이에 대해 완판본 "열녀춘향수절가"에서는 "여염 사람을 호래척거(呼來促去)로 부를 리도 없고, 부른 대도 갈 리 없다."고 거절한다. 그리하여 도령은 "내가 너를 기생으로 앎이 아니라, 들으니 네가 글을 잘 한다기로 청하노라. 여가(閭家)에 있는 처자 불러보기 청문(聽聞)에 괴이하나 혐의로 알지 말고 잠깐 다녀가라."라고 다시 전갈한다. 이에 춘향은 춘향 모의 허락을 받고 광한루로 간다. 경판본이 기생으로 불려간 데 대해 완판본은 규중처자로 초청을 하고, 이 초청을 받아 가는 것으로 되어 있다. 이러한 상황의 변화를 연구자들은 초기 춘향전의 춘향은 기녀이나, 뒤의 춘향전은 춘향의 신분이 상승된 것이라 본다.

경판 계통 춘향전의 장편소설 남원고사나, 동양문고본 춘향전은 춘향 모까지 고문을 당할 것이라는 협박에 마지못해 광한루로 향한다. 천한 신분으로 비록 사양은 조금 하고 있으나, 결국 양반의 위세에 굴복한다. 평등한 입장의 사랑이 아니라, 굴종의 사랑을 한다. 소위 '억지 춘향'이 형상화 되었다.

그런데 이 방자와 춘향이 가자느니 안 간다느니 줄다리기를 하는 과정에서는 익살스러운 결말이 많이 쓰이고 있다. 그래서 단순한 '억지 춘향이'의 우격다짐에 의한 강요만이 아니라, 유머와 풍자적 표현이 웃음을 자아내게 한다. 일본 동양문고(東洋文庫)에 있는 '동양문고본'에서 이때의 장면을 보면 다음과 같다.

> "어찌 그리 급히 부르나니? 요망의 아들 녀석 같으니. 사람을 그대지 놀래나니? 책방 도련님은 우애 내 등에다가 춘향이라고 대자

(大字)로 입춘(立春)처럼 써 붙였나냐? 가장 말 만코 익살스러이 분주다사하게 뒤숭숭스레 춘향이오 난향이니 사향이니 침향이니 종지리새 열씨 까듯 갓초갓초 경신년 글강 외듯 다 읽어 밧치라드냐?"

"아나, 요년의 아해 년 말 듣거라. 어떤 시럽의 아들놈이 남의 친환(親患)에 단지(斷指)하기로 그런 말 하였겠느니? 도련님이 워낙 아는 법이 모진 바람벽 뚫고 나온 중방(中枋) 밑 귀뚜라미요, 또는 네가 잘못한 것이 그넨지 고윈지, 추천인지 투천인지 뛰려 하면 네 집 동산도 좋고, 정 조용히 뛰려 하면 네 집 대청 들보도 좋고, 정 은근히 뛰려하면 네 방 아랫목 횃대목에 매고 뛰지, 요 똑 비여진 언덕에서 점잖은 아해 년이 아조 들락날락 물명주 속것 가래 동남풍에 펄렁펄렁, 박속같은 살거리는 백운 간에 횟드횟득, 별별 발겨갈 짓이 무수하니 미장가전(未丈家前) 아해 놈이 눈꼴이 아니 상하겠느냐? 뉘 분부라 거슬르니? 두 말 말고 어서 가자. 바른 대로 말이니 도련님이 외입장일너라. 곳 오매지상(烏梅之上)이오, 초병마개요, 말에게 채인 엉덩이오, 돌에 채인 복송아뼈요, 산 개야미 밑궁기오, 경계주머니 아들일러라. 맵시 있게 새를 부려 초친 어럼을 맨든 후에 네 항라 속것 가래를 싱숭상숭 빼어내어 아조 똘똘 말아다가 왼편 볼기짝에 떡 부쳤으면 어이 아니 묘리가 있겠느냐? 남원 것이 네 것이요, 운향고(運餉庫)가 아람치라. 네 덕에 나도 소년 관청고자(官廳庫子)나 얻어 하여 거드럭 호광 좀 하여 보자."

여기에는 어말음이 같은 말을 동원한 곁말과, 비유에 의한 곁말이 많이 쓰였다. 먼저 어말음에 의한 곁말을 보면 다음과 같다.

"춘향이오 난향이니 사향이니 침향이니"

"그넨지 고왼지, 추천인지 투천인지"

'춘향이오, 난향이니...'는 '향'자가 쓰인 인명을 열거함으로 결말을 한 것이고, '그넨지 고왼지'는 유음어, '추천(鞦韆)인지 투천(投川)인지'는 어말음 '천'을 반복 사용함으로 표현의 변화를 준 것이다.

'종지리새 열씨 까듯 갓초갓초 경신년 글강 외듯 다 읽어 밧치라드냐?'와, '박속같은 살거리는 백운 간에 횟드횟득'은 직유(直喩)를 활용해 갖추갖추 일러바친 것, 반복하여 외어댄 것, 그리고 살결이 흰 것을 강조한 것이다. 이에 대해 다음의 예는 은유에 의해 강조 내지 익살스러운 표현을 한 것이다.

"남의 친환(親患)에 단지(斷指)하기로 그런 말 하였겠느니? 도련님이 워낙 아는 법이 모진 바람벽 뚫고 나온 중방(中枋) 밑 귀뚜라미요."

"곳 오매지상(烏梅之上)이오, 초병마개요, 말에게 채인 엉덩이오, 돌에 채인 복숭아뼈요, 산 개야미 밑궁기오, 경계주머니 아들일러라."

'오매지상이오' 이하는 이 도령이 오입쟁이로, 시어터진 짓을 잘함을 은유로서 나타낸 것이다. '오매(烏梅)'란 덜 익은 푸른 매실을 짚불 연기로 그슬려 말린 것이다. '오매지상'이란 이 신 오매 가운데도 가장 위 등급이란 말이다.

안수해(雁隨海) 접수화(蝶隨花) 해수혈(蟹隨穴)

다음에는 다시 이명선본 춘향전의 상봉 장면을 보기로 한다. 여기에는 또 다른 변화가 보인다. 여기서는 거래를 한다. 위협에 굴종하는 것이 아니라, 거래를 하며 하회를 기다린다. 그녀는 갈잎에 '기러기 안(雁), 나비 접(蝶), 게 해(蟹), 비둘기 구(鳩)'의 넉 자를 적어 도령에게 전하고 하회를 기다린다. 이는 암시적 메시지다. 이에 대해 이해조의 '옥중화'에서는 이런 암시가 명시적 표현으로 바뀐다. 방자가 엄형(嚴刑)을 한다고 위협하니 춘향은 좋은 말로 사양하고, '안수해(雁隨海) 접수화(蝶隨花) 해수혈(蟹隨穴)'이라 여쭈라 한다. 기러기는 바다를 따르고, 나비는 꽃을 따르고, 게는 구멍을 따르니, '바다, 꽃, 구멍'과 같이 수동적 여자인 자기가 도령을 찾아갈 수 없으니, 오히려 '기러기, 나비, 게'와 같이 능동적인 남자, 도령이 자기를 찾아오라 한 것이다. 이는 이명선본에서 적어 준 넉 자 가운데 '비둘기 구(鳩)'자를 뺀, 석자를 문장화하고 구체화한 것이다. 이 협상은 성공한다.

이해조(李海朝)에 이르게 되면 두 사람의 만남은 우격다짐이나 강요가 아니라, 그런대로 부르고 사양하고, 꼬이고 따르는 사랑의 격식을 취한다. 이 장면이 김세종 판 판소리 춘향가에는 익살스러운 결말로 재미있게 표현되고 있다.

춘향이 잠깐 어리석은 듯,

"글쎄 방자야, 꽃이 어찌 나비를 찾는단 말이냐? 네가 어서 건너가 도령님 전 '안수해 접수화 해수혈'이라고 여쭈어라."

방자 하릴없이 건너와 도령님 전 고하되,

"아무리 가자 해도 종시 듣지 아니하고 절다려 욕만 잔뜩 합디다."

"욕은 무슨 욕을 하드란 말이냐?"

"안주에다 접시에다 잡수고 해수병(咳嗽病) 걸리라 합디다."

도령님이 생각하드니,

"안수해- 접수화라-. 방자야 그게 욕이 아니니라. 오늘밤 퇴령(退令) 후에 춘향 집 찾아갈 테니 춘향집이나 가르쳐 다오."

위의 상봉 장면은 살아 있는 사람의 만남이다. 느낌이 있는 만남이다. 더구나 이 판소리는 곁말이 쓰여 앞의 소설들의 비극적 성격과는 달리, 희극적 성격까지 드러낸다. 그것은 유음어에 의한 곁말을 활용한 때문이다. '안수해 접수화 해수혈'을 '안주, 접시, 해수병'에 연결시켜 방자로 하여금 익살스럽게 "안주에다 접시에다 잡숫고, 해수병 걸리라."라고 욕을 하더라고 하게 한 것이 그것이다. 방자를 이렇게 말 전갈도 제대로 하지 못하는, 무식하고 어리석은 놈으로 만들어 엉뚱한 표현을 함으로 사설에 생기를 불어넣고, 재미있는 표현으로 바꾸어 놓은 것이다. 곁말은 확실히 웃음을 안겨 주는 표현의 마술사다.

다음에는 잘 알려진 조선조 태조 이성계의 꿈 이야기를 듣고 무학 대사가 해몽하는 과정에 드러내는 곁말을 보기로 한다. 이는 최상의(1865-?)가 지은 『오백년기담』에 전하는 것이다.

닭 우는 소리는 '고귀위(高貴位)'

태조 이성계가 함경도 안변에 살고 있을 때 한 꿈을 꾸었다. 일만 집의 닭이 일시에 울 제 헌 오막살이집에 들어가 서까래 세 개를 지고 나오니, 꽃이 날아가고, 거울이 깨진다. 문득 깨어 보니 옆에 한 노파가 앉아 있거늘 몽조를 묻고자 하니, 그 노파가 말을 못하게 하고 이렇게 말한다.

"말을 마옵소서. 장부의 일은 여자가 알 바 아닙니다. 서쪽으로 가면 설봉산 토굴 안에 기이한 도승이 있으니 거기 가서 물어 보소서."

이성계가 즉시 찾아가 예수(禮修)하고, 꿈에 대해 물으니, 치하하며 말한다.

"닭 우는 소리는 '고귀위(高貴位)' 하니, 곧 높고 귀한 대위(大位)요, 한 등허리에 서까래 세 개를 가로 졌으니, 즉 임금 왕(王)자라. 이는 지극히 높고 극히 귀하여 왕위(王位)에 오르실 몽조(夢兆)로소이다. 또 꽃이 날아가고 거울이 깨어짐을 물으시니, 화비종유실(花飛終有實)이오, 경파기무성(鏡破豈無聲)가, 꽃이 떨어지매 열매가 있고, 거울이 깨어지매 어찌 소리 없으리까? 이것도 왕위에 오르실 몽조외다."

이 태조는 크게 즐겨하고, 등극한 뒤에 그 도승을 위하여 안변에 석왕사를 창건하였으니, 그 도승은 곧 무학(無學)이다.

여기에는 우선 단순한 닭울음소리 '꼬끼오"를 유음어인 '고귀위'로 보아 '높고 귀한 자리에' 오른다는 의미로 해석하였다. 유음어에 의한 결말을 한 것이다. 그리고 등허리에 서까래 셋 진 것을

'임금 왕(王)'자로 파자하였으며, 꽃이 날고 거울이 깨지는 것을 열매 맺고 소리 나는 것으로 몰고 가 '화비종유실(花飛終有實)이오, 경파기무성(鏡破豈無聲)'에 결부시킴으로, 대위에 오르고 칭송이 자자할 것임을 비유하였다. 꽃이 떨어지고, 거울이 깨지는 것을 열매를 맺고 소리가 난다고 해석하는 것은 춘향전에도 보이는 것이다. 춘향이 체경이 깨어지고, 앵두꽃이 떨어졌다는 꿈을 판수가 '화락(花落)하니 능성실(能成實)이오, 파경(破鏡)하니 기무성(豈無聲)가' <열녀춘향수절가>라고 한 것이 그것이다. 좋은 결과가 있으리라 해몽한 것이다.

기지를 높이 산 우암(尤庵)

불교의 거장 무학에 대한 이야기를 하였으니, 다음에는 유교의 거장 우암 송시열에 대한 일화를 보기로 한다. 이는 우암이 기지를 높이 산 이야기다. 우암은 문장이 뛰어나고, 국량이 큰 효종 때의 정승이다. 그가 재상으로 있을 때의 이야기다.

> 그는 볼일이 있어 하루는 평복을 하고, 경기도 장단을 향하고 있었는데 마침 비가 내렸다. 그래서 길가의 조그마한 주막에 들어가 비를 그어 가기로 하였다. 그때 마침 무관 하나도 비를 피해 우암의 방으로 들어왔다. 두 사람은 한참 무료하게 앉아 있다가 무관이 먼저 입을 열었다.

"얼굴을 보아하니 장기라도 둠직한 첨지일세 그려. 심심한데 한 판 두어 볼까?"

자못 거만한 말투다. 이에 우암은 "예, 두어 보십시다요."라고 겸손하게 응대하였다.

장기를 한 판 둔 뒤 무관은 다시 말을 걸었다.

"그래, 영감은 감투를 썼으니 무슨 벼슬을 하였나? 보리 섬이나 좋이 없앤 모양일세. 보리동지를 하였나? 이런 궁벽한 산촌에서는 보리동지도 과분하지..."

우암은 이 자의 수작이 가소로웠으나, 시치미를 뚝 떼고 공손이 대답했다.

"뭐, 벼슬이야 대수롭겠습니까?"

그러나 그 말소리가 우렁찬 데 다소 놀라면서도, 더욱 얕잡아 보고, "성명은 무어라 하는고?"라고 오만무례하게 또 물었다. 이에 우암은 다시 공손하게 대답했다.

"예, 저의 성은 송나라 송(宋)자이옵고, 이름은 때 싯(時)자, 매울 열(烈)자 , 송시열이라 하옵니다."

그는 "엇..."하고 소리를 지르지는 않았으나, 안색은 새파랗게 질리고 말았다.

대문장가요, 시임(時任)이 좌의정인 송시열, 자기는 이제 겨우 연줄로 안주병사(安州兵使)로 부임해 가는 몸. 이 벼슬도 입이 화근이 되어 떨어지는구나 하니 기가 막혔다. 우암은 조용히 이런 그의 안색을 살피고 있다. 이때 무관은 분연히 안색이 돌변하더니 다짜고짜로 우암의 뺨을 보게 좋게 후려쳤다. 그리고 일장 변설을 하였다.

"이 고얀 첨지놈! 네놈이 어찌 함부로 우암 대감의 존명을 차칭(借稱)하는고? 우암으로 말하면 문장과 도덕과 식견이 당대 일세를 흔들고 있는 분인데, 네까짓 영감탱이가 송시열 대감이란 말이냐? 고약한 놈! 외람된 칭명을 취소할 수 없을까?"

이렇게 준열히 나무란 무관은 무섭게 문을 박차고 나가 뒤도 돌아보지 않고, 우중에 말에 올라 북으로 장단을 향해 달렸다.

우암은 이러한 젊은 무관의 기지에 탄복하고, 혼자 중얼거렸다.

"실로 대장부의 거창한 임기응변의 기지로다. 천변만화의 장부의 흉도(胸度)로다. 능히 일감 하나 맡길만한 걸..."

그 뒤 이 무관은 안주병사에서 평안병사(平安兵使)에 임명되었다. 우암은 얻어맞은 뺨따귀를 승진으로 갚은 것이다.

얕보고 무시한 영감이 당대의 유명한 좌상, 송시열 대감이란 사실을 알고, 이 미관(微官)의 천둥벌거숭이는 얼마나 당황하고 기가 막혔을까? 정말 하늘이 노랬을 것이다. 간신히 얻어 한 이 병사 자리도 날아가는구나 하고 앞이 캄캄했을 것이다. 이를 그는 기지로서 넘겼다. 그는 우선 이 자리에서 빨리 벗어나야 했다. 그래서 그는 우암의 뺨을 치고, 문을 박차고 뛰어 나가 우중에 말을 달려 도망갔다. 그러나 대인 우암은 무관의 사람됨을 알아보았다. 그래서 우암은 그를 발탁, 승진시켰다. 이런 것을 보면 사람의 운명이란 참으로 알 수 없는 것이다. 무관이 만난 사람이 우암이 아닌, 옹졸한 졸장부였었다면 그는 삭탈관직에 곤장을 면치 못했을 것이다.(註, 보리동지 : 곡식을 바치고 벼슬을 얻은 사람을 농조로 이르는 말이다. 맥동지(麥同知)라고도 한다.)

9. 오자서는 동문 상에 눈을 걸고

대감의 다리나 분질렀으면...

혜경궁 홍씨의 아버지요, 사도세자의 장인인 홍봉한(洪鳳漢)의 집에 세 식객(食客)이 있었다. 이들은 벼슬을 얻어 하려고 가산을 기울여 뇌물을 바쳐가며 십년씩이나 있었으나 끝내 한 자리를 얻어 하지 못했다. 그래서 귀향을 결심하고 이들은 후원에 모여 속마음을 털어 놓았다.

장 씨가 먼저 말했다.
"나는 대감이 드시는 산해진미나 맛보았으면 좋겠다."
이어서 이 씨가 말했다.
"나는 큰 몽둥이로 대감의 다리나 분질렀으면 시원하겠다."
마지막으로 현 씨가 말했다.
"나는 대감의 첩을 범하여 실컷 즐겼으면 좋겠다."
마침 별실에 있던 홍 대감이 이들의 말을 엿들었다. 대감은 이들을 불러 그들이 한 말이 무엇인가 물었다. 세 사람은 놀라고 두려워 얼굴이 창백해졌다. 그러나 이미 듣고 묻는 터라 사실 대로 대답했다. 장씨는 대감 상에 차려진 진수성찬을 한 번 먹어보고 싶다고 했고, 이씨는 십년 동안 가산을 탕진하고, 벼슬도 못해 대감의 다리를 분지르면 속이 시원하겠다고 했다 하였다. 현씨는 음식을 맛보기도 바라지 않고, 분한 것도 없다며, 남자가 여색을 좋아하는 것은 인지상정이므로 대감의 첩과 한번 관계를 맺고 싶다고 했다고 하였다.

그러자 홍 대감은 먼저 장씨에게 다른 소원은 없는가 물었다. 없다고 했다. 그 다음 이씨에게 "과연 내 다리를 칠 수 있겠는가?" 물었다. 할 수 없으면 입 밖에 내지도 않았다고 했다. 그러면 한번 해 보라 했다. 그러자 이 씨는 화가 뻗쳐 입술을 깨물고 대감의 다리를 내리쳤다. 대감은 두렵고 놀라워 다리를 오므려 위기를 모면했는데, 몽둥이는 부러지고 마룻바닥이 부서졌다. 대감은 웃으며 "무사로다." 했다.

그 다음 현씨에게 "내 첩을 범할 수 있겠느냐?" 했다. "허락하시면 사양치 않겠다"고 했다. "그러면 한번 해 보라." 하자 그는 그녀를 실컷 즐겼다. 그리고 여인의 엉덩이를 치며, "지금 그곳에 불이 날듯하니 물을 부어 불을 끄라." 하였다. 홍봉한은 "참 대장부로다." 하였다.

그리고 장 씨에게는 "그대는 먹고 마시기만 하고 집에 머물렀으니 어찌 나라 일에 뜻이 있겠는가?"하며, 잘 먹인 후 그의 첩을 대동하여 고향으로 돌려보냈다. 그리고 용력(勇力)이 출중한 이 씨는 왕명을 전달하는 선전관(宣傳官)을 시키고, 대장부인 현씨는 북방의 요충지인 선사포의 첨사(僉使)가 되게 하였다.

지난날에는 고관대작의 식객으로 머물면서 곧잘 벼슬을 얻어하였다. 이 이야기도 그런 이야기의 하나로 익살스럽고 풍자적인 것이다. 야심이 없는 장 씨에겐 첩을 하나 배분하여 고향으로 돌려 보냈다. 지난날의 여인은 사람 대접을 받지 못하고, 하나의 재물로 취급되었음을 엿보게 한다. 홍봉한은 용력이 있는 이씨와 대장부인 현씨는 그들의 무례와 무엄을 탓하지 않고 각각 그들의 재능에 따라 선전관과 첨사(僉事) 벼슬을 시켰다. 이로 보면 홍봉한은 역시 고관대작에 오를 만한 틀을 지닌 인물이었던 듯하다.

오자서는 동문 상에 눈을 걸고

다음에는 수요(數謠)라고나 할 구구풀이를 하나 보기로 한다. 이는 남원고사 계통의 춘향전과 흥부전에 다 같이 보이는 것이다. 구구풀이는 구구단의 9단 '구구 팔십일, 구팔 칠십이, 구칠 육십삼'과 같이 9단의 곱하기를 거꾸로 외어, 곱한 숫자의 끝자리가 1에서 9까지 순차적으로 배열되는가 하면, 십대의 숫자가 또 8,7,6,5와 같이 역순으로 배열되어 재미있는 어희(語戲), 내지 자희(字戲)가 되게 한 것이다. 이는 단순한 구구단이나 이를 따로 떼어 말이나 글에 활용하면 이렇게 기지에 찬 어희가 된다. 이를 시각적으로 이해하기 쉽게 도시해 보면 다음과 같다.

9×9=81, 9×8=72, 9×7=63, 9×6=54, 9×5=45, 9×4=36,
9×3=27, 9×2=18, 9×1=09

이러한 구구풀이는 때로는 그것만으로, 때로는 동음어에 의한 어희로 노래 불렀다. 흥부전과 남원고사의 구구풀이는 동음어를 활용한 확장된 말놀이다. 흥부전과 남원고사의 구구풀이는 차이가 나고, 최남선의 고본 춘향전의 그것은 이들을 참조한 듯 그 중간 형태를 취하고 있다. 흥부전의 구구풀이를 보면 다음과 같다.

> 구구팔십 일광로는 적송자(赤松子) 찾아가고,
> 팔구칠십 이태백(李太白)은 채석강(采石江)에 완월하고,
> 칠구육십 삼청선자(三淸仙者) 학을 타고 놀아 있고,
> 육구오십 사호선생(四皓先生) 상산(商山)에 바둑 두고,
> 오구사십 오자서(伍子胥)는 동문(東門) 상에 눈을 걸고,
> 사구삼십 육수부(陸秀夫)는 보국충성 갸륵하고,
> 삼구이십 칠륙구는 적국(敵國) 전에 사절(士節)이요,
> 이구십 팔진도(八陣圖)는 제갈량(諸葛亮)의 진법(陣法)이요,
> 일구 구궁수(九宮數)는 하도낙서(河圖洛書) 그 아닌가?

이는 흥부 아내가 첫째 박에서 나온 약값이 얼마나 되나 구구를 놓아 볼 때 풀이한 사설이다. 이 사설은 구구단의 끝자리 숫자가 다음 말의 어두음으로 활용되어 어희를 하고 있고, 또 '이태백, 오자서, 육수부' 등의 성 '이(李), 오(伍), 육(陸)'이 '이(二), 오(五), 육(六)'의 동음어에 의해 재미있는 결말이 되고 있다.

구구풀이는 어두음이 같은 중국 인물의 고사를 노래한 것이다.

따라서 해박한 지식이 없이는 그 뜻을 이해할 수 없이 되어 있다. 이를 감상하기 위해서는 이들에 얽힌 고사를 알아야 한다.

'적송자'는 옛날 선인이다. 사기에는 '인간사를 버리고, 적송자를 좇아 놀고 싶을 따름이다.'라는 기록이 보인다. '일광로'는 이러한 사람이다. 선인을 동경한 것이다. '이 태백'은 채석강에 비친 달을 완월(玩月)하고 기경상천(騎鯨上天)했다는 고사를 지닌 당나라의 낭만적 시인이다. '삼청선자'는 도가(道家)의 선인지부(仙人之府)인 옥청(玉淸) 상청(上淸), 태청(太淸)에 있는 선인이다. 신선은 학을 타고 다닌다고 한다. 그래서 학은 '선학(仙鶴)'이라 한다. '사호선생'은 '상산사호(商山四皓)'로, 진시황(秦始皇) 때의 네 은사(隱士)다. 이들은 모두 눈썹과 수염이 흰 노인들로, 바둑을 두며 속세를 떠나 살았다.

'동문 상에 눈을 걸고'는 오왕 부차(夫差)가 월왕 구천(句踐)과 화친하려 하자 오자서가 이에 응하지 않고 간하다가 죽음을 당하게 될 때 사인(舍人)에게 한 말이다. "내 눈을 빼어 오나라 동문 위에 걸고, 월나라 도적들이 오 나라를 멸하는 것을 보리라(擇吾眼懸吳東門之上 觀越寇之入滅吳也)"라 한 것이 그것이다. 이는 오자서의 충간을 의미한다.

'육수부'는 송나라의 충신으로, 위나라 우승상이 되어 정치를 잘 했으나 원군(元軍)에 패하여 위왕을 업고 바다에 빠져 죽었다. '몸을 죽여 도를 다한' 충신이다. '칠륙구'는 오기로 보인다. 다만 그 내용으로 보면 충직한 선비라 할 수 있다. 동양문고본 춘향전에는 이 부분이 '칠대국은 전국적 사절이요'로 되어 있다. 전국시대에 '진, 초, 연, 제, 조, 위, 한'의 칠대국이 있었다. '팔진도'는 제갈공명이 창안한 진법으로, 환우기(寰宇記)에 의하면 기주 봉절현에 팔진도가 있고, 섬서 면현에도 유적이 있다 한다.

'구궁수'는 구성(九星)을 오행과 팔괘의 방위에 맞추어 길흉화복을 판단해 내는 수이다. '하도낙서'는 복희 황제 때 용마가 황하에서 지고 나왔다는 그림 하도와, 우왕 때 낙수에서 거북이 등에 지고 나왔다는 글씨 낙서다. 이들은 주역의 기본 이치가 된 것이다.

춘향전에서 구구풀이는 춘향과 이별할 때 도령이 밤낮으로 공부하여 입신양명하여 춘향을 찾아올 것이니 부디부디 잘 있으라며 한 사설이다. 남원고사의 사설은 다음과 같다.

> 구구팔십 일광노는 여동빈(呂東賓)을 따라가고,
> 팔구칠십 이적선(李謫仙)은 채석강(采石江)에 완월하고,
> 칠구육십 삼노공(三老公)은 한(漢) 태조를 차세(遮說)하고,
> 육구오십 사호선생(四皓先生) 상산(商山)에서 바둑 두고,
> 오구사십 오자서(伍子胥)는 동문(東門)에 눈을 걸고,
> 사구삼십 늒손이는 팔진도(八陣圖)에 싸여 있고,
> 삼구이십 칠성단(七星壇)에 제갈(諸葛) 제풍(制風)하여 있고,
> 이구십 팔선녀(八仙女)는 성진(性眞)이가 희롱하고,
> 일구 굴원(屈原)이는 멱라수(汨羅水)에 빠졌으니 너도 열녀 되랴거든 삼강수에나 빠져라.

여기서는 '적송자'가 팔선의 하나라는 '여동빈'으로 바뀌었고, '삼청선자'가 '삼로공'으로 바뀌어 그 내용도 '한 태조를 차세하고'라 바뀌었다. '삼로공'은 한 태조의 가는 길을 막고 간언했다 한다. '육수부'는 '육손이'로 바뀌어 '팔진도에 싸여 있고'란 엉뚱한 사설이 되었다. '칠륙구'는 '칠성단'으로 바뀌어 자연스럽게 제갈공명의 고사 제풍(制風)으로 이어졌다. '팔진도'는 '팔선녀'로 바뀌어 구운몽의 '성진(性眞)'을 등장시켰고, '구궁수'는 멱라수에 투신한 '굴원'으로 바뀌었다. 그래서 사랑, 열녀와 연합되며, 춘향이 열녀가 되려거든 삼강수(三江水)에나 투신하라는 농담으로 사설을 마치고 있다. 따라서 흥부전의 경우와 달리 남원고사에서는 구구풀이가 좀 더 소설의 내용과 부합하는 표현이 되고 있다 하겠다.

달 셋의 길이는 얼마인가?

다음에는 동음어나, 유음어에 의한 수수께끼로서의 곁말을 보기로 한다.

'끓여도 차다고 하는 것이 무엇이냐?', 또는 '더워도 차다 하는 것이 무엇이냐?' 하는 수수께끼가 있다. 이 수수께끼의 답은 '차(茶)'이다. 이는 '차다(寒)'의 '차'와 '차(茶)'의 '차'가 동음인데서 말놀음을 한 수수께끼다. 다음의 수수께끼들도 이러한 유형에 속할 것들이다.

'굽으러져도 벋었다 하는 것이 무엇이냐?'
'버드나무'
'낮에 보아도 밤이 무엇이냐?'
'밤(栗)'
'다 컸어도 자라라고 하는 것이 무엇이냐?'
'자라(鼈)'
'무엇이나 보겠다는 풀이 무엇이냐?'
'보리(麥)'

다음엔 앞의 예와 같은 유형의 수수께끼이나, 동음 아닌 유음(類音)에 의한 어휘를 보기로 한다.

'들고서도 땅에 떨어졌다 하는 것은?'
'낙지'
'값을 묻지 않고 물건을 사는 나라가 어느 나라냐?'
'아라사(俄羅斯)'
'노름판에서 구경꾼에게 돈 주는 고을이 어디냐?'
'가평(加平)'

들고서도 땅에 떨어졌다하는 것은 물고기인 '낙지'를 '낙지(落地)'로 해석한 때문이다. '아라사(俄羅斯)'는 러시아(Russia)를 이르는 말로, 이는 '알아(知)-사(買)'와 발음이 비슷해 값을 묻지 않고 알아서 사는 나라라 한 것이다. '가평'은 '남의 소유한 것 가운데서 조금 얻어 가지는 공 것'을 뜻하는 '개평'과 경기도의 지명 '가평'이 비슷한 데서 말장난을 한 것이다.

같은 동음어의 어휘이나, 그 뜻을 고려한 다소 복잡한 수수께끼도 있다.

'달 셋의 길이는 얼마나 되는가?'
'무한(無限)'

달 셋의 길이가 '무한'이라 하는 것은 어떻게 된 것일까?? 달이 큰 천체이긴 하지만, 그것은 지구보다 작다. 그런데 무한이라니? '달 셋'은 '세(三)-월(月)'이라 해석할 수 있다. '세월(三月)'은 동음어 '세월(歲月)'과 연합된다. '세월'은 인간이 잡을 수 없는 것, 무한히 흘러가는 것이다. 따라서 '달 셋'의 길이가 '무한'이 된다.

'돈 서 돈으로 백예순 두 가지 사는 것이 무엇이냐?'
'열무- 한 돈, 쉰 두부- 한 돈, 백 가지- 한 돈'

'한 돈, 두 돈' 하는 '돈'은 지난날 엽전(葉錢) 열 푼(分)을 뜻하던 말이다. 따라서 위의 수수께끼는 '서 돈', 곧 30푼의 적은 돈으로 162 가지를 살 수 있는 것이 무엇이냐는 수수께끼다. 이는 앞의 해답처럼 '열무, 쉰 두부, 백 가지'다. 이는 외형상 '어린 무, 부패한 두부, 흰 가지'를 이렇게 본 것이다. 이들 대상을 동음어에 의

해 재해석해 이런 정답이 된다. 장난을 한 것이다. '열무'는 '10-무', '쉰두부'는 '52-부', '백가지'는 '100-가지(茄子)'를 가리킨다. 그리하여 결과적으로 서 돈으로 '162 가지'를 사는 것이 된다. 그러나 이 수수께끼는 이미 굳은 것이긴 하나 '162 가지'를 사는 것이라기보다는 '160 가지' 물건을 사는 것으로 질문을 바꾸는 것이 바람직하겠다. 그것은 '쉰두부'를 '52-부'라고 하면 '부'가 알 수 없는 물건이 되고, '50-두부(豆腐)'라고 하면 '두부'가 상정되고, 의미 호응도 잘 되기 때문이다.

'머리 셋, 눈 여섯, 발 열둘 있는 실과가 무엇이냐?'

이 수수께끼도 좀 황당하게 들릴 것이다. 그런 실과는커녕, 그런 짐승도 없을 것이라 생각될 것이기 때문이다. 그런데 이것도 동음어에 의한 해석을 꾀함으로 그럴 듯하게 풀이가 된다. 정답은 '개살구'다. '개살구'를 '개-삵(狸)-구(狗)'로 분석하는 것이다. 그렇게 되면 네 발 달린 짐승이 세 마리니, 머리 3, 눈 6, 발이 12이 될 수밖에 없다. 이 수수께끼는 기지와 유머의 말놀이다.

10. 오줌 찔끔 지린내장

결말은 각종 언어가 다 자료가 된다. 그리고 그것이 익살과 풍자를 빚어낸다. 지명(地名)도 보기와는 달리 좋은 결말의 대상이 된다. 전혀 감성과는 관계가 없을 것 같은 지명이 결말로 쓰이며 흥미로운 언어유희로 변신한다. 다음에는 이러한 민요부터 보기로 한다.

오줌 찔끔 지린내장

아산(牙山)지방에 전하는 장타령 형식의 민요가 있다. 이는 동음내지 유음에 의한 간단하면서도 재미있는 지명의 민요다.

앉었다 섰다 선장장
버걱버걱 버그내장
오줌 찔끼 지린내장

방구 탕탕 구린내장

이 민요는 지명을 익살스러운 동음어 내지 유음어로 재해석한 어희요다. 이들은 지명의 배경을 서 있다는 의미에서 '선장장', 버걱버걱 버그럭거린다는 뜻에서 '버그내장', 오줌을 찔끔 갈겨 지린내가 난다는 의미로 '지린내장', 방귀를 뀌어 구린내가 난다는 뜻에서 구린내 장이라고 새롭게 의미 부여를 해 말놀이를 한 것이다. 따라서 본래의 '선장장, 버그내장, 지린내장, 구린내장'과는 달리 익살스럽고 재미있는 이름이 되었다. 그뿐 아니라 이름을 재해석하여 새로운 유연성을 부여함으로 기억도 잘 할 수 있게 한다.

'봉산탈춤'으로 유명한 봉산 지방에도 지명이 쓰인 장타령이 있는데 자못 해학성을 드러낸다.

장대 끝에 제비장
코 풀었다 홍성장(洪城場)
바 사렸다 사린장
육날 메투리 신천장(信川場)
와삭와삭 사기장
새 밉다 종달이장
예쁜 색시 안악장(安岳場)
아궁 앞에 재령장(載寧場)
울고 가는 곡산장(谷山場)

이 노래도 아산 지방의 민요와 같이 동음 내지 유음을 활용한 결말이다. '제비장'은 '제비'와 관계시켜 장대 끝에 있다고 한 것이고, '홍성장'은 코를 풀 때의 의성어 '홍!'과 관련시킨 것이다. '사린장'은 새끼나 바를 사린다(繞)는 것과 관련시켜 '사린장'이라 한 것이고, '신천장'은 신는 신과 관련시켜 '육 날 미투리'를 끌어온 것이다. '사기장'은 사기 그릇의 부딪치는 소리와 관련시켜 결말을 한 것이고, '종달이장'은 '종달새'와 관련시킨 것이다. '안악장'은 아낙네의 '아낙'과 관련시켜 '예쁜 색시'를 끌어들인 것이고, '재령장'은 불을 때는 아궁이의 '재'와 관련시킨 것이다. '곡산장'은 상을 당해 우는 '곡(哭)'과 관련시켜 익살스러운 말놀이를 한 것이다. 결말은 이렇게 동음어 내지 유음어를 통해, 때로는 부분적인 동음 내지 유음에 의해 재미있고 풍자적인 표현을 한다.

오늘날은 거의 볼 수 없게 되었으나, '장타령'이란 본래 구걸하는 사람이 장판이나, 길거리로 다니면서 부르는 속된 노래다. 따라서 이는 본질적으로 재미있어야 할 속성을 지녔다. 이러한 장타령은 상호간에 영향을 주고받아 발전한다. 평산(平山)지방의 장타령은 이런 의미에서 자못 흥미롭다. 이는 앞에서 본 아산지방의 장타령과 봉산지방의 장타령을 복합한 형태를 취하고 있다. 구체적으로 평산지방의 장타령을 보면 다음과 같다. '봉천장'은 한 다리가 짧은 '봉충다리'와 관련시킨 것이다.

바 사렸다 사린장
코 풀었다 홍성장
왜각 때걱 사기장
한 다리 절뚝 봉천장
오좀 찔끔 지린내장
방구(방귀) 꿨다 구린내장
장대 끝에 제비장
어흥 그렇지 잘 한다.
한 푼 주- 우.

청주(淸酒) 안주 대구(大口)

민요 가운데 지명이 반영된 장타령을 두어 개 보았다. 다음에는 장타령이 아니면서, 지명 풀이를 해학적으로 한 곁말을 하나 보기로 한다.

청주(淸州) 안주(安州) 대구(大邱)
상주(尙州) 장단(長湍) 곡성(谷城)
청주 안주는 대구요,
상주의 장단(長短)은 곡성이라.

하양(河陽) 행주(幸州) 거문(巨文) 갈천(葛川)
무주(茂朱) 장수(長水) 검불(劍佛) 장성(長城)
하얀 행주 검은 걸레,
무주 장사(壯士) 검불 장승

황주(黃州) 나주(羅州) 조치원(鳥致院)
주안(朱安) 국수(菊秀) 검불랑(劍佛浪)
황주(黃酒)를 나 주면 좋지,
주안(酒案)에 국수는 검불

위에 적은 3절의 노래 가운데, 각 절의 앞 두 구절은 지명이고, 뒤의 두 구절은 이를 해학적으로 풀이한 것이다. 첫째 절의 '청주 안주 대구'는 세 개의 지명이고, 이를 '청주(淸酒) 안주는 대구(大口)' 라고 풀이 한 것이 동음어에 의한 곁말이다. 세 지명이 맑은 술의 안주는 생선 대구가 좋다는 뜻으로 풀이된 것이다. 둘째 구절은 '상주 장단 곡성'이 지명이고, 이를 '상주(喪主)의 장단(長短)은 곡성(哭聲)'이라고 풀이한 것이다. 동음어에 의한 곁말을 함으로 기발한 발상을 전개한 것이다.

둘째 절의 지명을 '하얀 행주 검은 걸레/ 무주 장사 검불 장승' 이라 한 것은 첫째 절에 비하면 동음어 아닌 유음어에 의한 곁말을 한 것이다. '갈천(葛川)'은 고유어로 '갈내'라 하기 때문에 비슷한 발음의 '걸레'와 연합시킨 것이다. 지명 '장수'와 '장성'은 각각 유음어와 동음어 '장사(壯士)', 및 '장승(長栍)'에 연합시킨 것이다. '검불(劍佛)'은 '마른 풀이나 나뭇잎'을 뜻하는 고유어 '검불'에 연합되었다. 따라서 이 지명의 풀이는 '하얀 행주 검은 걸레'는 사실적 표현이고, '무주(無酒) 장사 검불 장승'은 아이러니컬한 표현이다. 그 뜻이 '술 없는 술장사에, 검불 같은 장승 천하대장군(天下大將軍), 천하여장군(天下女將軍)'이라 표현하고 있으니 말이다. '무주'는 '모주'와 관련지을 수도 있을 것이다. 그러면 '찌끼 술을 파는 장사' 또는 '모주 먹은 장사'가 된다.

셋째 절도 익살스러운 곁말이다. '조치원'은 동음어 '좋지(好) 원!'으로 보고, 그 중 '좋지'만을 취한 것이고, '검불랑'은 유음어 '검부렁(검불)'에서 '검불'만을 취해 해석한 것이다. '황주'는 동음어 '황주(黃酒)'로 본 것이니, 황주는 담갈색 내지 흑갈색의 중국술을 말한다. '주안(酒案)'은 술상. 따라서 이 지명풀이는 '중국 술 황주를 나 주면 좋지(원), 술상에 오른 국수는 마른 풀잎'이란 말이 된다. 그러니 이는 춘향전에서 변 사또의 생일날, 각 읍 수령이 받은 주안상이 아니라 이 도령이 받은 개다리소반의 술상 같은 것이다. 이런 주안을 우리는 '변 사또 생일잔치의 이 도령 상'이라 한다.

영소보전 북극천문에 턱 걸었다

'영소보전(靈霄寶殿) 북극천문(北極天門)에 턱 걸었다'는 속담이 있다. 속담의 특성 가운데 하나는 통속성이라 하는데, 이는 오늘날 알기 어려운 속담이 되었다.

'영소보전'은 옥황상제가 있는 궁전이며, '북극천문'이란 북극에 있다는, 옥황상제가 있는 하늘에 들어가는 문을 가리킨다. 이는 일반인이 쉽게 접근할 수 있는 곳이 못 되는, 높은 곳이다. 따라서 이런 하늘의 보전이나, 천문에 턱을 걸었다는 것은 언행이 도도함을 뜻한다. 춘향전을 보면 춘향이 이런 '영소보전 북극천문'에 턱을 건 것으로 묘사되어 있다. "고본 춘향전"에서 이 대목을 옮겨 보면 다음과 같다.

> 방자 놈 한 참 보다가 진솔로 하는 말이,
>
> "진정 알랴 하시오? 바른대로 하오리다. 저 아해는 본관 기생 월매(月梅) 소생 춘향이라 하는 아해, 연광은 이팔(二八)이오, 인물은 일색이오, 행실은 백옥(白玉)이오, 풍월은 황진이(黃眞伊)오, 재질은 부용(芙蓉)이요, 가곡은 섬월(蟾月)이라. 아직 서방 정치 않고, 이물하고 사재고 교만하고 도뜨기가 영소보전 북극 천문에 턱 건줄 아시오."

예문에 보이는 바와 같이 방자의 말에 의하면, 춘향이 '도뜨기가 영소보전 북극천문에 턱 건' 것으로 되어 있다. '도뜨기'란 '말과 행동의 정도가 높음'을 의미한다. 따라서 방자의 말은 춘향의 언행이 도고(道高)하기가 하늘의 보전이나, 천문에 턱 건 것과 같이 높으니, 불러온다는 것은 엄두도 내지 말라는 말이다.

이러한 춘향의 도고한 심지와 언행은 춘향 자신의 말에도 반영되어 있다. 춘향이 광한루에서 백년가약을 맺자는 도령의 청을 거절할 때, 남원고사에서 춘향은 이렇게 말하고 있다.

"소첩이 비록 창가천기(娼家賤妓)오, 향곡(鄕曲)의 무딘 소견이나 마음인즉 북극천문에 턱을 걸어 결단코 남의 별실(別室) 가소하고, 장화호접(墻花胡蝶) 불원이오니 말씀 간절 하오시나 분부 시행 못 하겠소."

춘향의 말은 자기가 비록 천기이나, 남의 소실이나 창부가 되길 원치 않는다는 것이다. 이런 춘향이기에 변 사또의 모진 형벌도 꿋꿋이 버텨내었다. '영소보전 북극천문에 턱을 건 마음'은 떳떳한 인생을 살게 하고, 의로운 내일을 약속할 것이다. 오늘날과 같이 줏대 없는 해바라기만이 횡행하는 시대에는 이런 고결한 뜻을 가진 사람이 참으로 사회적으로 요청된다 하겠다.

"사또께서 국록지신이 되어나서 출장입상(出將入相)하시다가 불의지변을 당하오면 귀한 목숨 살랴 하고 도적에게 항복하고 두 임금을 섬기랴 하오? 충신은 불사이군이오, 열녀는 불경이부(不更二夫)어늘, 불경이부 되지 말라 하고 위력으로 겁탈하니 사또 충성 유무는 일로조차 아나이다. 역심(逆心) 품은 사또 앞에 무슨 말씀 하오릿가? 소녀를 범상죄(犯上罪)로 인제 밧비 죽이시되 원대로나 죽여주오..." 이런 춘향의 기백도 사실은 다 '영소보전 북극천문'에 턱을 건 데서 연유하는 것이라 하겠다. 사람이나, 나라나 기 죽지 말고, '영소보전'과 '북극천문'에 턱을 걸 수 있는 기백이 있어야 하겠다.

권마성(勸馬聲)으로 세월이라

'영소보전 북극천문에 턱을 걸었다'는 속담에 짝이 될 만한 것에 '권마성으로 세월이라'가 있다. '권마성'은 말이나 가마를 타고 갈 때 위세를 더하기 위해 소리치는 것이다. 임금이 말이나 가마를 탈 때, 또는 왕명을 받은 고관이나 수령 또는 그 부인이 말이나 쌍가마를 타고 행차할 때 위세를 더하기 위하여 그 앞에서 임금일 때는 사복(司僕) 하인이, 그 밖의 경우는 역졸이 '물렀거라'라 하는 등 소리를 지른다. 열녀춘향수절가에서 변 사또가 남원으로 행차할 때에도 이런 장면이 보인다.

> 통인 한 쌍 책(策) 전립에 행차 배행(陪行) 뒤로 딸고, 수배(首陪) 감상(監床) 공방(工房)이며, 신연(新延) 이방 가선하다. 뇌자(牢子) 한 쌍, 사령 한 쌍, 일산(日傘) 보종(步從) 전배하여 대로변에 갈라서고, 백방(白紡) 수주(水紬) 일산 복판 남수주(藍水紬) 선(縇)을 둘러 주석 고리 얼른얼른, 호기 있게 내려올 제 전후에 혼금(閽禁) 소리 청산이 상응하고, 권마성 높은 소리 백운이 담담(澹澹)이라.

권마성은 '위세 있다'란 뜻으로 바뀌어 쓰이기도 한다. '권마성으로 세월이라'는 이런 뜻으로 쓰이는 것이다. 곧 '위세 있게 거드럭거리며 당당하게 살아간다.'의 뜻이 된다. '강령탈춤'에서는 재물대감이 장타령조로 이 말을 다음과 같이 노래하고 있다.

일자 한 장을 들고 봐라. 일월성성(日月星星) 해 성성, 밤중 샛별이 완연하구나..

이자 한 장을 들고 봐라. 이팔청춘 소년들아, 늙은이 보고 웃지 말게.

석 삼자를 들고 봐라. 삼한관속 늘어서고, 권마성으로 세월이라.

넉 사자를 들고 봐라. 사신(使臣) 행차 바른 길에 점심참이 더디고나.

사람으로 태어났으면 누구나 나보란 듯이 살고 싶은 욕심을 갖는다. 더구나 남자로 태어나고 보면 권세를 쥐고 많은 부하를 거느리고 거드럭거리며 살고 싶어 한다. '삼한 관속(三韓官屬) 늘어서고 권마성으로 세월이라'는 그런 생활을 노래한 것이다. '영소보전'이나 '북극천문'에 턱을 걸고 노력하면 이런 세월이 오지 말라는 법도 없을 것이다. 모두가 자기 할 나름이다.

'권마성'은 거의 같은 뜻이나 '호기 있게'란 뜻으로도 전의되어 쓰인다. 신재효의 춘향가에 보이는 다음과 같은 것이 그것이다.

하인의 도리로서 오래 기망(欺罔) 미안하여 바른 대로 여쭈어,

"본읍 퇴기 월매 딸 춘향이란 기생이오."

기생이란 말 듣더니 불러보기 쉽겠다고 마음이 장(壯)히 좋아 웃음을 권마성으로 웃것다.

여기 '권마성'은 위세 있다는 것을 나타내는 것이 아니다. '호기 있게', '호탕하게' 웃는 것을 이렇게 표현한 것이다.

11. 이가 문 덕에 태어난 아이

기생 돈이 십전이라

지난날에는 '각설이', 또는 '각설이패'라는 '각설이타령'을 하는 패거리가 있었다. 이들은 흔히 일(一)자에서 장(十)자에 이르는 타령을 하였고, 장에서 타령을 하며 구걸을 하였기에 각설이타령을 '장타령'이라고도 한다. 이는 흔히 경기(京畿) 이남에서 많이 불렸다.

가무잡희(歌舞雜戲)를 벌이며 돈을 거두는 패는 여럿이 있었다. 가무잡희는 놀이패에 따라 달라, 사당패나 걸립승은 염불, 초라니는 탈놀이와 고삿소리, 걸립패는 걸립농악과 고삿소리, 각설이패는 장타령을 하였다.

각설이패의 장타령은 신재효의 판소리 사설 '흥보가'와 '변강쇠가' 등에 그 가사가 나오는 것으로 보아 조선 시대에도 있었던 것으로 보인다. 사설은 '장풀이', '숫자풀이', '국문풀이', '투전풀이',

'화투풀이', '지명풀이' 등이 있으며, 내용은 말 풀이가 중심을 이루고, 서정적 내용이나 서사적 내용은 드문 편이다. 타령의 기본 구조는 숫자풀이의 양식을 취하여 본풀이에 뒤풀이가 이어진다. 각설이타령의 표현은 동음어에 의한 결말이 많이 쓰여 결말의 보고의 하나라 할 수 있다.

다음에 한 예로 마산지방의 각설이타령을 보기로 한다. 아래의 가사는 이 타령의 중간 부분에 해당한 것이다.

또 한 장타령이 나온다.
일전 한 푼을 주었네, 금일(今日) 돈이 일전이요.
이전을 주었네, 어젯돈이 이전이요.
삼전을 주었네, 삼 판 돈이 삼전(蔘錢)이요.
사전을 주었네, 죽기 전이 사전(死前)이요.
오전을 주었네, 오후 돈이 오전(午錢)이요.
육전을 주었네, 소고기 전이 육전(肉廛)이요.
칠전을 주었네, 칠방 돈이 칠전(漆錢)이요.
팔전을 주었네, 사고 팔고가 팔전(賣買廛)이요.
구전을 주었네, 소갯돈이 구전(口錢)이라.
십전을 주었구나, 기생돈이 십전(花代)이라.
얼씨고나 지화자 좋을시고.
마산 장타령은 요것이 장타령.

이는 장타령을 하고 받은 돈을 그 액수와 같은 음의 말을 이용하여 결말을 한 것이다. 삼전을 삼판 돈 삼전(蔘錢)으로, 사전을 죽기 전의 사전(死前)으로, 육전을 고기를 파는 가게 육전(肉廛)으로, 칠전을 칠하는 집 돈 칠전(漆廛)으로, 팔전을 물건을 사고파는 가게 팔전(賣買廛)으로, 구전을 소갯돈 구전(口錢)으로, 십전을 씹전, 곧 화대(花代)로 돌려 표현한 것이다. 이밖에 '금일 돈'을 일전(日前)에, '어젯돈'을 이전(以前)에, '오전(五錢)'을 '오전(午前)'과 연계하여 결말을 함으로 언어유희를 하였다. 각설이타령은 이렇게 동음어를 활용함으로 그 의미 내용을 익살스럽고(humorous) 재미있게 표현하고 있다.

이문덕(李文德)의 출생 이야기

동음어를 활용한, 웃기는 결말에 이문덕이란 사람의 익살스러운 출생담이 있다.

어떤 사람이 세도가인 대감에게 긴한 말씀을 여쭈려 대감댁을 드나들었다. 그런데 그 사랑에는 언제나 이문덕이라는 문객이 있어 좀처럼 말씀 드릴 기회를 잡을 수가 없다. 그래서 하루는 단단히 벼르고 대감댁을 찾았다. 사랑에는 역시 이문덕이 먼저 와 앉아 있었다.

손은 시치미를 뚝 떼고 말을 꺼냈다.

"대감마님, 무료하신데 시생이 옛날이야기 한 자루 여쭐까요?"

"호오, 자네가? 그거 좋지."

노 대감은 좋아라고 재촉했다.

옛날에 이씨 성을 가진 양반 댁에 시집 온 부인이 유식하더랍니다. 하루는 저녁에 사랑양반이 안에 들어갔더니, 부인이 가위를 두고 지은 시를 내어 놓았습니다.

多情兩脣合(다정양순합: 다정하게 두 입술은 붙어 있고)

有事兩脚開(유사양각개: 일이 있을 때는 두 다리를 벌린다).

좀 잘 지었습니까? 그런데 사랑양반은 이를 오해했습니다.

"규중 부녀자가 이런 음탕한 시를 지어, 가장을 희롱하다니? 망측한 일이로다."

사랑양반은 성을 내며 곧바로 밖으로 나왔고, 그 뒤로는 안에 발그림자도 비추지 않았습니다. 이렇게 몇 년이 흘렀습니다.

하루는 부인이 몸이 가려워 옷을 벗어 이를 잡고 있었습니다. 이때 사랑양반이 중요한 문서를 찾으러 안으로 들어왔습니다. 부인은 질겁하고 치마로 몸을 가렸습니다. 그러나 허연 속살이 부분적으로 드러났습니다. 이를 본 사랑양반은 여러 해를 공방으로 지낸 터라 부인을 끌어안게 되었고, 이로 인해 그간 끊어졌던 부부의 정을 다시 잇게 되었습니다. 그리하여 마침내 터울이 뜬 아우를 보게 되었습니다. 아이가 태어난 지 삼 일 되는 날, 사랑양반이 아기를 보러 안에 들어가니, 부인이 이렇게 말했습니다.

"이번 애 이름은 제가 짓겠어요. 이 아이는 그날 이가 문 덕에 부부의 연이 다시 이어져 태어나게 된 게 아닙니까? 그러니 성은 자연 붙여 부를 것이고, 이름은 '문덕'이라 했으면 해요."

"이문덕이라? 글월 문(文)자, 큰 덕(德)자, 그래, 그거 괜찮군!"

그러자 옆에 앉아 이야기를 듣고 있던 문객 이문덕이 "에잉!"하며 자리를 차고 나갔다. 자기 이름을 두고 희롱하는 이야기이기 때문이다. 대감은 사랑채가 떠나가도록 웃었다.

"이문덕이라! 으하하하"

웃음이 그치기를 기다려 손은 "사실은 대감께 긴히 여쭐 말씀이 있어서…."라고 말문을 열었다.

"무슨 얘긴데? 음, 음! 알았네! 그렇게 하지. 그래서 자네가 이문덕일 쫓아냈네 그려!"

이렇게 하여 손은 기발한 발상의 이문덕이 이야기를 함으로 방해가 되던 문객 '이문덕'을 쫓아내고 소기의 목적을 달성한 하였다. 곁말은 흥미로운 어희인가 하면, 이렇게 목적 달성을 위한 놀라운 표현 효과를 지닌 표현기법이기도 하다.

삼자(三子)의 즐거움

다음에는 고려 말 조선 초의 대학자요, 정치가였던 세 분의 즐거움(樂)에 대해 살펴보기로 한다.

세종 때에 명나라의 학자들로부터 "해동의 기재"란 찬탄을 받은 대학자 서거정(徐居正)은 사마천의 「골계열전」의 수법을 빌어 해학적 일화를 수록한 『태평한화골계전』을 집필하였다. 여기에는 삼봉 정도전, 도은 이숭인, 양촌 권근이 평생 자기들이 즐겁게 여기는 것(平生自樂處)을 이야기 하는 내용이 실려 있다.

삼봉(三峯)은 "겨울에 눈이 처음 내릴 때 돈피(㺚皮) 갖옷을 입고 준마를 타고 누런 개를 몰며 푸른 매를 끼고 평원에서 사냥하는 것이 가장 즐겁다."고 했다. 이에 대해 도은(陶隱)은 "산장 고요한 방, 밝은 창 깨끗한 책상에 향을 피우며 중과 마주 앉아 차를 달이며 연구(聯句)를 하는 것이 즐거운 일이다."라 했다. 끝으로 양촌(陽村)은 "흰 눈이 뜰에 가득하고, 붉은 해가 창에 비칠 때 따뜻한 온돌에 병풍을 두르고, 화로를 옆에 하고 손에 책 한 권을 들고 길이 발을 뻗고 누웠으면, 미인이 곁에서 섬섬옥수로 수를 놓다가 때로 바늘을 멈추고, 구운밤을 먹여 주는 것이 즐거운 일이다."라 했다. 그러자 두 사람은 "그대의 즐거움이 역시 우리를 일깨워 주기에 족하다."며 양촌의 말에 동의하였다.

세 사람의 낙에는 각자의 성격이 반영되어 있다. 정도전의 활달한 기상과, 이숭인의 은자적 성격, 그리고 권근의 풍류가 그것이다. 그리고 이들은 근본적으로 문인들이기에 마침내는 양촌의 즐거움에 동의하는 것을 볼 수 있다.

각씨네 외밭이 논이 물도 많고 거다 하데

영조 때 김수장이 편찬한 시조집 『해동가요』에는 다음과 같은 노래가 전한다.

> 閣氏(각씨)네 외밤이 논이 물도 많고 거다 ᄒᆞ데
> 竝作(병작)을 주려거든 밋안은 날을 주옵소
> 眞實(진실)로 주려곳 ᄒᆞ거든 갈애 들고 씨 지워 볼까 하노라.

이 시조는 작자 미상의 장시조다. 장시조는 평시조와 달리 외설적인 내용을 많이 담고 있다. 이 시조도 겉으로 보면 병작을 원하는 평범한 농부가로 보인다. '외밤이'는 '외따로 떨어진 논', '거다'는 '걸다', 곧 '비옥하다', '병작'은 '소작인과 지주 사이에 수확을 나누어 먹는 농사 제도'를 뜻한다. 그리고 '밋 안'은 '밑(下) 안(內)', 곧 '하내', '갈애'는 농기구 '가래(抉)', '씨 지워'는 '씨를 뿌려', 곧 파종의 뜻을 나타낸다. 따라서 이는 다음과 같은 내용의 노래가 된다.

> 각시네 외따로 떨어진 논이 물도 풍부하고 비옥하다 하데.
> 남을 주어 병작하려 하거든 저 아래, 가운데 논은 날 주시오.
> 진실로 주신다면 가래를 들고 가 씨를 뿌려 볼까 하노라.

이렇게 이 시조는 농사를 주제로 한 농부가다. 그러나 이는 다만 표면적 주제이고, 내면적 주제는 성을 노래한 육담이다. '외발이 논', '밋 안'은 여성의 성기를 비유한 것이고, '갈애'는 남근(男根)을 비유한 것이다. 따라서 이는 농도 짙은 성애를 비유에 의해 넌지시 노래한 시조다. 다음 시조는 같은 내용을 다소 변형한 것이다.

閣氏님 되오리 논이 물도 만코 걸다 ᄒᆞ듸.
併作을 주려 ᄒᆞ거든 연장 좋은 날을 쥬소, 아아 아아아 아아 아아,
眞實로 쥬기곳 쥬량이면 ᄀᆞ래 들고 ᄢᅵ 디여 볼가 ᄒᆞ노라.

여기 '되오리'는 올벼의 일종이다. 따라서 '되오리 논'은 올벼 논이고, '연장'은 아는 바와 같이 일하는 데 쓰는 도구이다. 이들 '되오리 논'과 '연장'도 물론 여성과 남성의 성기를 각각 비유한 것이다. 따라서 이도 앞의 시조와 같이 외형상으로는 농부가이나, 성을 풍자적으로 노래한 성요라 할 수 있다. 성은 인생의 기본이 되는 것이나, 점잖은 체면에 직접적으로 표현하기 어려워 이렇게 비유에 의해 표현한다. 성은 오늘날도 노골적인 표현을 피해 완곡법에 의해 넌지시 표현된다.

돌아오지 못하는 남편

이번에는 파자에 의한 결말을 보기로 한다.

한 여인이 장사 나간 남편이 오래 돌아오지 않자 파자점을 치러 갔다. 글자를 짚으라는 파자쟁이의 지시에 따라 '약 약(藥)'자를 짚었다. 그러자 파자쟁이는 "아이 딱하셔라. 사랑양반은 돌아가셨습니다."라 하였다. 파자쟁이는 이렇게 파자하였다.

초개기구(草蓋其口) - 풀이 그 입을 덮었고
하탱이목(下撑以木) - 아래는 나무로 버텼으며
좌우사박(左右絲搏) - 좌우를 끈으로 묶었는데
백골재기중(白骨在其中) - 백골이 그 가운데 있도다.

그러니 사람이 죽은 것이다.

남편의 안위를 묻는 파자에 이런 것도 있다. 역시 객지에 나가 오래 돌아오지 않는 남편을 걱정해 부인이 점쟁이를 찾았다. 그랬더니 글씨를 써 보란다. 일편단심 지아비 생각뿐이라 '일부(一夫)'라 두 자를 써 보였다. 그랬더니 파자쟁이 왈 "이런 변이 있나? 돌아가신 지는 오래지 않으나, 시신도 못 찾게 되셨습니다."라 했다.

파자쟁이의 파자는 이러했다.

"一은 장와불기(長臥不起)하니 생지말(生之末)이오, 사지초(死之初)며, 부(夫)는 인매토하(人埋土下)라."

'一'자는 오래 누워 일어나지 않으니 生자의 끝이요, 死자의 시작이며, '夫'자는 사람(남)이 흙속에 매장한 것이라, 부군은 돌아가셨고, 시신도 찾지 못하게 되었다고 풀이한 것이다.

남편의 안위를 묻는 파자점에는 또 이런 것도 있다. 남편이 재물(財物)을 가지고 서울에 올라가 돌아오지 않자 부인이 파자쟁이를 찾았다. 글자를 짚으라기에 답답한 마음에 '답답 울(鬱)'자를 짚었다. 그러자 파자쟁이는 "이런 변이 있나?"하며 놀란다.

"재효임간(在爻林間)하니, 사촌(四寸)이 불량(不良)이라."

육효(六爻)가 수풀 속에 있으니 아무래도 사촌 손에 잘못 된 것 같습니다라 풀이하였다. '재효임간(在爻林間)'은 '답답 울(鬱)'자의 머리 부분을 파자한 것이다. '사촌이 불량'이란 '울(鬱)'자의 가운데와 아랫부분을 약자로 쓸 때, '사(四)-간(艮)-촌(寸)'과 같이 쓰므로 '사촌 불량(四寸不良)'으로 파자한 것이다. 특히 '간(艮)'자를 '앙(良)'자가 제대로 되지 않은 글자로 보아 사촌(四寸)이 '불량(不良)'이라 파자한 것은 참으로 기지에 찬 파자라 하겠다.

12. 이번 내기에 자네 지네.

김삿갓, 김립(金笠)은 곁말을 잘 쓰는 시인이다. 이번에는 김삿갓의 시에 쓰인 곁말과 함께 파자(破字), 및 고유어와 한자어(漢字語)를 섞어 지은 특이한 시를 보기로 한다.

탁주내기(濁酒來期)

먼저 '탁주내기'란 시를 보기로 한다. 이는 정형(formal)의 시가 아니라 특이한 파격의 시다. 김삿갓은 최(崔) 문장 집에 들렀다가 탁주내기로, 그가 부르는 '동(銅), 웅(熊), 공(蚣)'이란 운(韻)자에 따라 칠언절구를 지었다.

주인이 운자를 부르는 것이 매우 고리고 구리구나.
나는 음(音)으로 하지 않고, 새김(訓)으로 짓겠네.
탁주 한 동이를 빨리 빨리 가져오게.

이번 내기에 자네는 지네.

주인호운태환동(主人呼韻太**環銅**)
아불이음이조웅(我不以音以**鳥熊**)
탁주일분속속래(濁酒一盆速速來)
금번내기척사공(今番**來期尺四蚣**)

김삿갓은 한시에 보이는 것처럼, 너댓 군데 한자의 음이 아니라 훈을 이용하여, 그것도 고유어 동음어를 활용한 곁말의 시를 지었다. 따라서 이 시는 위에 해석해 놓은 것 같은 익살스러운 시가 된다. 이 시를 정상적인 한시로 생각하여 풀이한다면 의미가 통하지 않고, 알 수 없는 글이 될 것이다. 김삿갓의 기발한 기지가 발동한 파격의 시다. 이 시에서 새김을 활용한 표현은 고딕체의 네댓 군데다. 첫째 구절의 환동(環銅), 둘째 구절의 조웅(鳥熊), 넷째 구절의 내기(來期) · 척사(尺四) · 공(蚣)이 그것이다. '환동'은 '고리 환(環), 구리 동(銅)'자다. 이에 김삿갓은 새김의 음을 활용하여 '고리다'와 '구리다(臭)'를 나타내었다. '조웅'은 '새 조(鳥), 곰 웅(熊)'자이니 이를 통해 '새곰', 곧 '새김(訓)'을 나타내었다. '내기'는 고유어 '내기'를 한자음을 빌어 표현한 것이고, '척사'는 '자 척(尺), 넉(네) 사(四)'자여서 상대방을 지칭하는 동음어 '자네'를 가리킨다. '공'은 '지네 공(蚣)'자이어 이기고 진다는 뜻의 동음어 '지네(負)'를 돌려 표현한 것이다. 이렇게 새김에 의해 기발한 표현을 한 시가 '탁주내기'다. 따라서 이 시는 우리말을 모르는 사람은 한문의 대가라도 해석할 수 없고, 그 진의를 알 수 없는 기지의 시다.

황혼에 개구리 떼가 울어대는 듯

이번에는 풍자적인 시를 보기로 한다. '조연장관자(嘲年長冠者)'라고 나이 든 어른을 조롱한 시다.

> 뿔이 난 관을 쓰고 긴 담뱃대 입에 문 양반이
> 새로 '맹자(孟子)'를 사서 큰 소리로 읽어대누나.
> 한낮에 원숭이 새끼가 태(胎)에서 처음 나온 듯,
> 황혼에 개구리가 못에서 어지러이 울어대듯.
>
> 방관장죽양반아(方冠長竹兩班兒)
> 신매추서대독문(新買鄒書大讀文)
> 백주후손초출태(白晝猴孫初出胎)
> 황혼와자난명지(黃昏蛙子亂鳴池)

김삿갓은 방랑을 하던 중 많은 집에서 쫓겨나는 수모를 겪었다. 그는 쫓겨나서는 그 집이나, 그 집 사람들을 욕하는 시를 짓고 그 집을 뒤로 했다. 이 시도 그런 많은 축객시(逐客詩) 가운데 하나다. 글 읽는 소리가 나기에 김삿갓은 어느 사랑을 찾아갔다. 중늙은이가 새로 사온 맹자 책을 앞에 놓고 큰 소리로 읽는다. 인기척을

내었다. 더 큰 소리로 읽는다. 과객을 수용하지 않으려고, 모르는 체하며, 의식적으로 큰 소리로 읽는 것임에 틀림없다. 이에 김삿갓은 관자(冠者)의 글 읽는 소리를 한낮의 원숭이 새끼의 고고지성(呱呱之聲)에, 황혼에 못에서 울어대는 개구리소리에 비유하며 조소한 것이다.

다음은 '욕공씨가(辱孔氏歌)'란 축객시다. 이는 앞의 완곡한 축객과는 달리 노골적 축객을 하여 김삿갓이 외설적인 욕을 한 시다.

문에 이르니 늙은 삽살개가 공공 짖는구나.
이로써 집주인 성이 공(孔) 씨임을 알겠다.
황혼에 나그네 내어 쫓는 것은 무슨 연고인고?
아내의 다리 아래 구멍을 잃을까 겁어하는가 보다.

임문노방폐공공(臨門老尨吠孔孔)
지시주인성왈공(知是主人姓曰孔)
황혼축객연하사(黃昏逐客緣何事)
공실부인각하공(恐失夫人脚下孔)

황혼녘에 김삿갓이 공씨네 문전에 당도하였다. 하룻밤 신세를 지자고 청을 하자니 삽살개만 '공공' 짖어댈 뿐 집안에는 얼씬도 못하게 하고 사람을 내어 쫓는다. 이에 황혼축객이 말이 되느냐며, 앞의 시 '조연장관자'의 경우와는 달리, 아마도 주인 녀석이 공 씨라 제 여편네 구멍을 잃을까 두려워하여 축객하는 모양이라고 심한 외설적 욕설을 한 것이다.

젖 빨기 삼장

공 씨가를 욕한 외설적인 시를 보았다. 그런데 김삿갓의 시에는 이보다 심한 외설시도 보인다. 김삿갓의 '연유삼장'은 야담에 나오는 시아비와 며느리의 패륜(悖倫)에서나 볼 수 있는 사단을 노래한 것이다. 물론 이런 패륜이 없으란 법은 없을 것이다. 그러나 이러한 소재를 평범한 사람이라면 시로 형상화하기를 꺼린다. 그러나 김삿갓은 세상을 삐딱하게 보는 특수한 상황의 시인이라 이를 시로 형상화하였다. 특수한 사회적 상황의 육담시다. 여기서는 김삿갓의 결말을 총정리하는 마당이어서 심한 외설이나 이를 보기로 한다.

부연기상(父嚥其上) : 시아비는 그 위를 빨고
부연기하(父嚥其下) : 며느리는 그 아래를 빨고
상하부동(上下不同) : 위 아래가 같지 않으나
기미즉동(其味則同) : 그 맛은 한 가지라네.

부연기이(父嚥其二) : 시아비는 그 둘을 빨고
부연기일(父嚥其一) : 며느리는 그 하나를 빨고
일이부동(一二不同) : 하나와 둘이 같지 않으나
기미즉동(其味則同) : 그 맛은 한 가지라네

부연기감(父嚥其甘) : 시아비는 그 단 것을 빨고
부연기산(父嚥其酸) : 며느리는 그 신 것을 빨고
감산부동(甘酸不同) : 달고 신 것이 같지 않으나
기미즉동(其味則同) : 그 맛은 한 가지라네.

이는 또 하나의 외설적인 시다. 지난날에는 사랑이 곧 다름 아닌 정사(情事)였다. 그래서 남녀가 사랑, 아니 눈에 들기만 하면 바로 정사를 벌였다. 고전소설을 보면 남녀가 만나면 은근한 사랑을 나누는 일이 거의 보이지 않는다. 만나기만 하면 곧바로 운우지정(雲雨之情)을 벌인다. 이는 동물적 특성을 드러내는 것이다. '동물의 세계'를 보면 그것이, 아니 종족 번식이 그토록 생사를 가를 중차대한 일인가 하고 놀라움을 금치 못하게 한다. 따라서 김삿갓의 '정사'란 시는 당시에는 인간의 본능적인 욕구를 표현한 것으로, '외설적인 시'라 할 수 없을는지도 모른다. 그러나 오늘의 현실에서 보면 역시 사회적인 이목을 꺼려 차마 이러한 시상을 노래하지 못할 금기적 사실임에 틀림없다.

해도 해도 싫지 않아 다시 하고 또 하고
안 한다 안 한다 하면서도 다시 하고 또 한다.

위위불염갱위위(爲爲不厭更爲爲)
불위불위갱위위(不爲不爲更爲爲)

이 시는 모두 14자, 개별 한자로 보면 '爲·不·厭·更'의 4자로 인간의 본능의 하나인 운우지정을, 아니 생물의 한 본능을 여실히 묘사한 시다. 역시 김삿갓은 천재적 시인이다.

미나리에게 아재비는 있어도 조카는 없다

다음의 시는 동음어 등을 활용한 결말과 파자의 기법을 아울러 활용한 문답이다. 이는 중과 문답하는 형식의 문장으로, 시제가 '승속문답(僧俗問答)'으로 되어 있는 것이다. 이 시에서 행자(行者)는 석왕사(釋王寺)의 반월행자(半月行者)로, 그는 난해한 문제를 제기하여, 김삿갓의 기를 꺾으려 하고 있다. 따라서 '승속문답'은 반월행자가 문제를 제기하고, 김삿갓이 풀이하는 형식을 취하다가, 마지막에 김삿갓이 마무리를 짓고, 반월행자가 치사하는 형식으로 매듭지은 글이다.

행자: 근유숙이무질(芹有叔而無姪)
서유부이무고(鼠有婦而無姑)
삿갓: 미나리아재비는 있어도, 미나리 조카라는 풀은 없고,
쥐며느리는 있어도, 쥐 시어미라는 벌레는 없다.
행자: 춘절추 추적야(春折秋 秋摘夜)
삿갓: 봄에 갈(葦)을 꺾고, 낮에 밤(栗)을 딴다.
행자: 조거지이월(鳥去枝二月)
풍래엽팔푼(風來葉八分)

삿갓: 새가 날아가니 가지가 한달한달(한들한들)
바람이 불어오니 나뭇잎이 너푼너푼(너풀너풀)

행자: 화수화화립(花樹花花立)
송푼송송취(松風松松吹)

삿갓: 꽃나무는 꽃꽃(꼿꼿)하게 서 있고,
솔바람은 솔솔 불어온다.

행자: 가빈쌍월소(家貧雙月少)
의폐반풍다(衣弊半風多)

삿갓: 집이 가난하면 친구가 적고
옷이 낡으면 이가 많다.

행자: 인개이삼십일위일월(人皆以三十日爲一月)
오독이이십오일일월(吾獨以二十五日爲一月)

삿갓: 남들은 열흘이 셋인 것을 한 달이라 하고,
나는 십오일이 둘인 것을 한 달이라 한다.

삿갓: 세개이휴월위반월(世皆以虧月爲半月)
오독이만월위반월(吾獨以滿月爲半月)
(세상에서는 모두 이지러진 달을 보름달이라 하나
나는 홀로 둥근달을 반달이라 한다.)

행자: 세상에서는 모두 이지러진 달을 보름달이라 하나, 선생은 홀로 둥근달을 반달이라 하는군요. 선생은 이 문답에서 '반월(半月)'이 제 이름이니, 결국 저를 보름달같이 원만한 사람이라고 칭찬해 주시는 말씀이군요.

이 문답에서 행자의 말 가운데 밑줄 친 말은 새김에 따른 동음어에 의한 결말이거나 파자에 의한 결말을 한 것이다. '秋-갈(葦), 夜-밤(栗)', '二月-月月-한달한달', '八分-四分四分-너푼너푼(너풀너풀)', '花

花-꽃꽃-꼿꼿, 松松-솔솔'은 동음어에 의한 결말이다. 이에 대해 '雙月-벗 붕(朋), 半風-이 슬(虱)'은 파자라 할 것이다. 이 밖에 고딕으로 나타낸 '叔而無姪 婦而無姑'는 명명상의 문제를, '以三, 以二'는 한문의 구두점의 문제를 제기하는 수사 기법을 쓴 것이다. 이러한 기법을 씀으로 이 글은 난해한 문제를 제기하고, 수사적 효과도 거두게 하고 있다.

친구가 나가(月月山山)거든

김삿갓의 시에는 앞의 시에도 보이듯, 파자가 쓰이고 있다. 그러나 많지는 않다. 이의 대표적인 것은 '仙是山人佛不人(신선은 산인이고, 부처는 사람이 아니다)'으로 시작되는 '파자시(破字詩)'다. 이 시는 앞에서 살펴본 바 있다.(상, p.60) 따라서 여기서는 다른 시 한 편을 보기로 한다. '입량차팔(入良且八)' 운운하는 파자 문답이다. 이는 야담에도 더러 등장하는 것이다.

> 하인: 입량차팔(入良且八)하였나이다.
> 주인: 월월산산(月月山山)하거든.
> 김삿갓: 시자화중(豸者禾重)이 정구죽천(丁口竹天)이로다.

이 문답은 "식사 준비가 다 되었습니다.", "친구가 나가거든", "돼지 같은 놈, 가소롭도다"의 뜻을 나타내는 파자 문답이다. '입량차팔(入良且八)'은 '식(食)'자와 '구(具)'자를 파자한 것이다. 그리고 '월월산산(月月山山)'은 '붕출(朋出)'의 파자다. '시자화중(犭者禾重)'은 '저종(猪種)' 곧 '돼지'라는 말이고, '정구죽천(丁口竹天)'은 '가소(可笑)'를 파자한 것이다. 따라서 이 대화는 하인이 '상 올리리까?' 하니, 주인이 '친구가 가거든 올려라.' 하는 소리를 듣고, 김삿갓이 '돼지 같은 놈, 가소롭구나!'한 것이다. 어찌 친구 사이에 이럴 수가 있을까? 정말로 저밖에 모르는 돼지같은 친구다.

씨근 벌떡 식기산(息氣散)

김삿갓은 또 독특한 시형으로 한문과 고유어를 섞어 익살스러운 시를 여러 수 지었다. 그는 이런 시를 지으며 '언문진서(諺文眞書)섞어작(作) 시야비야개오자(是也非也皆吾子)'라고 이를 시비하는 사람은 다 '내 자식'이라고 오금을 박기도 하였다. 이러한 시 가운데 '개춘시회작(開春詩會作)'이란 시를 보면 다음과 같다.

> 데걱데걱登南山(등남산)/ 씨근벌떡息氣散(식기산)
> 醉眼朦朧(취안몽롱)굽어觀(관)/ 울긋불긋花爛漫(화난만)

이렇게 한어와 고유어를 섞어 시를 지었다. 시형은 칠언절구다. 그래서 1·2·4구에 '산·산·만'과 같이 압운도 분명히 하였다.

이를 풀이하면 '데걱데걱 남산에 오르자니/ (힘이 들어) 씨근벌떡 숨이 가빠진다/ 취한 눈으로 몽롱하게 (자연을) 굽어보니/ 울긋불긋 꽃이 난만하도다.'가 된다. 봄날 남산에 올라 지은 서경시다. 한 수를 더 보면 다음과 같다.

青松(청송) 듬성듬성立(립)(청송은 듬성듬성 서 있고,)
人間(인간) 여기저기有(유)(사람들은 여기저기 있도다.)
所謂(소위) 어뚝삐뚝客(객)(소위 조금 삐딱한 나그네는)
平生(평생) 쓰나다나酒(주)(한 평생 쓰나다나 술만 마신다.)

'인간도처(人間到處)에 유청산(有青山)'이라고 자연은 청청하고, 사람은 여기저기에 살고 있다. 이런 가운데 비판적인 사람은 세상 돌아가는 꼴이 못 마땅하여 한 평생 술만 퍼 마신다고 노래한 것이다. 반골정신(反骨精神)을 가진 사람도 세상 돌아가는 꼴이 때로 한심할 텐데, 김삿갓 같은 폐족으로 낙인찍혀 방랑하는 사람의 눈에 비친 세상은 어떠하겠는가? 온통 못마땅하고, 원망스럽기만 할 것이다. 그래서 김삿갓은 세상을 원망하는 시를 적잖이 지었다.

13. 이 술 한 잔 잡수, 진주장(晉州場)

돌 위의 문장 명필은 무슨 자냐?

세상은 요지경 속이다. 알 수 없는 수수께끼 천지다. 그래서 세상살이가 어렵다. 그러나 뻔한 사실보다는 알 수 없는 수수께끼에 사람들은 흥미를 느낀다. 그리고 그 수수께끼를 풀었을 때 통쾌하고 쾌재를 부르게 된다.

수수께끼는 사전에 의하면 "어떤 사물에 대하여 바로 말하지 아니하고 빗대어 말하여 알아맞히는 놀이=미어(謎語)"라고 한다. "어떤 사물이나 현상이 복잡하고 이상하게 얽혀 그 내막을 쉽게 알 수 없는 것"이라는 또 하나의 의미는 여기서 파생된 것이다.

언어유희로서의 수수께끼는 세 종류로 나뉜다. 일반 수수께끼(謎語)와 글자 수수께끼(字謎), 그리고 그림 수수께끼(畵謎)가 그것이다. 글자 수수께끼에 파자, 또는 파자 수수께끼라는 것이 있다. 파자는 한자를 분합(分合)하는 표현기법으로, 이는 나아가 이에 의한 수수께끼와 점술법까지를 아울러 이른다.

파자 수수께끼는 어떤 글자를 나누거나 합하여 그 글자가 무슨 글자인지 알아맞히게 하는 놀이다. 이의 유형은 대여섯 가지가 있다. 문항이 한자음으로 되어 있는 음독형, 한자의 새김으로 된 석독형, 사물의 모양을 상형한 상형형, 의성어를 사용하는 의성형, 비유를 활용하는 대유형, 그리고 이들의 혼합형 등이 그것이다. 수수께끼의 문항은 파자한 것을 곧이곧대로 일러주기도 하지만 흔히는 기지와 익살을 가미하여 웃음과 재미를 더한다.

"이십일일은 무슨 자냐?"에 '옛 석(昔)자'라 답하는 음독형(音讀形),

"어머니가 갓 쓰고 조개 줍는 글자는?"에 '열매 실(實)자'는 석독형(釋讀形)이다.

"기둥에 파리 붙은 자가 무슨 자냐?"

"점 복(卜)자"

이런 식으로 묻고 대답하는 것은 상형형(象形形) 수수께끼다. 점 복(卜)자의 내려 그은 획을 기둥으로 보고, 옆의 점을 파리로 보아 파자한 것이다.

"나무 위에서 나팔 부는 글자는?"은 의성형(擬聲形) 수수께끼다. 해답은 "뽕나무 상(桑)"자인데, "또 우(又)"자 셋을 "또또또" 나팔 부는 소리로 보는 것이다.

"돌 위의 문장 명필은 무슨 글자냐?"는 대유형(代喩形) 수수께끼다. 해답은 "푸를 벽(碧)자"다. 푸를 벽(碧)자가 답이 된다는 것을 알기 위해서는 문화적 지식이 있어야 한다. 푸를 벽(碧)자는 돌 석(石)자가 임금 왕(王), 흰 백(白)자를 받치고 있는 글자다. 여기 임금 왕(王)자, 흰 백(白)자는 각각 문항의 '문장, 명필'을 이르는 것으로, '왕희지(王羲之)'와 '이백(李白)'을 나타낸다. 대유(代喩) 표현이다.

혼합형은 "불붙는 나무에 새 앉은 글자는?"에 "가을 추(秋)자"라 답하는 것과 같은 것이다. 가을 추(秋)자는 'ノ, 木, 火'로 파자되어 'ノ'는 새를 상형하고, '木・火'는 새김으로 쓰이고 있기 때문이다.

다음에 파자 수수께끼를 몇 개 보기로 한다.

"곰배팔이가 사람 치는 것이 무슨 글자냐?"

"써 이(以)자"

이것도 혼합형의 파자다. "以"자를 'レ, ・, 人'으로 파자하고, 니은 자 모양의 획(レ)을 곰배팔이의 꼬부라진 팔로 상형하고, 옆에 시옷(ㅅ)자 모양의 획은 '사람 인(人)'의 새김, 위의 점(・)은 사람을 치는 모양으로 파자한 것이다.

"깍지란 글자가 무슨 자냐?"

"큰 대(大)자"

이는 기지에 의한 파자다. '깍지'란 콩, 팥 따위 꼬투리의 껍질을 말한다. 콩을 뜻하는 한자에 '콩 태(太)'자가 있다. 이는 '큰 대(大)'자에 점을 찍은 것이다. 이 파자 수수께끼에서는 이 점을 콩알로 본다. 따라서 콩알이 없는 '大'자는 빈 콩깍지가 된다. '콩 태(太)'자는 또 해학적인 파자의 답이 되기도 한다. "남자가 사지를 벌리고 선 글자가 무슨 자냐?"의 답이 '太'자가 되는 것이다. '큰 대(大)'자는 사람이 사지를 벌리고 선 형상이고, 아래 점은 남성의 상징으로 보는 것이다. 파자는 기지와 유머의 세계를 보여 준다.

이 세상에서 가장 시끄러운 자는?

파자놀이와 표리관계를 지닌다고 할 수수께끼도 있다. 이는 한자의 분합이 아니라, 한자의 새김(訓), 또는 독음과, 다른 동음어와의 관계로 수수께끼가 되는 것이다.

"노잣돈 없는데 음식 찾는 것이 무슨 글자냐?"

"술 주(酒)자"

이는 '주'자를 새길 때 '술 주'자라 하므로, 그 발음이 술을 달라고 하는 '술 주!(술을 주오!)'와 같으므로 수수께끼가 된 것이다. 이러한 구조의 수수께끼로는 다음과 같은 것도 있다.

"이 세상에서 가장 시끄러운 글자는 무엇이냐?"

"아내 처(妻)자"

여자는 말이 많다. 거기에다 바가지를 긁는다는 말이 있듯, 아내는 남편에게 듣기 싫도록 잔소리를 늘어놓는 사람으로 되어 있다. 이렇게 잔소리가 많은 아내를 치기까지 한다면 어떻게 될까?

시끄럽기 이를 데 없을 것이다. '아내 처(妻)'자를 동음어 '아내(를) 쳐(打擊)'로 보아, '아내 처(妻)'자를 이 세상에서 가장 시끄러운 글자로 본 것이다.

그러면 이러한 시끄러운 글자와는 달리 가장 '조용한 글자'는 무엇일까?

"이 세상에서 가장 조용한 자는?"

"아들 자(子)자"

이것도 동음어에 의한 재해석에 의해 풀이되는 수수께끼다.

아이들은 한시도 가만히 있지 아니하고 부산하게 떠들며 돌아다닌다. 이들이 오죽 부산하면 우리말에 '점잖다'는 말이 생겼을까? 언행이 야하지 아니하고 육중하다는 뜻의 형용사 '점잖다'는 '젊지 아니하다', 곧 어리지 아니하고 나이가 들었다는 말에서 유래한다. 말을 바꾸면 젊지 아니하고 늙어 무기력하다는 말이다. 이런 것이 '젊잖다'의 본래의 뜻이다. 그런데 젊거나 어리고, 부산한 아이가 잠을 잔다고 생각해 보라. 얼마나 조용할 것인가? 그래서 '가장 조용한 자'가 아이가 잔다는 '아들 자(子)'가 된 것이다. 어린이가 잠을 잘 때의 평화롭고 고요한 모습을 방정환(方定煥)은 「어린이 예찬」에 이렇게 쓰고 있다.

> "오 어린이는 지금 내 무릎 위에서 잠을 잔다. 더할 수 없는 참됨과 더할 수 없는 착함과 더할 수 없는 아름다움을 갖추고, 그 위에

또 위대한 창조의 힘까지 갖추어 가진 어린 하느님이 편안하게도 고요한 잠을 잔다. 옆에서 보는 사람의 마음속까지 생각이 다른 번추한 곳에 미칠 틈을 주지 않고 고결하게 순화시켜 준다."

친 형제나 때린 형제나

수수께끼란 결말을 살펴보았으니 다음에는 수수께끼 아닌 동음어에 의한 결말을 보기로 한다. 신재효의 「박타령」에서다.

흥보(興甫)는 형 놀보(乭甫)에게 쫓겨나 조선 팔도를 유리걸식하다 마침내 고향 근처로 돌아와 빈집에 몸을 의지한다. 홍보와 그의 아내, 그리고 스물다섯 아들은 굶기를 초상난 집 개같이 했다.

그리하여 홍보는 형님댁에 가서 전곡(錢穀) 간에 얻어다가 굶은 자식 살려내라는 아내의 권에 못 이겨 형님 댁을 찾아갔다. 이때 형 놀보는 홍보를 모르는 체한다. 놀보가 "뉘신지요?"한다. 홍보는 갑술년에 나간 홍보라 답했다. 놀보는 이놈 저놈, 나간 머슴 이름을 대며 홍보는 모르는 이름이라 한다. 순진한 홍보는 정말 모르는 줄 알고 자세히 고한다.

"동부모 친형제(同父母 親兄弟)로 이름자 항렬하여 형님 함자 놀보자, 아우 이름 홍보라 하온 줄을 그다지 잊으셨소?"

놀보는 홍보가 밤송이 까놓듯 사실을 까놓으니 의뭉을 떨 수가 없다. 그리하여 맞서 응수를 한다.

"그래서 동부 동모(同父 同母)나 이부 이모(異父 異母)나, 친형제나 때린 형제나 어찌 왔노?"

그리하여 사단은 벌어져 흥보는 전곡은 고사하고 몽둥이로 매타작만 실컷 당하고 추상같은 호령에 쫓겨나고 말았다.

이때 놀보가 응수하는 말 가운데 동음어에 의한 곁말이 쓰이고 있다. '친형제나 때린 형제나'가 그것이다. '친형제'는 말할 것도 없이 동기인 형제를 가리키는 말이다. 그러나 여기서는 '친(親)'을 '구타(毆打)한'이란 뜻의 '친'으로 보아 곁말을 한 것이다. 유의어 '때린은' 이러한 뜻을 강조하기 위해 연이어 쓴 것이다. 따라서 이들의 우애는 친애라기보다 난장이라는 불상사가 벌어질 것임을 이미 암시하고 있다.

부처는 될 수 없어 가부처(家夫妻)나

이러한 동음어에 의한 곁말은 같은 신재효의 '변강쇠가'에서도 기지에 넘친 것을 볼 수 있다. 변강쇠가란 '횡부가', '가로지기타령', '변강쇠전', '변강쇠타령'이라고도 하는 것으로, 신재효의 판소리 여섯 마당 가운데 가장 전형적 판소리다.

이 사설의 내용은 전라도 잡놈인 변강쇠와 평안도 음녀(淫女)인 옹녀(甕女)가 선나들이에서 우연히 만나 부부가 되어 살다가 변강쇠가 장승을 패어 불을 때고 동티가 나 급살하는데, 이 송장을 치우기까지의 이야기를 그린 것이다.

옹녀가 혼자 낭군의 치상(治喪)을 할 수 없어 대로변에 나와 앉아 "묵은 서방 생각이 아니라, 새 서방 후리는" 목소리로 울고 있다. 이때 걸려 든 것이 중이다. 중은 치상만 하여 주면 그와 살겠다는 옹녀의 말에 크게 기뻐하였다. 이때 하는 소리가 "십년공부 아미타불, 참 부처는 될 수 없어 삼생가약(三生佳約) 우리 미인 가부처나 되어 보세"라 한다. 중이라면 불도를 닦아 해탈해야 하겠지만 이제 이 미인을 만나 파계를 하게 되었으니 '부처(佛陀)'는 될 수 없고, 한 집안의 부부, 곧 '부처(夫妻)'나 되어 보자는 것이다. '부처(佛陀)'와 동음어인 '부처(夫妻)'를 끌어 들여 곁말을 한 것이다. 그러나 이는 여기에 그치지 않는다. 한 집안의 부부 '가부처(家夫妻)'는 '가부처(假佛)'와 동음어로, 또 다른 곁말이 되어 표현 효과를 배가한다. 곧 '가부처'는 '참부처(眞佛)'에 대한 '가부처(假佛)'요, 승속(僧俗)이 다른 속세 인가(人家)의 '가부처(家夫妻)'나 되어 보자는 것이다. 파계요, 속화를 표현한 곁말이다.

이 술 잡수 진주장(晉州場)

동음어에 의한 곁말에는 지명과 관련된 것이 많다. 지난 번의 "곁말 기행"에도 지명요를 하나 살펴본 바 있다. 그런데 이 지명에 관한 노래가 「변강쇠가」에도 보인다. 그것도 매우 익살스럽고 흥미로운 것이다.

> 떠르르 돌아왔소. 각설이라 멱설이라 동설이를 짊어지고 뚤뚤 몰아 장타령. 안경 주관 경주장(慶州場), 최복 입은 상주장(尙州場), 이 술 잡수 진주장(晉州場), 관민분의 성주장(星州場), 이랴 채 쳐 마산장(馬山場), 펄쩍 뛰어 노리골장, 명태 옆에 대구장(大邱場), 순시 앞에 청도장(淸道場)

각설이들의 타령이 곁말을 써 지명에 새로운 의미를 부여하고, 흥미를 자아내는 것이다. 안경 주관 '경주장(慶州場)'은 단순히 함경도의 '경주장(鏡州場)'과 동음이어서 노래 불린 것이 아니다. 경주는 옥으로 유명하고, 경주 남석의 안경이 유명하다. '상주장'은 '상주'를 상주(喪主)로 보아 곁말을 한 것이다. '최복(服)'은 아들이 부모 증조부모, 고조부모의 상중에 입는 상복(喪服)이다. '진주장'은 '진주'를 '술을 올리다'란 뜻의 '진주(進酒)'로 보아 곁말을 한 것이다. '관민분의(官民分義) 성주장'은 지명 '성주(星州)'를 '성주(城主)'로 본 곁말이고, "이랴 채 쳐 마산장"은 지명의 '말 마(馬)'자에 초점을 맞춘 곁말이다. '노리골장'은 지명 '노리골'의 '노리'를 '노루(獐)'로 보아 펄쩍 뛴다고 한 것이다. '대구장'은 대구를 생선 대구(大口)로 보아 명태 옆에 있다고 표현한 것이다. 순시 앞에 '청도장'은 지명 '청도(淸道)'를 임금이 거동을 할 때 잡인의 출입을 막고 길을 치우던 일인 '청도(淸道)'로 보아 결말을 한 것이다. "쉬이, 물렀거라!"라고 호령도 요란했다.

「변강쇠가」에는 또 하나의 지명 관련 결말이 보이는데, 이는 "방아타령"이다.

> 사신 행차 바쁜 길에 마중 참(站)이 중화(中和), 산도 첩첩 물도 중중, 기자(箕子) 왕성이 평양(平壤), 모닥불에 묻은 콩이 튀어나니 태천(泰川), 청천에 뜬 까마귀 울고 가니 곽산(郭山), 찼던 칼을 빼어내니 하릴없는 용천(龍川)), 청총마(靑驄馬)를 둘러 타고 돌아보니 의주(義州).

이 방아타령은 신재효의 「방아타령」에도 보이는 것이다. 이 타령의 지명도 주로 동음어에 의한 결말을 한 것이다. 지명 '중화(中和)'는 점심 중화(中火)에, '태천(泰川)'은 콩이 튀었다는 '태천(太遷)'에, '곽산(郭山)'은 까마귀가 꽉꽉 우는 산이라는 '곽산'에, '용천(龍川)'은 옛날 중국의 장수들이 쓰던 보검, 용천검(龍泉劍)의 용천(龍泉)에 빗대어 노래한 것이다.

우리말에는 동음어가 많아 이것이 어희(語戲)에 많이 활용된다. 그러기에 사실은 무미건조할 지명까지 이렇게 동음어에 의해 재해석함으로 때로는 기지에 넘치는 표현이 되고, 때로는 익살스럽고 재미있는 표현이 되고 있다.

14. 일신이 사자 하니 물것 겨워 못 견딜쇠.

고치로 참봉을 시킨다.

저자를 알 수 없는 조선시대의 역사서 『조야집요(朝野輯要)』에는 '고치참봉'이란 웃지못할 문신 윤원형(尹元衡)의 일화가 전한다. '인사는 만사'라 하는데 동음어에 의해 그야말로 해괴한 인사를 한 이야기다.

조선 명종 때 윤원형이란 사람이 있었다. 그는 명종의 모후인 문정왕후의 동생으로 반대당을 학살하는 사화를 일으키기를 서슴지 않았고, 세력을 오로지 하여 벼슬이 영의정에 이르렀다.

윤원형은 음흉하여 그의 첩 난정과 더불어 나라의 정사를 흐리게 하였고, 뇌물 받기를 좋아하였다. 그리하여 그의 문전에는 뇌물을 받치고 벼슬을 얻어 하려는 무리로 저자를 이루었다.

윤원형이 이조판서로 있을 때 누에고치 수백 근을 바치고 참봉 벼슬을 하려는 사람이 있었다. 그런데 윤원형은 술과 색과 뇌물에 빠져 이 일을 까맣게 잊고 있었다. 옆에서 보다 못한 낭관이 말하였다.

"참봉을 새로 시키신다고 하지 않으셨습니까?"

"옳지, 내 깜빡 잊고 있었구나. 고치로 참봉을 시킨다."

이렇게 정식 명령이 떨어졌다. 관의 명령이 떨어지면 시행되어야 하는 것이 법이니 고치라는 사람을 찾게 되었다. 이로 인해 공교롭게도 누에고치를 바친 사람이 아닌, 이름이 고치(高致)라는 보잘 것 없는 가난뱅이가 참봉을 하게 되었다.

세상사란 요지경 속이다. 재수 없는 놈은 엎드러져도 코가 깨어지고, 재수 좋은 여편네는 앉아도 솥뚜껑 위에 앉는다는 말이 있다. "고치 참봉" 이야기는 "고치(繭)"라는 보통명사와 인명을 혼동한, 웃을 수만도, 울 수만도 없는 희비의 양면을 지닌 이야기다. 그러나 정사란 높은 차원에서 볼 때 이는 웃을 일이 못 된다. 정치란 "바로 하는 것(正)"이니, 매관매직을 하는 부패사회에서 그 정사가 올바로 될 리 없다. 이런 세상의 민중은 탐관오리에 부대껴 도탄에 허덕이게 된다. 그러기에 우리의 사설시조에는 가렴주구에 시달리는 백성들의 삶이 다음과 같이 그려져 있다.

일신(一身)이 사자 하니 물것 겨워 못 견딜쇠

일신(一身)이 사자하니 물것 겨워 못 견딜쇠.

피(皮)ㅅ겨 같은 가랑니, 보리알 같은 수통니, 줄인 이, 갓 깐 이, 잔 벼룩, 굵은 벼룩, 강벼룩, 왜(倭)벼룩, 기는 놈, 뛰는 놈에 비파(琵

琶) 같은 빈대 새끼, 사령(使令) 같은 등에, 각다귀, 사마귀, 센 바퀴, 누른 바퀴, 바구미, 거저리, 부리 뾰족한 모기, 다리 기다란 모기, 야윈 모기, 살진 모기, 그리매, 뾰록이, 주야(晝夜)로 빈 때 없이 물거니 빨거니, 빨거니 뜯거니 심(甚)한 당(唐)비루에서(보다) 어려왜라.
그 중(中)에 차마 못 견딜 손 유월(六月) 복(伏) 더위에 쉬파린가 하노라.

이 시조는 물것에 물리고, 뜯기고, 빨려서 견디지 못하겠다고 노래한 것이다. 그러나 이러한 표면적 의미가 주제는 아니다. 관원들이 가렴주구를 해 백성들이 살 수 없다는 것을 알레고리(寓言)로 고발한 것이다. 민중들은 온갖 관원(물것)에 "물리고, 쏘이고, 빨리고, 뜯기며" 산다. 이들 관원은 "이, 벼룩, 빈대, 등에(蝱), 각다귀, 사마귀, 바퀴, 바구미, 고자리, 모기, 그리매, 뾰룩이, 당비루, 쉬파리" 등으로 비유된 무수한 족속들이다. 그러니 민중의 생활은 죽기보다 힘들었을 것이다. 「격양가」란 태평가에 "해가 나면 일하고(日出而作) 해가 지면 쉬고(日入而息), 우물을 파 물을 마시니(鑿井而飮), 제력(帝力)이 어찌 내게 미칠까보냐(帝力何有於我哉)"라 노래하듯, 정치는 민중을 귀찮게 간섭하지 말고 물 흐르듯 자연스럽게 행해져야 한다. 이는 오늘날의 경우도 마찬가지다. 못 살게 굴어서는 안 된다.

앞에서 관원의 말이 곧 법이라는 것을 보았거니와 이의 구체적인 예가 춘향전에 보인다. 변 사또가 신연(新延) 하인에게 관직을 주었다 빼앗았다 하는 장면으로, 이것도 "인사는 만사"가 아니라,

"인사는 망사(亡事)"임을 보여 주는 해괴한 처사다.

변 사또는 길 방자가 시원스럽게 대답을 하고, 구실의 급료가 적어 어려움이 많다고 하자 이렇게 말한다(南原古詞).

> "불상하다. 네 고을에 官屬(관속) 중 제일 먹는 坊任(방임)이 얼마나 쓰느냐?"
> 대답하되,
> "數三千金(수삼천금) 쓰는 방임이 서너 자리나 되옵나이다."
> "내가 到任(도임)하거든 그 방임 서너 자리를 모도다 너를 시키리라."
> "황송하외다. 上德(상덕)이올시다."

이렇게 변 사또는 길 방자에게 후한 급료를 주는 방임 자리를, 그것도 한 자리가 아닌, 서너 자리를 다 주겠다고 가임명했다. 그리고 춘향이를 만나고 싶은 급한 마음에 내일이라도 남원에 당도하고 싶은데, 방자가 조정에 하직하고, 각 사(司)서경(署經)을 하고 천천히 내려가면 한 보름 뒤에나 남원에 도임하게 되리라 하니 욕을 하고 삭탈관직을 한다. "어허, 이 고이한 놈, 보름이라니? 어허 주리(周牢)를 할 놈, 보름이라니? 그놈이 곳 구워죽일 놈이로구나. 네 이놈, 아까 시킨 서너 자리 방임 다 모도 제명하라." 이렇게 관원의 사령(辭令)은 말이 곧 법으로 임명하고 제명되었다. 길 방자는 말 한 마디 잘못해 잠시 좋다만 해프닝이 벌어진 것이다.

사또 말고 오또라도

다음에는 동음어를 잘못 해석해 곁말이 된 예를 보기로 한다. 산대도감극의 해서형에 속하는 봉산탈춤에는 다음과 같은 대사가 보인다.

악공 : 그러면 영감을 어찌 잃었습나?
미얄 : 우리 고향에 난리가 나서 목숨을 구하려고 서로 도망을 하였더니 그 후로 아직까지 종적을 알 수 없습네.
악공 : 그러면 영감의 모색을 댑세.
미얄 : 우리 영감의 모색은 마모색(馬毛色)일세.
악공 : 그러면 말 새끼란 말인가?
미얄 : 소 모색일세.
악공 : 그러면 소 새끼란 말인가?
미얄 : 아니 마모색도 아니고, 소 모색도 아니올세. 영감의 모색을 알아서 무엇해? 아모리 바로 댄들 여기서 무슨 소용이 있습나?
악공 : 모색을 자세히 대면 찾을 수 있을지 모르지.
미얄 : (소리조로) 우리 영감의 모색을 대. 난간 이마 주게(주걱) 턱, 웅케(우먹) 눈에 개발코, 상통은 갓바른 관역(棺) 같고, 수염은 다 모즈러진 귀얄 같고, 상투는 다 갈아 먹은 망조 같고, 키는 석자 네 치 되는 영감이올세.
악공 : 아, 옳지. 등 너머 망 쪼러 갔습네.
미얄 : 에잇, 그놈의 영감. 고리장이가 죽어도 버들가지를 물고 죽는다더니, 상게 망을 쪼으러 다니나?

이는 제7과장의 대사로, 악공이 얼굴 생김새나 차린 모습이란 의미로 사용한 '모색(貌色)'이란 말을 미얄할미가 '모색(毛色)'으로 받아 결말을 한 것이다.

이렇게 '모색(貌色)'을 털빛이란 '모색(毛色)'으로 받고 보니 영감은 '마모색'이 되고, '우모색'이 되었다. 미얄할미가 악공의 말 그대로 '모색(貌色)'으로 받았다면 영감이 '말 새끼'나, '쇠 새끼'라는 망신스러운 말은 듣지 않아도 좋았을 것이고, 영감의 행방도 쉬 찾았을 것이다. 이 경우의 결말은 동음어 사용의 부정적 효과가 강조된 것이라 하겠다.

이렇게 뜻을 달리 해석함으로 이루어지는 결말로는 다음과 같은 것도 있다.

> 한 왈짜 내다르며,
> "여보아라, 사또 말고 오또라도 廉問(염문) 말고 소금문을 하면 누를 날로 육포를 하랴? 기생 囚禁(수금)하면 우리네 출입이 응당이지. 네 걱정이 무엇이니?"

춘향이 태형을 맞고 옥에 수금될 때 왈짜들이 분란을 피운다. 이때 옥쇄장이 "여보, 이리 구시다가 사또 염문에 들리면 우리들이 다 죽겠소." 하니, 한 왈짜가 한 말이다. 여기서는 '사또(使道)'의 '사'를 '넉 사(四)'자로 보아 '오(五)또'라 결말을 한 것이다. 그리고 '염탐'한다는 '염문'을 소금 염(鹽)자 "염문[鹽問]"으로 재해석하여 "염문 말고 소금 문을 하면"이라 한 것도 같은 종류의 곁말이다.

이렇게 곁말을 함으로 옥쇄장이 죽을까 보아 벌벌 떨고 있는 장면을 웃음과 익살로 바꾸어 놓았다. 이러한 예는 도령이 춘향의 집에 빨리 가고 싶은 생각에 해가 어떻게 되었느냐고, 방자에게 자꾸만 묻는 장면에도 보인다.

> "방자야."
> "예."
> "해 좀 보아라, 이놈아."
> "해 인자 오시(午時)나 되었소."
> "오시 되어 어쩔거나. 하나님, 오늘은 규모 대단하시다."
> "방자야, 방자야. 해가 어데만큼 갔나 보아라."
> "해 인자 육시나 되었소."
> "이 자식아, 해도 육시가 있단 말이냐?"
> "오시 넘으면 육시 아니오?"
> "너 참 유식하다."

이는 정정렬판 춘향가에 보이는 대사다. 방자가 '오시(午時)'가 지나면 '미시(未時)'가 되었다고 하여야 할 것을, '오시'의 '오'를 숫자 '五'로 보아 '육시(六時)'가 되었다고 곁말을 한 것이다. 이들은 다 같이 어두음과 동음어에 다른 의미를 적용해 곁말을 한 것이다.

망건당줄이 끊어져

여인에 대한 동경은 금녀의 세계이거나, 여인과 절연된 세계일수록 더 강하게 드러난다. 교도소나, 전쟁터에서의 예가 바로 그것이다. 신재효의 『적벽가』에서 조조의 군사가 공명(孔明)에게 쫓기는 가운데도, 쉬는 틈이면 여인 이야기요, 사랑 이야기를 나누고 있는 것이 이러한 경우다. 이때 저들의 이야기는 성기가 '주장군(朱將軍)'이요, '옥문관(玉門關)'이라 비유적으로 표현된다. 이는 전쟁터라는 특수 상황이 반영된 곁말이라 할 것이다.

다음에 이러한 곁말이 해학적으로 씌어 배꼽을 잡게 하는 용례를 하나 보기로 한다. 이는 외설적인 계간(鷄姦)의 장면이다. 그러나 이는 사실적 묘사를 했다기보다 오히려 청중이나 독자를 웃기고자 광대가 익살을 떤 것이다.

> "鳥銃手(조총수) 한 눈 감아."
> "예"
> 저 놈은 들어오며 肛門(항문)에 손 받치고 울면서 하는 말이,
> "애고 똥구멍이야, 애고 똥구멍이야."
> 曹操(조로)가 불러,
> "너 이놈, 앓을 데가 오죽 많아 똥구멍은 왜 앓느냐?"
> 저 놈이 대답하되,
> "적벽강서 아니 죽고 烏林(오림)으로 도망터니 한 장수가 쫓아와서 내 벙치(벙거지) 썩 벗기고, 내 상투 썩 잡으며, '어허 그놈 어여

쁘다. 죽이자 하였더니 중동(몸의 가운데 부분) 해소시켜 보자.' 갈대 숲 깊은 데로 끌고 들어가서 엎어지르며 하는 말이 '전장에 나온 지가 여러 해 되었기로, 兩脚山中(양각산중) 朱將軍(주장군)이 참 것 맛을 못 보아서 밤낮으로 화를 내니 玉門關(옥문관)은 求之不得(구지부득), 너 지닌 肛門關(항문관)에 얼 요기 시켜보자.' 침도 안 바르고 생짜로 쑥 디미니 생눈이 곧 솟는데 뱃살이 곳곳하여, 두 주먹 아드득 쥐고, 앞니를 뽀득 갈아 반생반사 막 견디니, 그 옆에서 굿 보는 놈 걸음 차례 달려들어 일곱 놈을 치렀더니 항문 웃 시울 網巾(망건) 당줄 조른 것이 뚝 끊어져 벌어지니 뱃속까지 훤하여 걸림새가 아주 없어, 그래도 그 정으로 총은 아니 뺏아 가고 옆에다 놓았기에 간신히 정신 차려 온 몸을 주무르고 총대 짚고 일어서서 一步一憩(일보일게) 오옵는데 제일 극난한 게 밥 먹어도 그대로, 쉬지 않고 곧 나오니 밖에서는 못 막아서 안으로 막아볼까, 포수에게 석 량(兩) 받고 총을 팔아 黃肉(황육) 사서 종자만큼 떼어 넣어도 수르르 도로 나와, 주먹만큼, 목침만큼, 아무리 떼어 넣어도 도로만 곧 나오니 어찌하여 살 수 있소?"

曹操(조조) 또 의사 내어,

"쇠 살을 가지고서 사람 살을 때우려거든 암만 한들 될 것이냐? 길가에 쌓인 송장 사람 살을 베어다가 착실히 막아 보라."

흔히 판소리의 익살은 재담 또는 육담이라 한다. 이는 가벼운 유머, 위트를 의미하는 것으로, 광의의 펀(pun)에 해당하는 것이다. 이는 단순한 외정예술(外庭藝術)을 지탱하기 위한 기교였으나, 사설로도 정착하게 되었다. 재담 또는 육담은 소설에도 그대로 반영되어 독자의 흥미를 끌고, 저들을 매료시켰으며, 나아가 풍자로서 고도의 문학성까지 지니게 하였다. 위의 적벽가의 사설은 청중을 웃기려는 나머지 지나친 외설적 사설이 되었으나, 전장(戰場)의 일면을 잘 풍자해 준다 하겠다.

15. 장다리는 한 철이나, 미나리는 사철이다

장다리는 한 철이나…

구전되는 민요 가운데 "미나리요"라는 것이 있다. '미나리'는 근채(芹菜), 수근(水芹)이라고도 하는 여러해살이풀이다. 봄철에는 잎과 줄기로 미나리강회를 만들어 먹는다. 『여씨춘추』에 "야인(野人)이 살찐 미나리를 지존(至尊)에게 바치길 원한다."고 하듯, '헌근(獻芹)'은 임금을 살뜰히 생각하는 마음을 나타낸다. 조선조의 문신 유희춘(柳希春)도 "미나리 한 포기를 캐어서 씻우이다…."란 헌근가(獻芹歌)를 지었다.

'미나리요'는 그러나 이런 연군(戀君)의 노래가 아니고, 조선조의 참요(讖謠)의 하나다. 참요란 시대적 상황이나 정치적 징후 따위를 미리 암시하는 노래다. 고려의 건국을 암시한 "계림요(鷄林謠)", 조선의 건국을 암시한 "목자요(木子謠)" 따위가 이런 것이다.

장다리는 한 철이나
미나리는 사철이다.

이 노래는 장다리와 미나리에 의탁하여 인현왕후(仁顯王后)와 장희빈(張禧嬪)의 애정 관계를 암시적으로 예언한 것이다. 숙종에게는 유한정정(幽閑貞靜)한 왕비 인현왕후가 있었다. 그러나 왕비에게는 후사가 없었다. 이때 궁인 장씨는 시비(侍婢)로 들어와 숙원이 되어 아들을 낳으니 임금의 총애를 받게 되었다. 그러자 그녀는 왕비를 시샘하고 대위를 넘보는, 참람(僭濫)한 마음을 품고 왕비를 참소해 마침내 왕후는 폐출되고, 장희빈은 곤위(坤位)에 올랐다. 그 뒤 얼마 가지 않아 사태는 바뀌어 민비의 복위운동이 전개되었고, 이를 제거하려던 집권층이 오히려 무고의 화를 입게 되었다. 이에 숙종은 자기의 잘못을 깨달아 장희빈을 폐하고, 민비를 다시 복위시켰다.

이 민요는 이러한 시대적 배경을 예언한 것이다. 민요 가운데 '미나리'는 이러한 민비를 상징한다. '미나리'의 '미'와 '민비'의 '민'이란 비슷한 발음의 말(類音語)을 활용해 비유한 것이다. 이에 대해 '장다리'는 무나 배추 따위의 꽃줄기를 뜻하는 말로, 그 어두음 '장'을 이용해 '장희빈'을 비유한 것이다.

그리하여 이 민요는 "장희빈에 대한 숙종의 사랑은 한 때지만, 민비에 대한 사랑은 끝이 없다"는 것을 예언한 것이다. 곧 이는 장희빈이 일시 승리해 사랑을 쟁취하지만, 마침내는 사시사철 푸른 미나리, 민비가 승리하게 된다는 것이다. 이러한 참요의 내용은 장 씨가 폐위되고, 민비가 복위됨으로 예언이 적중하였다.

가보세, 가보세

참요에는 또 다음과 같은 "가보세요(謠)"도 있다. 이 노래를 보면 다음과 같다.

가보세, 가보세
을미적 을미적
병신 되면 못 가보리.

이 노래는 "가보자, 가보자. 미적미적 하다가 병신이 되면 못 가본다"는 표면적 의미를 노래한 것이 아니다. '가보세'의 '가보'는 갑오년을, '을미적'의 '을미'는 을미년을, '병신'은 병신년을 가리키는 말이다. 그래서 이 노래는 갑오년의 동학농민운동에 가담하라고 권면한 노래로 해석한다.

동학농민운동은 세상과 백성을 구제하려는 민족 종교인 동학(東學)과 농민이 합세하여 고종 31년 갑오년에 봉기한 혁명운동이다. 이는 한 때 관군을 무찌르고 삼남(三南)을 휩쓸었으나, 을미년을 지나 병신년에 이르러 청나라와 일본의 개입으로 끝나고 말았다. 따라서 이는 갑오년에 동학에 가담해야지 미적미적하다가는 병신년에 끝이 나니 그때까지 참가하지 않으면 허사가 되고 만다고 노래한 참요라 본다.

이 노래는 이와 달리 동학란이 아무리 드세게 일어난다 하여도 을미년을 거쳐 병신년에 이르면 끝이 나게 된다는 것을 예언한 노래라고 해석하기도 한다. '가보세요(謠)'는 이와 같이 '미나리요(謠)'와 같이 어떤 말을 그것과 같거나, 비슷한 음의 말, 동음어나 유음어를 활용해 자기의 속뜻을 넌지시 빗대어 표현함으로 우리에게 풍자적 의미를 드러내고 있는 노래다.

개구멍서방

'개구멍서방'이란 말을 아는 사람은 그리 많지 않을 것이다. 옛말이 되었다. 그래서 머리를 쥐어짜 생각한다는 것이 엄처시하의 고주망태 낭군이 대문이 잠겨 있어 집에 들어가지 못하자 개구멍으로 기어 들어오는 졸장부를 머릿속에 그릴는지 모른다. 그러나 이는 그런 말이 아니다. 합법적으로 예식을 치르지 아니하고, 남몰래 들고나며 여인을 만나는 것을 이르는 비유적 표현이다. 춘향전에도 이 말이 '개구녁 서방'이라고 보인다.

> 도령 잔 받아 손에 들고 탄식하여 하는 말이,
> "내 마음대로 할진대는 六禮(육례)를 행할지나, 그렇지 못하고 개

구녁 서방으로 들고 보니 이 아니 원통하랴. 이애, 춘향아, 그러나 우리 둘이 이 술을 大禮(대례) 술로 알고 먹자."

도령이 육례(六禮)를 갖추어 결혼을 하지 못하고, 몰래 찾아와 초야를 갖게 된 것을 미안해 한 말이다. 이러한 '개구멍서방'의 예는 조선조의 실학파 연암 박지원의 한문소설 『호질』에도 보인다. 문장과 덕행으로 고명한 선비 북곽(北郭)선생이 정절이 높아 동리자(東里子)라 봉함을 받은 과부를 찾는다. 따라서 개구멍으로 들어가서가 아니라 외도를 한다는 의미에서 북곽은 이미 '개구멍서방'이 되었다. 그런데 여기에는 이를 좀 더 실감나게 하는 장면이 보인다.

밤늦게 정부인(貞婦人)을 찾은 북곽 선생은 사람이 아니라, 여우가 둔갑한 것이라고 판단한 동리자의 성이 다른 다섯 아들이 밀회장소인 동리자의 방으로 뛰어 들었다. 하마터면 애인의 자식들에 생포되어 억지 여우 탈을 쓸 뻔했던 북곽은 바람처럼 몸을 날려 샛문을 박차고 밖으로 뛰어 나왔다. 다행히 밖은 별 하나 반짝이지 않는 칠흑의 밤이었다. 뒤에서 "저놈 잡아라"라고 고함을 지르면서 아이들이 뒤따랐다. 이때의 광경을 연암은 이렇게 그리고 있다.

그는 어느 곳이 나가는 길인지, 문간은 어느 쪽에 있던지, 이런 것을 생각해 볼 겨를이 물론 없었다. 되는 대로 아무데로나 담을 뛰어넘으려고 몇 번이나 애쓰다가 떨어져 힘이 빠지고 말았다. 그는 하는 수 없어 궁여지책으로, 담 밑에 조그마한 개구멍을 발견하고 다시 용기를 얻어 빠져나갔다.

북곽 선생은 예식을 치르지 않고 동리자를 찾은 '개구멍서방'이거니와, 도망칠 때 '개구멍'으로 빠져 나감으로 '개구멍서방'임을 실증한 것이다.

『호질』은 연암이 유생의 위선적 도덕생활을 조소한 작품이다. 그러나 오늘날은 자유연애가 구가되고, 서구의 성개방 사조가 휩쓸고 있는 세상이고 보니 우리 주변에는 이 '개구멍서방'이 도처에 흩어져 있는 것은 아닌지 모르겠다.

사람을 채 나오지도 안 해설랑 쳐

다음엔 다시 결말의 본령(本領)이라 할 동음이의에 의한 말놀이를 좀 더 살펴보기로 한다. 이런 말놀이의 보고는 역시 가면극 대사라 하겠다. 이번에는 이들 가면극 가운데 양주 별산대놀이에서 몇 개의 예를 보기로 한다.

양주 별산대놀이는 산대도감극의 한 분파로 경기도 양주의 구읍에 전승되어 오는 가면극이다. 산대도감극은 가무적 측면과 연극적 측면이라는 이대 구성요소로 이루어져 있다. 이 가운데 연극적 측면은 광대소학지희(廣大笑謔之戲)라고 광대들의 웃기는 놀이의 희곡적 전개 과정에서 이루어진 것이다. 이는 파계승에 대한 풍자와,

양반이란 특권층에 대한 조롱과 모욕, 남녀 간의 갈등이 주류를 이룬다.

대사는 덕담과 재담이라고 하는 사설(白)로 이루어진다. 대사의 특징은 "덕담은 무가에서의 차용이고, 재담은 나왔다를 출생했다, 썼다를 빚(借金)을 쓰는 것으로, 죽었다를 새평이(莎萍里)쳤다(옛날에는 공동묘지가 사평리에 있었으므로)로 곁말을 쓴다든가, 잿골(齋洞)에 먼짓골을 대응시켜 본다든가, 상대자를 부를 때 안갑을 할 녀석, 에밀 할 놈아, 도둑놈아의 비어(卑語)를 쓴다든가"(이두현, 한국가면극, p.207)하는 점 등이 들려진다. 그러면 다음에 이들 곁말의 구체적 용례를 보기로 한다.

목중 : (장삼 자락을 머리 위에 가져다가 두 손으로 잡고 삼현청을 바라보며, 소 영각 하듯 길게 소리를 내어) 어어으 어어으 어-.

옴중 : (삼현청 앞에서 "어-" 소리를 듣고 벼락같이 일어서 나와 목중의 얼굴을 딱 때린다.)

목중 : (깜짝 놀라 장삼 자락을 휘두르며 아프다고 허리를 구부리고 맴을 돌며) 이키, 이게 웬일이야. 아, 이게 어느 놈이 별안간에 사람을 채 나오지도 안 해설랑 쳐.

옴중 : 나오지 안 했음 제길 헐 놈. 남 대방놀이에 와 육칠월 송아지 풀 뜯어먹고 영각 하듯이 어어으 아아, 거 무슨 안갑을 하는 소리야.

목중 : 거 어떻게 하는 말이야. 내가 나오기는 부모 배 밖에 이제 나왔다고 한 것이 아니라, 대방놀이판에 나오길 이제 나왔단 말이야.

옴중 : 옳-것다. 네가 배 밖에 나온 게 이제 나온 게 아니라, 대방놀이 판에 처음 나왔단 말이야?

목중 : 영락없지.

이들 대사는 제3과장 '목중과 옴중'에 나오는 것이다. 여기서는 대방전놀이판에 나온 '나오다'를 어미 배 밖에 '나오다', 곧 출생하다의 의미로 재담을 함으로 관중을 웃기고자 한 동음어의 표현이다.

그 쓴 게 뭐냐?

목중 : 너 그러나 저러나 그 쓴 게 뭐냐?

옴중 : 쓰긴 네밀 할 놈, 내가 뭘 써. 日收(일수)를 써, 月收(월수)를 써?

목중 : 아니, 이 자식아. 어떻게 헌 말이야? 네 대강이에 쓴 게 뭐냔 말이야?

옴중 : (목중의 머리를 만져보며) 어디 네 대강이를 보자. 어이구, 이놈이 兵門(병문)에서도 놀지 못한 놈이구나. 병문에서 놀면 허다못해 인력거꾼이라도 벙거지 하나 썼는데, 이놈이 맨상투 바람으로 댕기는 여섯. 산 나무꾼이로구나.

이는 '쓰다'를 곁말로 사용한 것이다. 이 대사도 제3과장에 보이는 것인데, "머리에 쓴 것이 뭐냐?"는 물음을 익살스럽게 돌려 "일수나 월수 같은 빚을 쓴 것"으로 재담을 하여 한바탕 노는 것이다. 같은 제3과장에는 다음과 같은 결말도 보인다. 비유한 말을 가지고 익살스럽게 말장난을 한 것이다.

목중 : 앗다, 그놈 제 몸은 정치게 춥네. 너 그러나 저러나 그 전체 대가리에 쓴 게 뭣이냐?

옴중 : 그 너 알면 끔찍끔찍하다.

목중 : 아, 끔찍끔찍해도 좀 알자.

(중략)

옴중 : 저 종각 모퉁이에서 늙은 마누라가 수수 한 되 드르르 갈아 가지고 수수 젬병이라고두 하구. 녹두 한 되 갈아서 우거지 쑹쑹 썰어 넣고서 빈대떡이라고도 하구. 또 한 가지는 노병거지라고도 한다.

목중 : 얘. 그것 참 이름이 장히 어렵구나. 세 가지 이름이로구나. 얘, 그러나 저러나, 세 가지 중에 한 가지는 필요 없고, 두 가지는 필요헌데 내가 저녁 아침 먹은 지가 여러 날이다. 시방 대단히 시장기가 나. 허니 너 말대로 빈대떡하고 수수 젬병이거든 내가 좀 먹어야겠다. 오드드득(잡고 먹는 시늉을 한다.)

옴중 : 네밀 헐 놈이, 이놈이 광증이 났냐? 衣冠(의관)도 먹어 이 놈아.

목중 : 네가 의관이라고 그랬냐, 빈대떡하고 수수젬병이라니깐 내가 배고픈 판에 먹을랴고 했지.

옴중 : 옳것다. 내가 수수젬병이라 빈대떡이라 해서 먹는다?

목중 : 아! 영락없지. 엇! 중!

이는 머리에 쓴 것이 뭐냐는 질문에 직접 이름을 대지 않고 비유로 그 생김생김이 '수수젬병', '빈대떡'과 같다고 하는 것을, 모자 이름 '노벙거지'와 함께 일러 웃음 거리를 만든 것이다. 그래서 목중은 수수젬병(수수전병)이나 빈대떡은 음식이니 시장한 판에 노벙거지를 씹어 먹으려 한 것이다. 그러자 놀란 옴중이 의관을 다 먹느냐고 시비를 하자, 목중이 언제 의관이라 했느냐고 항의를 하고 있는 것이다. 그래서 탈춤 판은 웃음바다가 된다. 이렇게 가면극은 다른 영역에 비해 곁말로 사람을 웃기는 소학(笑謔)의 보고이다.

16. 장사를 하려거든 끝이 벌어지게 해야지?

윤씨와 심씨는 소다

성씨를 가지고 농담을 하는 것 가운데 대표적인 것이 윤씨(尹氏)를 소라하고, 정씨(鄭氏)를 당나귀, 강씨(姜氏)를 강아지, 서씨(徐氏)를 서생원(鼠生員), 쥐라고 하는 것이 아닌가 한다. 윤씨는 만 윤(尹)자의 자형(字形)이 소 축(丑)자와 비슷한 데서, 정씨는 나라 정(鄭)자가 당나귀의 형상과 비슷한 데서 희롱의 말을 하는 것이고, 강씨는 어두음이 강아지와 같은 데서, 서씨는 그 발음이 쥐 서(鼠)자와 음이 같은 데서 말장난을 하는 것이다.

윤씨에 관한 어희는 다음과 같은 예화도 볼 수 있다. 윤씨가 기르던 소를 전씨(全氏)에게 팔았다. 그런데 전씨가 이 소를 길러 보니 먹성도 좋지 않고, 희망이 없다. 그래서 무르자고 하니, 한번 사고팔았으면 그만이지 무른다는 말이 무슨 말이냐고 거절한다.

그래서 전씨는 고을 원에게 송사를 했다. 원은 쌍방의 주장을 들어보더니 이렇게 판결했다.

"윤축(尹丑)이 자형상사(字形相似)하니 축귀어윤(丑歸於尹)하고, 전전(全錢)이 음상동(音相同)하니 전귀우전(錢歸于全)하라."

원님은 윤(尹)과 축(丑)은 글자 모양이 비슷하니 소는 윤씨에게 돌려 보내고, 전(全)씨와 돈 전(錢)자는 음이 같으니 돈은 전씨게 돌려주라고 판결한 것이다. 원님은 문자와 언어에 대한 감각이 있고, 풍류를 좀 아는 사람이었던 모양이다. 요새 같다면 어림도 못 낼 판결이다. 이와는 달리 윤(尹)씨가 아닌, 심(沈)씨가 오히려 소라고 놀리는 곁말도 있다.

좌중이 심씨를 소라고 놀려댔다. 그러자 심공(沈公)은 윤씨를 가리키며 말했다.
"저 사람이 소지 왜 내가 소란 말인가?"
그러자 육고간(肉庫間)에 가 보자고 하게 되었다.
"거 윤육 한 근만 주슈."
"예, 윤육이 뭡니까? 육고간 30년에 처음 듣는 소립니다요."
"그럼 심육(心肉)으로 한 근만 베우."
"예, 안심 말씀입죠? 네, 네."

이는 성자(姓字) "심(沈)"이 "등심, 안심"을 이르는 "심육(心肉)"의

"마음 심(心)"과 발음이 같아 동일시한 것이다. 그리하여 푸줏간에서는 "윤육"은 따로 없고, "심육"은 버젓이 있는 고기이기에 "네, 네"하고 베어 드리겠다는 것이다. 이에 윤씨는 으쓱거리게 되고, 심씨는 코가 납작해졌다. 사실 "안심"과 "등심"은 본래 "안힘, 등힘"이라 하던 말로, "힘"이 "심"으로 구개음화한 말이다. "힘"은 본래 "힘줄", 또는 근육(筋肉)"을 뜻하는 말로, 말소리와 뜻이 다 같이 변한 말이다. "힘(力)"은 "근육"에서 나오는 것이다. 원인과 결과에 따른 의미변화를 한 것이다.

강씨(姜氏)네 제사는 모두 개판

성씨와 관련된 곁말을 좀 더 살펴보면, 구씨(具・丘氏)는 흔히 "개"와 연결시켜 희롱을 한다. 성 "구"와 "개 구(狗)"자가 같은 음이기 때문이다. 구씨는 "오지공(五지公)", 곧 다섯 '지'자의 자손이라 한다. "오지공"이란 바로 개의 일생을 표현한 것으로, 구씨를 개에 빗대어 희롱한 것이다.

낙지초명(落地初名) 강아지
평생소원(平生所願) 누룽지
무상출입(無常出入) 개궁지
고대광실(高臺廣室) 아궁지
영결종천(永訣終天) 올감지

개는 태어나 어릴 때는 "강아지"라 한다. 그리고 그가 원하는 최고의 먹이는 "누룽지"다. 개는 출입문이 따로 없다. 개구멍, "개궁지"로 늘 들락거린다. 그의 최고의 안식처는 따뜻한 부엌의 아궁이, "아궁지"다. 마지막으로 생을 마감할 때는 올가미, "올감지"에 목이 묶여 저 제상으로 간다. 이러한 개의 일생을 어말음이 "지"로 된 "강아지, 누룽지, 개궁지(개구멍), 아궁지(아궁이), 올감지(올가미)"라 함으로 "오(五)지"로 익살스럽게 나타낸 것이다. 그래서 개를 "五지公"이라 한 것이다. 위의 시는 이러한 개, 구씨(狗氏)의 일생을 다섯 개의 "지"자를 지녔다 하여 구(狗)와 동음인 구씨(具·丘氏)를 희롱하고, "오지공 자손"이라 풍자한 것이다. 이는 구씨를 폄하하고 희롱한 것이다.

개가 제사 지내는 형식을 빌어 강씨(姜氏)네 제사를 희롱한 곁말도 보인다. 제사는 후손이 지내는 것이다. 그러니 자연 여기에는 구씨(狗氏), 아닌, 강아지가 등장한다. 그리고 그 제사는 강씨(姜氏)네 제사이고 보니, 강씨네 제사를 희롱의 대상으로 삼은 것이다.

내가 강씨 집 아이 제사를 보니(강아지)
조객은 모두 일찍 왔는데(개자지)
주부는 모두 늙은 아씨이고(개 노랑이)
집사는 유농이 반반이다.(반 누렁이)
띠를 묶어 모래 속에 묻고(삽사리)
첨작하는 잔은 반쯤 동쪽으로 기울어졌다(반 동경)

밤이 깊어 섬돌의 달빛이 지나가니(개 월이)
제사 손님은 모두 집으로 돌아간다.(개 반반)

아견강아제(我見姜兒祭)
조객개조지(弔客皆早至)
주부개노랑(主婦皆老娘)
집사반유농(執事半儒農)
속무삽사리(束茅揷沙裏)
첨작반동경(添酌半東傾)
야심계월이(夜深階月移)
제객개반반(祭客皆返返)

이 시의 표면상의 의미는 "강씨의 제사를 보니 조객은 모두 일찍 왔다. 주부는 늙은 아씨이고, 집사(執事)는 반유반농(半儒半農)의 사람이다. 띠를 퇴주 그릇에 꽂았고 첨작하는 잔은 동쪽으로 기울어졌다. 밤이 깊어 달빛이 섬돌을 지나가고, 제사 손님은 모두 집으로 돌아간다."는 것이다. 그러나 숨은 뜻은 모두가 개의 종류와 개와 관련된 용어 및 희롱의 말을 한 것이다. "강아지, 노랑이, 반누렁이, 삽사리, 반 동경이"는 개의 종류 이름이고, "皆早至(개조지)"는 욕설, "階月移(개 월이)"는 개를 부르는 소리, "皆返返(개 반반)"은 개에게 먹이를 먹으라고 하는 소리다. 그리고 "皆老娘(노랑이), 半儒農(반누렁이)"는 개의 종류 이름에서 나아가 인색한 사람임을 나타내고 있다. 따라서 "강씨네 제사"라는 이 시는 제사 과정을 객관적으로 묘사하는 형식을 취했으나, 그 내용은 온통 "개판"이요, 인색한 형식적 제사를 지내고 있다고 욕을 한 풍자시라 하겠다.

장사를 하려면 끝이 벌어지게 해야

다음은 대감댁 비자(婢子)가 서방이 될 사람을 골라 장사를 시키는 이야기로, 동음어가 결말로 쓰인 익살스러운 이야기다.

> 대감댁에 제법 똑똑한 비자(婢子)가 있었다. 대감이 짝을 채워 주겠다고 하니 제 짝은 제가 고르겠다고 한다. 하루는 그녀가 밖에 나가 숯섬을 진 떠꺼머리총각에게 "장가들겠느냐?"는 둥 수작을 하더니 그를 데려와 대감에게 현신시킨다. 대감은 비자의 눈썰미를 인정하며, 그 길로 행랑방을 치워 신방을 꾸며 주었다. 그런데 이 비부(婢夫)놈이 낮잠만 잔다. 계집은 비부노릇이 싫으면 장사라도 해 보아야 할 게 아니냐며, 엽전 한 사리를 쥐어 주며, "두름성 있게" 잘 해 보라며 내 보냈다.
>
> 종일 돌아다녀 보았으나 마땅히 사서 팔 것이 없다. 그때 아내의 "두룸성 있게"라는 말이 생각났다. 이에 허리에 찼던 엽전 사리를 머리 위로 핑핑 돌렸다. 엽전이 빠져 달아났다. 겨우 일곱 닢이 남았다. 집에 돌아오니 아내가 "얼마나 남았느냐" 한다. "일곱 닢 남았다."고 한다. 아내가 놀라 "장사를 해도 길게 할 생각을 해요." 하며 다음날 또 엽전을 챙겨 주었다. 비부는 아내의 "길게"란 말을 생각하고, 장사꾼에 속아 물레에 끼워 쓰는 긴 "가락"을 몽땅 샀다. 가락은 하나만 있어도 대를 물려 쓰는 것이라, 저녁때까지 하나도 팔지

못하고 풀이 죽어서 집으로 돌아왔다. 아내는 그를 보고 "장사를 오므라지게 하면 어떻게 하우? 끝이 벌어지게 해야지." 했다. 그리고 다음날도 엽전을 챙겨 주었다. 그는 "끝이 벌어지게, 끝이 벌어지게...", 이렇게 되뇌고는 길이가 한 발이나 되는 나팔을 사 이를 팔러 다녔다. 그는 이것도 팔다 못해 집으로 돌아왔다. 이를 본 여인은 화가 머리끝까지 났다. 악담을 퍼부었다. "이 못난 자식아, 나가 뒈져라. 썩 나가지 못해. 어이구, 내 가슴이야!"

사내는 성 밖으로 나와 잘 데도 마땅치 않아 괴꼴(짚북데기)을 우비고 들어가 누웠다. 이때 중놈 하나가 나무 그늘에서 나와 자기가 누워 있는 괴꼴로 기어든다. "중놈이? 옳지, 무슨 조가 있구나!" 신경을 쓰며 보고 있노라니 맞은편의 대문이 열리고, 댕기가 치렁치렁한 색시 하나가 나온다. 난가리로 와서는 "왔소?" 한다. 그리고는 놈년이 물고 빨고 야단이다. 그러더니 중놈이 일어나 장삼 자락을 제치고 "홍 판서 대감 행차하신다."하고 중얼거린다. 그러자 비부가 불쑥 나서 "대감 행차엔 나팔이 있어야지."하고 "뛰잇 뛰잇"하고 나팔을 불어대니 연놈이 당황해 어쩔 줄 모른다. 비부는 연놈을 양손에 갈라잡고, 협박을 했다. 미풍양속을 해치는 놈년들이니, 남의 손을 빌릴 것도 없이 사매로 때려죽이겠단다.

그러자 계집이 손이 발이 되게 빌며, 혼수 마련해 놓은 것을 죄다 갖다 드리겠으니 제발 눈 감아 달라고 한다. 못 이기는 체 하고 손을 놓아 주었더니, 그 길로 벗어져 나가 혼수를 한 아름이나 가져다 준다. 그리고 중놈은 중놈대로 비부를 절로 데리고 가 불공을 드리면서 모은 돈을 송두리째 내어 준다. 이에 사내는 이들을 몽땅 표(標紙)로 바꾸어 주머니에 넣고 집으로 돌아왔다.

마침 아내가 없다. 방에 들어 드르렁 드르렁 헛코를 곤다. 계집이 들어와 보니 그 꼴이다. 어이가 없으나, 첫정이라, 깨울까 하다가 옆에 있는 주머니를 보고 열어보니 막대한 금액의 표지다. 계집이 눈이 휘둥그레 놀라고 있는데, 사내가 일어나 얼싸안는다. 사내가 중얼거린다. "장사를 하려거든 끝이 벌어지게 해야지?"

이 설화는 대감댁의 똑똑한 비자(婢子)와 좀 어리숙한 지아비인 비부(婢夫)의 이야기다. 이야기는 비자의 말에 따라 사건이 진행된다. 그리고 그 말이 동음어인 결말로 쓰인다. 아내, 비자는 사내에게 장사를 해 보라고 권하고, 장사 밑천으로 엽전 한 사리를 건네주었다. 이때 아내는 "두룸성" 있게 잘 해 보라 한다. "두룸성"이란 "주변성", 곧 "주변머리가 있는 것"을 말한다. 그런데 사내는 마땅한 장삿거리가 없자 엽전 사리를 머리 위로 핑핑 휘둘렀다. "두룸성"을 "주변성"이 아닌, 동음어 "둥글게 내저어 흔들다"란 "두르다"로 받아들인 것이다. 그래서 한 사리의 엽전이 사방으로 흩어져 달아나 일곱 닢만이 남았다. "남다"의 의미도 내외의 해석이 달라 결말이 되고 있다. 사내는 "잔금"의 뜻으로, 여인은 "이윤"의 뜻으로 쓰고 있는 것이다. 이튿날은 아내가 장사를 "길게" 할 생각을 하라고 했다. 그래서 사내는 장사가 되지 않을 "긴 물레 가락"을 사 장사를 망쳤다. 이는 시간적인 길이와 사물의 길이를 혼동한 것이다. 사흘 째 되는 날엔 아내가 "장사는 끝이 벌어지게" 해야 한다고 하였다. 오므라드는 장사가 아니라, 발전하는 장사를 해야 한다는 것이다. 그런데 사내는 그것도 끝이 벌어진 사물, "나팔"을 사 장사를 하려다 팔리지 않자 집으로 돌아왔다. 이를 본 그의 아내는 지독한 악담을 쏟아냈다. 그리고 비부는 집에서 쫓겨났다.

사실 이 설화의 본론은 여기까지라 할 수 있다. 그 뒤는 듣는 사람을 즐겁게 하기 위하여 재미있는 이야기를 덧붙인 것이다. 우연히 중과 대갓집 규수의 불륜을 목격하고 그로 말미암아 거금을 챙기는 것이다. 그리고 이를 비부는 예의 아내 말을 인용, "장사를 하려거든 끝이 벌어지게 해야지?"라고 수미쌍관(首尾雙關)의 결론을 내리고 있다. 이 설화는 이렇게 동음에 의한 결말과, 익살이란 유머에 의한 결말로 된 설화다. 황당한 허구이나, 해피엔드는 역시 좋은 것이다.

무변(武弁)의 문방사우 시

다음에는 무변의 육담시를 하나 보기로 한다. 한 무변이 잔치에 참석하여 호협한 성품에 술잔이나 걸친 나머지 한 여자를 못 살게 굴었다. 이에 한 대감이 사뭇 호령조로 나무랐다.

> "아무리 못 배운 사람이기로, 손위 어른이 있는 자리에서 그럴 법이 있을꼬? 엔!"
> 무변은 술이 번쩍 깨고, 겸연쩍기 그지없었다. 그래서 그는 자세를 갖추고 이렇게 서스레를 떨었다.

"소인이 투필(投筆)한 사람이라 배운 데가 없습니다. 붓대를 던진 사람으로 가당치 않으나, 문방사우(文房四友)를 두고 시 한 수를 짓겠으니, 글이 되었으면 용서해 주시기 바랍니다."

모두가 웃으며 좋다 하였다. 그는 한 편으로 부르고, 한 편으로 새겼다.

"호주봉당묵(好酒逢當墨)이오- 술을 좋아하매 만나면 마땅히 먹(墨)고,
미인은 견즉필(美人見則筆)이라- 미임을 보면 곧 붙더라.
평생에 차사연(平生此事硯)이러니- 평생에 이 일을 벼르(硯)더니,
금일양득지(今日兩得紙)라.- 오늘 둘을 다 얻으니 좋의(紙)
무변의 시를 듣고, 좌중 호걸이 뒷소리를 친다.

"그놈 고얀 놈이로다. 뒷일은 내 감당하마. 네 소원대로 그년 차가지고 가거라."

붓, 먹, 벼루, 종이는 선비들과 뗄 수 없는 문방사우다. 무변은 여인을 지나치게 희롱하고 질책을 받자 문방사우로 시를 짓겠으니, 글을 보시고 용서해달라고 청했다. 선비들은 흔쾌히 이에 동의하였다. 그런데 이 무변의 시가 가관으로, 파격적이고, 호탕하다. 그는 문방사우의 훈(訓)을 동음이의의 말로 활용해 좌중의 어르신들을 감탄케 하였다. "먹 묵(墨)"자로 "먹고", "붓 필(筆)"자로 "붙고", "벼루 연(硯)"자로 "벼르고", "종이 지(紙)"자로 좋다는 "조희"를 나타낸 것이다. 무식한 무변이 아니라, 기지가 번뜩이는 무변의 시다. 좋은 술을 먹고, 미인을 보고 한 몸이 되고, 이렇게 평생 주색(酒色) 즐기길 별렀더니, 오늘 이 두 가지가 다 이루어지니 참으

로 좋다고 노래한 것이다. 그러니 풍류를 아는 대감들이야 박수를 칠 수밖에... 그래서 한 대감은 자기가 책임을 질 것이니 무변은 그 여인을 데리고 가라고까지 하였다. 그러고 보면 세상만사는 그것이 진실이고 보면 다 통하는 것 같다.

17. 저는 단지째 바치겠습니다.

오성(鰲城) 이항복(李恒福)의 곁말

조선조 선조 때 오성 이항복은 영의정을 지낸 정치가이며, 문인이다. 그는 재주와 문장이 뛰어났고, 해학을 잘 했다. 그는 한음 이덕형(李德馨)과 어릴 때부터 친구로 둘 사이에는 여러 가지 재미있는 일화가 전한다. 이러한 오성의 일화 가운데는 그가 재치 있는 곁말을 하여 임금과 신하를 모두 찬탄케 했다는 것도 있다. 이번에는 오성의 이 이야기를 곁말 기행의 단초로 삼기로 한다.

오성 대감은 평소에 아주 의사와 식견(識見)이 넓은 사람이었다. 하루는 임금님이 그의 의견(意見)을 시험해 보기 위해 오성에게는 비밀로 하고, 다른 신하들에게만 모두 다음날 된장을 한 덩이씩 싸가지고 입궐하도록 일렀다. 이튿날 조회(朝會) 때 임금은 된장을 바치라고 명하였다. 그러자 신하들은 모두 된장을 바쳤다. 그러나 오성은 바칠 수가 없었다. 그는 이 사실을 알지 못해 준비해 오지 않은 것이다. 임금은 오성에게 된장을 바치라고 거듭 하명하였다. 그러자 오성은 "그러면 저도 바치겠습니다."하고, 자기 중의(中衣)를 끌어올렸다. 그리고 "저는 배짱이 커서 단지 째 바치겠습니다." 하고, 장딴지를 내밀었다. 임금 이하 모든 신하들은 이를 보고 찬탄함을 금치 못하였다.

임금님이 된장을 바치라고 했을 때 된장을 준비하지 못한 신하는 참으로 난감했을 것이다. 그리고 고작 말을 한다면 "소신은 하명하심을 듣지 못해 준비를 못하였나이다."라 했을 것이다. 이것이 평범한 사람의 처신이요, 뭣한 신하의 대답일 것이다. 그런데 오성은 의견이 넓은 사람이어 재치 있게 이에 대처하였다. 그것도 곁말을 써서 임금과 신하들의 찬탄까지 받았다. 우리말에서는 종아리의 뒤쪽의 살이 불룩한 부분 비장(腓腸)을 "장딴지"라 한다. 이는 물론 된장, 고추장과 같은 장을 넣는 단지 "장 단지"는 아니다. 그러나 이와 발음이 같다. 따라서 비록 지시물은 다르지만 "장-단지"를 제시하고 바치겠다고 한 것이다. 그것도 한두 덩이가 아니고 '장단지 째' 말이다. 그러니 놀라운 일이 아닐 수 없다. 이는 동음어 내지, 유음어에 의해 곁말을 한 것이다. 이러한 곁말로 인해, 오성은 위기를 면하게 되었고, 그의 재치와 의사, 그리고 도량이 넓다는 것을 다시 한 번 입증하였다.

종놈의 양반 조롱

부묵자의 『파수록』에도 오성의 일화와 같은 재미있는 결말이 보인다. 제목은 "진짜 쥐새끼다"라는 것이다. 이 이야기는 다음과 같다.

어떤 과부의 아들이 극진한 자애(慈愛) 속에 자라 매우 어리석었다. 그는 완악(頑惡)한 종과 함께 도망친 종을 추심(推尋)하기 위해 대구(大邱)로 내려가게 되었다.

"대구가 몇 리나 되느냐?"

"대구는 윗니가 열여섯, 아랫니가 열여섯, 도합 서른둘입니다."

점방(店房)에 들어가며 주인 아들은 또 말했다.

"방안에 자리(席子)가 있을까?"

종이 대답해 말했다.

"잘 이(宿者)가 없으면 나와 같이 자면 됩니다."

주인 아들은 또 묻되, "방에 물 것(咬物)이 없을까?" 하였다.

그러자, 종은 가로되, "물 것이 없으면 내 그것(腎莖)을 물면 됩니다."라 하였다.

과부 아들은 노해 가로되, "그놈 볼기를 쳤으면 좋겠군." 하였다. 그러자 종은 "비록 쳐서 찢지 않더라도 본시 두 쪽입니다." 하였다.

과부 아들은 더 이상 곤욕을 감당할 수 없어 마침내 중로(中路)에서 돌아와, 그 어머니에게 이 사실을 고하였다. 그 어머니는 장차 종을 묶고 단단히 다스리려 하였다. 그러자 종이 말하였다.

"소인이 과연 그런 말을 하였습니다. 이 말을 할 때에는 다만 서방님과 소인만이 있었습니다. 이 사이에 들어서 마나님께 고자질한

놈은 정말 쥐새끼입니다."

그러자 과부 아들은 바지에 손을 넣고, 마루를 거닐면서 말하였다.

"나는 전하지 않았다."

이 이야기는 몇 가지 동음어 및 유음어에 의한 곁말을 하고 있어 우스운 이야기가 되었다.

첫째, 종이 지명 대구(大邱)를 물고기 '대구(大口)'와 동일시하였으며, 둘째 지명을 물고기 이름으로 보았기 때문에 '몇 리(幾里)'를, 유음어 '몇 이(幾齒)'로 해석하여 종이 주인인 과부 아들을 놀린 것이 그것이다. 돗자리를 뜻하는 '자리(席子)'를 잘 사람 '잘 이(宿者)'로 해석하여 "잘 이가 없으면 나와 같이 자면 됩니다."라고 돌려 말한 것은 셋째 번 곁말이다. 넷째의 곁말은 외설적인 것이다. 방에 모기, 빈대, 벼룩, 이와 같은 해충 '물것'이 없겠느냐는 말을 종놈은 동음어 입으로 '물 것(咬物)'으로 받아들여 '입에 물 것이 없으면 자기 성기(性器)를 물면 된다.'고 성희롱을 한 것이다. 이런 곁말들이야말로 언어 자체를 대상으로 한(meta-lingual) 어희라 할 것들이다. 그러나 이러한 어희 이면에는 서방님이 어리석다고 하나, 가면극의 경우와 같이 양반을 조롱하고자 하는 억압 받는 서민층의 심리가 반영되어 있는 것이라 하겠다.

'연어(鰱魚)'와 '여느'의 동일시

옥산 장한종이 편찬한 『어수신화』에도 '파수록'의 이야기와 관련이 있는 재미있는 이야기가 보인다. 어수신화의 편자는 조선조 영조 때 사람으로, 물고기와 게를 잘 그린 화가였으나, 그는 그림을 그리는 한편 해학이 넘치는 많은 이야기를 저술한 사람이기도 하다. 그의 '어수신화'에는 '대구(大丘)는 아직 안 왔습니다.'라는 재미있는 이야기가 보인다.

> 한 어 씨(魚氏) 성을 가진 집에서 혼례를 치를 때 여러 종친들을 다 초청하였다. 그런데 해가 저물어도 오지 않은 사람이 많았다. 한 일가의 어른이 주인을 불러 물었다.
>
> "우리 문중 일가들이 온 사람이 많지 않은 것 같은데 웬 일인가?"
>
> 주인이 대답해 가로되, "연어(鰱魚) 일가는 거의 다 왔습니다만 대구(大丘) 아저씨가 아직 안 왔습니다."
>
> 이는 대개 '연어(鰱魚)'라는 말이 시골에서 '다른(他之)'이란 말의 방언이기 때문이다. '대구(大丘)'의 음은 '대구어(大口魚)'와 같다. 듣는 사람은 포복절도하였다.

이 이야기에도 '파수록'의 경우처럼 지명 대구를 '대구어(大口魚)'로 동일시한 결말이 쓰였다. '대구'는 오늘의 경상북도의 지명 '대구(大邱)'인데, 이를 동음어인 물고기 '대구(大口)'로 재해석하여 결말을 한 것이다. 방추형의 바닷물고기 '연어(鰱魚)'는 '다른(他之)'의 뜻을 가진 '여느'의 곁말로 쓰인 것이다. 따라서 주인이 "연어(鰱魚) 일가는 거의 다 왔습니다만"이라 한 것은 "여느 일가는 거의 다 왔습니다만"이라 할 것을 동음어 '연어'라 한 것이다. 뜻은 물론 "다른 일가붙이는 거의 다 왔습니다만"이라 한 것이다. 이 '대구미래(大丘未來)'의 이야기에서 '연어(鰱魚)'가 '여느', 대구(大丘)가 '대구(大口)'로 쓰인 것은 재치 있는 곁말이라는 것 외에, 다른 의미도 있다. 그것은 이 이야기가 어 씨(魚氏) 문중의 이야기라는 것이다. 그런 의미에서 이 이야기는 자연 물고기 이름이 거명되고, 이것이 곁말로 사용된 것이다. 그래서 보다 큰 표현효과를 드러낸다. 곁말은 이렇게 단순한 어휘 이상의 표현 기법이 되기도 한다.(본문에 보이듯 '연어'는 물론 유음어인 '여느'의 지역 방언이기도 하다.)

서캐 할아비 이 첨지

지명과 관련된 곁말을 보았으니, 다음에는 성씨와 관련된 곁말을 보기로 한다. 이러한 곁말은 성씨를 소재로 한 민요인, 성요(姓謠)에 그 용례가 여럿 보인다. 다음은 충남 예산(禮山) 지방에 전해지는 민요이다.

> 오글쪼글 박(朴) 첨지(僉知)
> 한 짐 잔뜩 짐(金) 첨지

언덕 밑에 허(許) 첨지
바짝 마른 강(姜) 첨지
한 잔 두 잔 권(權) 첨지
배가 부른 복(卜) 첨지
소금 장사 염(廉) 첨지
자지 크다 조(趙) 첨지
서캐 할아비 이(李) 첨지

이 민요는 서울 지방의 민요와 매우 비슷하다. 예산 지방 민요는 아홉 첨지를, 서울 지방 민요는 박·이·허·장·김·강·천 첨지 등 일곱 첨지를 노래하고 있다. 예산지방 민요가 권·복·염·조의 네 첨지를 더 노래하고 있는가 하면, 장 첨지가 하나 빠졌다. 이들의 이동(異同)을 보면 김·허·강 첨지의 노랫말은 서로 같고, 박·이 첨지의 노랫말은 같은 내용의 표현을 달리하고 있다. 차이를 보이는 박·이 첨지의 서울 지방 성요는 다음 같다.

쪼그라악 박 첨지
헌 누더기 이 첨지

따라서 예산 지방 민요가 좀 더 표현성을 지니는 노래라 할 것이다. 이들 성요에 보이는 발상은 말할 것도 없이 동음 내지 유음에 의한 풍자적 표현을 함으로 웃고 즐기고자 한 것이다. 그리고 이들 성요는 기본적으로 화려하지 않고 궁색하다. 그것은 이들의 신분이 '첨지(僉知)'이기 때문이다. 본래 '첨지'는 첨지중추부사(僉知中樞府事)로, 이는 정삼품 무관이다. 그러나 민요의 '첨지'는 이 정3품의 벼슬아치가 아닌, 나이 많은 남자를 낮잡아 이르는 '첨지'다. 따라서 전반적으로 보잘 것 없고, 궁기가 흐르는 내용의 가사로 되어 있다.

'박 첨지'는 박과의 일년생 만초(蔓草)의 열매 박에 비유되어 있다. 달덩이 같이 훤한 박이 아니라 '오글쪼글한 박'이거나, '쪼그라악 박'이다. '첨지'가 나이 많은 남자임이 분명하다. '김'씨는 기역소리가 구개음화한 '짐'씨가 되어 '짐(負戴物)'으로 전락하였다. '허'씨는 '언덕 허(墟)'에, '강(姜)'씨는 '강-마르다', 또는 '강정(江丁·羌飣)'의 '강'과 동일시 한 것이다. '권'씨는 '권할 권(勸)'에, '복'씨는 배가 부른 '복어'의 '복(鰒)'에, '염'씨는 '소금 염(鹽)'에 각각 전용된 것이다. '조'씨는 외설적인 성기를 뜻하는 고유어에, '이'씨는 물것 '이(虱)에 돌려 표현한 것이다. 이렇게 성씨를 돌려서 표현함으로 성요는 풍자적이고, 사람을 웃기는 노래가 되었다. 사물은 이렇게 보는 각도나 표현하는 수법에 따라 천양지판(天壤之判)으로 다른 표현 효과를 드러내게 된다.

다음에 함경도 창성(昌城) 지방의 성요 하나를 더 보기로 한다.

> 강(姜)가가 강낭 밭에서 강뚱을 누느라니까
> 김(金)가 있다가서는 김을 무럭무럭 내니

박(朴)가가 있다가서는 박에다 담었드구나.
장(張)가가 있다가서는 장대에 꿰어 드니까
유(柳)가가 있다가서는 누가 먹겠니 하드니
나(羅)가가 있다가서는 내가 먹겠다 하니
저(諸)가가 있다가서는 저도 먹겠다 하니까
송(宋)가가 있다가서는 송사(訟事)를 하느라니까
임(林)가가 있다가서는 님큼님큼 다 먹어쳤다.
그러니까 우(禹)가가 있다가서는 울먹울먹.

이 민요의 표현은 성씨와 같거나, 비슷한 어두음의 다른 말을 이어 표현함으로 해학적인 결말을 한 것이다. 무미건조한 성(姓), 그리고 달갑지 않은 똥이 제재가 되고, 그것이 성씨와 연결되며 이렇게 익살스러운 노래가 된 것이다. 이 노래가 이렇게 익살스럽고 재미있게 된 것은 오직 광의의 동음어에 의한 표현 때문이라 하겠다.

소는 보았으나 양은 보지 못하였나이다

다음에는 또 하나의 성과 관련된 재미있는 이야기를 보기로 한다. 출전은 『진담록』, 제목은 '우씨는 보고 양씨는 보지 못했다(見禹未見楊也).'란 것이다.

한 청년이 해학을 잘 하였다. 때마침 우(禹) 별감(別監)이 와 장난을 걸었다.

"너는 마땅히 내게 절을 해야 한다."

청년은 웃으면서 절을 하였다. 등 뒤에 있던 양(楊) 도감(都監)이 또 장난의 말을 하였다.

"너는 어찌 저분에게만 절을 하고, 내게는 절을 하지 않느냐?"

청년은 곧 몸을 돌이켜 절을 하고, 문자로 사죄하였다.

"우(禹)는 보았으나, 양(楊)은 보지 못하였나이다(見禹未見楊也)."

맹자(孟子)에 이르되 "소는 보았으나 양은 보지 못했다(見牛未見羊也)"고 하였다. 이는 대개 문장을 자르고, 그 구절을 취해 우(禹) 양(楊) 양씨(兩氏)를 조롱한 것이다.

이 이야기는 예문에 보이는 바와 같이 해학을 잘 하는 청년이 그를 희롱한 우 별감과 양 도감을 맹자를 인용하여 망신을 준 것이다. 어른이 절을 하라 하여 할 수 없이 절은 하였지만 청년은 희롱을 당한 것이 못마땅하였다. 그리하여 해학을 잘하는 이 청년은 우 별감은 보고 양 도감은 미처 보지 못했다는 상황을, 맹자의 소는 보고 양은 보지 못했다는 '견우미견양야'란 구절을 인용하여 망신을 준 것이다. 곧 우 별감과, 양 도감을 동음어에 의해 '우양(牛羊)'과 동일시한 것이다. 따라서 두 양반은 억지 절을 한 번 받고 양민도 못 되는 짐승으로 전락되는 망신을 당한 것이다. 이렇게 두 양반을 조롱하고 보니 청년은 마음이 후련하였을 것이고, 두 양반은 말은 못하고, 속이 부글부글 끓었을 것이다. 그리고 주변에 사람들이 있었다면 그들은 이 청년의 해학에 박수갈채를 보내며 찬탄을 아끼지 않았을 것이다.

말은 이렇게 마력을 지닌다. 그러니 언어는 일상 쓰는 것이라 하여 무심히 사용할 것이 아니다. 항상 말을 할 때 주의를 기울이고, 이를 효과적으로 구사할 수 있도록 연구와 노력을 할 일이다.

18. 조반천호(朝飯千戸)가 조반을 못 짓는다니...

나라마다 고단한 인생에 웃음을 선사하는 소화집(笑話集)이 있다. 우리의 대표적인 소화집으로는 조선시대의 파수록(破睡錄), 어수록(禦睡錄), 어면순(禦眠楯), 어우야담(於于野談), 태평한화골계전(太平閑話滑稽傳) 등 한문으로 된 많은 패설집(稗說集)이 있다. 근대의 것으로는 지금으로부터 약 100년 전 김동진(金東縉)의 '조선팔도 익살과 재담'이란 것이 있다. 이는 1927년에 덕흥서림(德興書林)에서 간행된 58페이지의 얄팍한 책으로, 약 70편의 소화가 소개되어 있다. 이번 결말 기행은 이 김동진의 '조선팔도 익살과 재담'의 이야기에서부터 출발하기로 한다.

어찌 동방삭(東方朔)을 부러워하시겠습니까?

사람들은 장수하기를 원한다. 그래서 부모의 생신이나, 정초에는 부모나 친지의 장수를 기원하고 흔히 헌수를 한다. 그리하여 설화에는 백수가 다 된 노인에게 '백수하시라'고 헌수하였다가 도리어 노여움을 산 경우도 있다. 그러면 몇 년만 더 살고 죽으라는 말이냐는 말이 되기 때문이다. 그리하여 이 경우에는 '백세를 더 사시라'는 말씀이었다고 말을 바꾸어 사건을 무사히 무마하였다.

'조선팔도 익살과 재담'에는 자부(子婦)가 시아버지 생신에 헌수하는 이야기가 두 편 실려 있다. 그 하나는 많이 알려진 것으로 다음과 같은 것이다.

> 한 재상이 아들 삼형제를 두었다. 다 성가시켜, 아침이면 삼동서가 시부모에게 문안을 드렸다. 하루아침에는 시아버지가 며느리들에게 말하였다.
>
> "아무 날은 나의 생신일이니 너의 삼동서가 각각 헌수를 하되 글자를 형용하여 축수하라."
>
> 그날이 당도하여 큰 며느리는 아들을 안고 와서 "계집이 아들을 안았으니 좋을 호(好)자로 뵈옵나이다." 하였다. 둘째 며느리는 갓을 쓰고 와서 "계집이 갓을 썼으니 편안할 안(安)자로 뵈옵나이다." 하였다.
>
> 끝의 며느리가 아무리 생각하여도 좋은 글자는 두 동서에게 다 빼앗겨 다른 좋은 글자가 없었다. 이윽히 생각하다가 두 팔과 다리를 쭉 벌리고 서서 "태평하다는 콩 태(太)자로 뵈옵나이다." 하였다. 그러자 시아버지가 하는 말이 "콩 태(太)자의 가운데 점이 없으니 큰 대(大)자가 되었구나." 하시더라.

이들은 파자(破子)로 축수한 것이다. 다만 시아버지의 말처럼 막내며느리의 파자 형용은 남자 아닌 여자라, 큰 대(大)자 밑의 점이 없어 축수로서는 부족한 것이 되었다. 그러나 이를 두고 재상인 시아버지가 "콩 태(太)자의 가운데 점이 없으니 큰 대(大)자가 되었구나."라 한 것은 아무래도 좀 심하다. 이는 육담의 효과를 드러내기 위해 이런 표현을 하였다고 하겠다.

다른 하나의 헌수 이야기는 정팔자라는 사람의 세 며느리의 이야기로, 또 다른 외설적 일면을 보여 주는 육담이다.

정팔자라는 가세가 넉넉지 못한 사람이 과부를 얻어 사는데, 그 과부가 데리고 온 자식이 하나요, 두 사람 사이에서 형제가 태어나 삼형제를 두고 있었다. 이런 정씨가 만복(晩福)이 있어 아들 삼형제를 모두 성례(成禮)시켜 재미있게 살게 되었다.

하루는 정씨가 며느리들에게 자기 환갑날에 덕담(德談) 하나씩 하라고 일렀다. 이에 환갑날을 당하여 며느리들은 잔을 올리고, 덕담을 하였다.

첫째 며느리는 잔을 올리고 이렇게 덕담을 하였다.

"여천지무궁(如天地無窮)으로 장생불사(長生不死)하는 태상노군(太上老君)같이 향수(享壽)하시옵소서."

둘째 며느리는 축수하여 왈,

"한(漢) 무제(武帝) 승로반(承露盤)에 요지(瑤池) 반도(蟠桃)를 갖추었으니 이것을 잡수시고 삼천갑자(三千甲子) 동방삭(東方朔)의 수를 누리옵소서." 하였다.

덤바지 며느리가 또 축수를 하는데, 그녀는 어린 아이 자지를 가

리키며 왈,

"시아버님께옵서는 그저 이와 같이 되시기를 천만 복망하옵니다."

하였다.

그러자 만당(滿堂)의 빈객과, 시부모와 시숙들이 노기가 등등하여 저런 무엄하고 무식한 말을 감히 어디라고 하며 뉘 앞이라고 하느냐고 사방에서 꾸지람이 빗발치듯하였다. 그러자 그 며느리는 이렇게 말하였다.

"여러 어른들께서는 노여움을 거두시고, 소부(少婦)의 말씀을 잠시 들어보시고, 참작하옵소서. 대저 저 물건은 죽었다가가도 다시 살아나고, 또 죽었다가 다시 살아나는 것이오니 시아버님께서도 그것을 본받아 돌아가셨다가도 도로 살아나고, 또 다시 살아나고 하면 엇지 태상노군(太上老君)이나, 동방삭(東方朔)을 부러워하겠습니까?"

이 말을 들은 만좌의 빈객은 다 웃고 헤어졌다 한다.

첫째 며느리는 천지가 무궁하듯 오래오래 죽지 않고 사는 노자(老子), 곧 여기서는 신선과 같이 수를 누리라고 축수한 것이다. 둘째 며느리는 하늘에서 내리는 장생불사의 감로수를 받는 쟁반에 선경의 복숭아 반도(蟠桃)를 갖추어 헌수하니 이를 잡수시고, 서왕모의 반도를 훔쳐 먹고 삼천갑자를 살았다는 동방삭과 같이 오래오래 사시라고 축수한 것이다. 마지막으로 축수한 며느리는, 부인이 데리고 들어온, 덤으로 얻은 아들의 부인으로 이 사람은 시아버지를 어린 아이의 양경(陽莖)을 가리키며 그 물건과 같이 되라고 축수하였다. 그리하여 빈객과 시부모 및 시숙으로부터 빗발치는 꾸지람을 들었다. 좋은 말로 축수하는 것이 아니라, 해괴한 소리를 한다고 생각한 것이다. 그리하여 이 며느리는 노여움을 거두시고, 잠시 자기 말을 들어보고 참작해 달라고 하였다. 그녀의 말인즉 양경은 죽었다가 다시 살아나는 것이니, 시아버님도 죽었다가 다시 살아나고, 또 죽었다가 살아나면 영원히 사는 것이니, 첫째 며느리와 둘째 며느리가 축수한 태상노군이나, 동방삭이 부러울 것이 무엇 있겠느냐고 하였다. 이 며느리의 설명을 듣고, 만좌의 빈객은 그렇이 여겨 더 시비하지 않고, 모두 웃고 헤어졌다는 것이다. 이는 사실이 그러하다고 하더라도 축수로서는 어울리지 않는 외설적인 육담이다. 그러나 이 소화는 역설적으로 이 육담에 핵심이 놓여 있음은 말할 것도 없다 할 것이다.

조판천호(助辦千戶)와 조반(朝飯)

이번에는 홍만종의 『명엽지해』에 실려 있는 '현명구실(眩名求實)'이란, 비슷한 이름 때문에 생긴 오해의 골계담을 보기로 한다.

> 지난날 능(陵)에는 조판천호(助辦千戶)라는 구실아치가 있었다. 이 사람은 전물(奠物)을 장만하는 일을 도왔다. 그런데 세속에 이 이름이 잘못 전해져 흔히 조반천호(早飯千戶)라 했다. 제향(祭享)의 일을 보는 전사관(典祀官)이 아침에 배가 몹시 고파 천호에게 조반(早飯)을 재촉하였다. 천호는 전례가 없다는 이유로 거절하였다. 전사관은 노하여 말하였다.

"네가 조반천호(早飯千戶)라는 명색을 지니고, 조반(早飯)을 못 짓는다 하니 그게 무슨 말이냐?"

듣는 사람은 모두 포복절도(抱腹絶倒)하였다.

옛날 고을에 안일호장(安逸戶長)이란 아전이 있었다. 이는 수임(首任)의 늙은 아전으로, 다른 사역이 없었다. 한 봉명사신(奉命使臣) 별성(別星)이 어떤 고을에 이르니 아전이 와서 뵙기에 물었다.

"너는 어떤 일을 하는 자냐?"

대답하되,

"안일호장(安逸戶長)입니다."

별성은 노하여,

"작지 않은 별성이 왔는데, 실직(實職) 향리는 어찌 와 보이지 않고, '아닐호장'이 감히 왔느냐?"

대개 방언(方言)에 '비(非)'자의 뜻이 '안일'과 비슷하였으므로 그가 호장이 아니면서 왔다고 생각한 것이다. 듣는 사람이 크게 웃었다.

이 이야기는 '조판천호'와 '조반천호', '안일호장'과 '아닐(非)호장'이 발음이 비슷해서 해학적인 이야기가 된 것이다.

'조판천호'가 음이 비슷한 데서 '조반천호'로 와전되고, 이름이 '조반' 천호라 이른 아침의 밥, '조반'을 재촉 받았다는 것은 문자 그대로 하나의 희극이다. '조반천호', 곧 '조판천호'는 신불에게 올리는 음식이나 제물을 구입·정리하는 일을 하는 사람이다. 따라서 '조반'과는 거리가 있다. 그러니 '조판천호'가 조반을 지어 받칠 리 없다.

'안일호장'은 '수임노리(首任老吏)', 곧 아전 가운데 가장 높은 지위의 명예직으로, 이름 그대로 '안일'하게 지내는 아전이다. 그런데, 위의 예화에서는 전사관이 이를 '아닐호장', 호장이 아닌 사람으로 받아들인 것이다. 명엽지해에서는 '안일'을 방언이라 하였으나, 방언이 아니라 해도 발음이 비슷해 오해가 빚어지고, 사건이 벌어질 수 있는 소지를 지닌 관직명이라 하겠다.

정번(鄭蕃)의 정재인(呈才人)

다음에는 속담이란 결말을 보기로 한다. 어우야담에는 몇 개의 우리 속담에 대한 유래가 소개되고 있다. 그런데 이들 속담은 우리가 흔히 쓰는 속담이 아닐 뿐 아니라, 그 유래가 재미있다. 이들 속담의 유래를 보면 다음과 같다.

'정번의 정재인'이란 속담이 있다. 이는 헛된 생각을 하다 실제 일에 낭패를 본다는 뜻을 나타내는 속담이다.

정번(鄭蕃)은 서얼 출신으로 문자에 능해 알성시에서 장원급제하였다. 그는 방이 붙은 날 정재인(呈才人)에게 비단옷을 입히고, 말머리에서 소리치게 하며 의기양양하게 장안 대로를 누볐다. 정재인이란 대궐안의 잔치 때 춤과 노래를 하던 사람이다. 그런데 이렇게 유가(遊街)를 하는 도중에 과거 급제를 말소한다는 '삭과(削科)' 소식을 듣게 되었다. '삭과'한다는 대관의 전언에 본인이나 정재인은 크게 실망하였고, 당황스러웠다. 이 소식을 듣자 정재인은 기가 꺾여 입을 다물고 아무 소리도 못하고 그 자리를 떴다. 이에 처음에는 일을 벌려 놓고, 끝에 가서 위축되는 것을 '정번의 정재인'이라 하게 되었다는 것이다. 정번이 과거의 방에서 삭제된 것은 아마도 그가 서얼 출신이기 때문이었을 것이다. '서얼'의 '서(庶)'란 양인의 첩에서 태어난 자손이고, '얼(孼)'이란 천비 소생을 가리킨다.

'유생의 때깔 좋은 말(兪之色好馬)'이란 속담은 헛된 생각을 하다가 실제 일에 낭패를 보는 것을 뜻한다. 이 속담이 이러한 뜻을 지니게 된 데에는 다음과 같은 배경 설화가 있다. 유생은 학문이 깊어 능히 사서삼경을 암송하였으나, 겁이 많아 과거시험에서 경서를 강송하는 것을 잘 하지 못하였다. 그런데 강석에 들어가 보니 문제는 모두 익히 암송하던 것이었다. 그래서 급제는 떼놓은 당상이라 생각하고, 급제 후의 일을 생각했다. "아무개 집에 가서 청삼(靑衫)을, 아무개 집에 가서 박두(樸頭)를 빌리면 되겠다." 다만 때깔 좋은 말만은 구하기가 어려울 것 같다. 그런데 일찍이 아무개네 백마가 청삼을 입은 낭군에게 썩 잘 어울릴 것이라고 하던 말이 생각났다. 그렇다면 그걸 빌려야겠다고 생각하였다. 이런 생각을 하고 있을 즈음 휘장 안의 시관(試官)이 큰소리로 "응강생(應講生)이 어찌 이리 오랫동안 잠잠한가?' 하였다. 그러자 밖에 있던 대간이 군사로 하여금 그를 끌고 나가게 하였다. 응시생이 답을 못해 가만히 앉아 있는 것으로 생각한 것이다. 유생은 정신이 아득하여 스스로 주해하던 것도 전혀 기억이 안 나고, 까맣게 잊어 한 마디 대꾸도 하지 못하고 강시장(講試場)에서 쫓겨나고 말았다.

이러한 유생의 고사에서 '유생의 때깔 좋은 말'이란 속담이 생겨났다. 이런 까닭으로 이 속담은 헛된 생각을 하다가 실제 일을 망치게 된 것을 비유적으로 나타내게 되었다.

'장기의 자줏빛 저고리와 붉은 치마(張杞之紫袖紅裳)'라는 속담도 있다. 이는 겉에는 있으나 속에 없는 것을 뜻한다. 이는 이정준(李挺俊)이란 사람의 외도와 관련된 재미있는 설화를 배경으로 한다. 이정준의 처가에 계집종이 있었는데 이름을 순화(舜華)라 하였다. 그녀는 자태가 아름다와 정준이 몰래 사통하였으나, 처가 두려워 욕심을 제대로 채우지 못하였다. 그래서 그는 장기라는 한미한 사람을 불러 같이 숙식을 하면서, 겉으로는 장 생원이 순화를 사통하고 있다고 말하였다. 그리고는 순화의 자줏빛 저고리와 붉은 치마를 장기의 몸에 덮고, 자기는 이불 속에서 순화와 즐겼다. 따라서 장기의 '자수홍상'이란 겉으로는 장기가 걸치고 있으나, 이의 실체 순화는 이정준의 품에 안겨 있는 것이다. 이로 말미암아 밖에는 있으나 안에는 없는 것을 장기의 '자줏빛 저고리와 붉은 치마'라 하게 되었다. 양두구육과 같이 겉과 속이 다른 것이다. 재주는 원숭이가 부리고 돈은 되놈이 먹는다는 식이다.

다음에는 '활인서 별좌의 파관(活人署別坐之罷官)'이란 속담을 보기로 한다. 이는 발단은 갑에서 비롯되었는데, 재앙은 을에 옮겨진 것을 뜻하는 속담이다. 이 속담은 '중학생(中學生)이 화간(花奸)하고, 활인서 별제(別提)가 파직을 당하였다.'와 같은 내용의 속담으로 표현이 달라지고, 조금 상황을 달리하고 있을 뿐이다. 이의 배경설화는 구체적으로 연대가 밝혀져 있다. 만력 을해년(1575)년 겨울이다. 의정부의 사인(舍人)이 응향각(凝香閣)에서 연회를 베풀었다. 잔치가 파한 뒤 기생이 귀가하는데, 마침 중학(中學)의 유생이 이 기녀를 만나 그 미모를 보고 혹해 길을 막고 희롱하였다. 그러다가 여인의 옷이 찢어졌다. 이에 화가 난 기생은 사인에게 가 하소연을 하였고, 사인은 패(牌)를 발하여 이조좌랑을 불렀다. 이조에서는 우선 낭관에게 화가 미칠까 하여 낭관이 활인서에 적간하러 가서 돌아오지 않았다고 거짓으로 고하였다. 낭관은 아전이 말한 것이 사실임을 입증하기 위해 활인서를 적간해 보니 별좌가 지난밤 숙직을 하지 않았다. 그래서 그를 파면하였다. 별좌는 비록 숙직을 하지 않았으나, 뜻밖의 횡액을 당한 것이다. 이로 말미암아 당시 사람들이 "중학생이 기녀를 희롱하고 활인서 별좌가 파직을 당하였다." 고 하였다. 그래서 '싹은 갑에서 비롯되었는데, 재앙은 을에게 옮겨진 것'을 '활인서 별좌의 파관'이라 하게 되었다는 것이다. 세상은 요지경 속이다. 뜻밖의 횡액도 당하게 되고, 그 반대로 뜻밖의 행운도 찾아온다.

표현이 조금 낯선 속담들이다. 그러나 그 배경 설화도 재미있고, 활용할 장면도 있을 것으로 보인다. 속담은 인생에 교훈을 주는 잠언이다. 이는 천언만어보다 위력을 발휘할 수 있다. 좀 관심을 갖고 활용하도록 했으면 좋겠다.

19. 조 포수 일약 중진의 반열에 오르다.

신언서판(身言書判)의 경쟁

사람의 재주는 다양하다. 군자를 평가할 때는 신언서판(身言書判)을 기준으로 하는데, 이 신언서판이 사람마다 다르다. 그러기에 나라를 경영하기 위해서는 전국에 걸쳐 훌륭한 사람을 물색하게 된다. 경상도 안동의 권 호랑이의 일화는 익살스러운 이런 설화의 하나다.

> 경상도 안동(安東)에 권 호랑이라는 세도가가 있었다. 하루는 서울서 왔노라고 손이 인사차 찾아왔다. 공손히 인사하는데, 권 호랑이는 "나 권 호랑이오."라고 고자세로 나온다. 나그네가 이에 응수했다.
>
> "예, 익히 들어 알고 있습니다. 저는 조 포수(砲手)올시다."
>
> 권 호랑이가 한 방에 당하고 말았다. 안동에서 이런 망신을 당할 수 없었다. 그래 묘책을 생각하고, 조포수를 청했다. 낙동강 잉어가 생겨 청했노라 했다.
>
> "나는 어두(魚頭)를 할게, 노형은 어미(魚尾)를 하소?"

"예 주인께서 어미를 주시니 하다뿐이겠습니까?"

또 참패다. 참패도 이만저만이 아니라, 아주 코가 납작해졌다. 권 호랑이는 '어미(母)를 하라'하고 조 포수는 그 '어미를 하겠다.'는 말이 되었으니 말이다.

이러한 가운데 조 포수가 내간상(內艱喪)을 당했는데 권 호랑이가 당나귀 신(腎)을 구해 초상집 부조로 보냈다. 조 포수는 그대로 돌려보냈다. 뒤에 권 호랑이가 문상을 왔다.

"저번에 모처럼 좋은 고기를 보냈는데, 어째 제사에 안 쓰셨소?"

"예! 고기를 보아하니 산적 꼬챙이 꿰었던 구멍(음경 구멍)이 있어, 댁의 제사에 이미 쓰신 줄 알고 안 썼소이다."

이렇게 조 포수는 또 받아쳤다.

뒤에 권 호랑이는 은일(隱逸)로 뽑혀 이조판서를 배하여 상경하였다. 입심 좋기로는 민간에서는 약국쟁이요, 궁중에서는 내시들이다. 권 호랑이는 내시를 청해 조 포수의 입을 못 놀리게 하기로 하였다. 내시들과 상경한 조 포수를 위해 자리를 마련하였다. 수인사를 하며 내시가 이렇게 말했다.

"시골 사람들 조가니 뭐니 해야 그거 알 수 있나?"

시골에서는 성이 문란해 그 씨를 알 수 없다고 한 것이다. 그러자 조 포수는 시골에서 남녀의 야합은 일수 있는 일이라 수긍하고, 이렇게 응수한다.

"그래 그런 놈들에게 어떻게 조상 향화(香火)를 받들라고 하겠어요. 그런 건 난 지 3일만이면 머리칼로 불알을 동여매어 줍지요. 서울로 올라 온 내시들이 다 그런 것들이에요."

주인은 설렁줄을 흔들어 동료를 부르게 하고, 주안상을 내오게 한 다음, 의대를 갖추어 대궐로 향하였다.

"이것은 모두 소신이 겪은 일이옵니다. 소신은 지금 자리의 그릇이 못 되옵니다. 이 자로 하여금 신의 자리를 대신하게 하시고, 내내 중용하여 주시면 나라의 홍복이겠습니다."

이리하여 조 포수는 일약 중직(重職)에 올라 국가를 위해 그 능숙한 솜씨를 아낌없이 발휘하였다.

권 호랑이는 권위 있는 양반이었다. 그는 신언서판이 출중(出衆)했고, 남의 아래 서보지 않은 사람이다. 그래서 그는 덕망이 조정에까지 알려져 과거를 거치지 아니하고 은일(隱逸)로 이조판서를 제수 받기까지 하였다. 그러한 그가 낙향한 조 포수와의 응수에서 매번 당하였다. 그러니 그는 얼마나 자존심이 상했겠는가? 그래서 수차 복수를 시도하였으나 매번 실패였다. 그러나 역시 그는 대인이었다. 그리하여 마침내 그는 은수(恩讎)의 감정을 바꾸어 그를 임금님께 천거하였고, 중용을 진언하였다. 사람은 역시 통이 크고, 큰 인물이 되고 볼 것이다.

배짱 좋은 전주(全州)놈

다음에는 신언서판이라기보다 정말 통 크고, 배짱 좋은 선비 이야기를 하나 하기로 한다. 이 이야기는 육담(肉談)이라고도 할 이야기로, 이를 통해 사람됨을 인정하게 되는 설화다.

한 배짱 있는 시골 선비가 과거에 낙방을 하였다. 모처럼 노자를 마련하여 서울에 온 터라 장안 구경이나 하고 돌아가기로 하였다. 한 곳에 이르니 제법 운치 있는 대갓집 후원에 술상이 정갈하게 차려 있고 그 옆에는 아리따운 미인이 춘곤(春困)을 못 이겨 졸고 있다. 선비는 '사내자식이 세상에 태어나 저런 미인을 한번 끌어안아 보지도 못하고 만단 말이냐?' 이렇게 생각하고 담을 넘었다. 놀란 여인을 달래고 차려 놓은 술을 배불리 먹었다. 집주인은 당로대신(堂老大臣)이요, 여인은 그의 첩이었다. 선비는 미인을 손에 넣고 글 한 귀를 써 주며, 대감이 들어오시면 술을 권하면서 이를 읊으라 하고 사라졌다.

대감이 들어오고, 술상을 보아 술을 권했다. 그리고 글을 읊었다.

어주계계묵(御酒鷄鷄墨)이요, 미녀(美女)를 구구필(龜龜筆)이라

만물지령(萬物之靈)이요 인간지최(人間之最)며, 삼사장주(三蛇長走)에 각포일란(各抱一卵)이로다.

아궁이(我弓)이 부단(不斷)이나, 천금이역(千金以易)이요, 비조(飛鳥)는 장재궤중(長在几中)이로다.

이 시는 한자의 새김(訓)과 음(音), 그리고 파자(破字)에 의한 시다. 이를 풀이하면 '어주(御酒)를 닥닥(鷄鷄) 먹고(墨), 미녀를 거북거북(龜龜) 붙었다(筆). 만물의 영장이요(人), 인간 가운데 최고이며(王), 바꾸면 천금이고(錫), 새는 길이 궤안에 있도다(鳳).' 가 된다. 이는 그가 한 행실과 주소 성명을 밝힌 것이다. 첫 구절은 임금이 하사한 술을 다 마시고, 미인과는 거푸거푸(<거북거북) 관계를 하였다고 한 것이다. 둘째 구절은 거소를 밝힌 것으로 온전 전(全)자를 인왕(人

王)으로, 고을 주(州)자를 뱀 세 마리가 알을 품은 것으로 파자하여 전주(全州) 사람임을 밝혔다. 셋째 구절은 이름을 밝힌 것으로, 활이 짧지 않다는 것으로 성 장(張)을, 바꾸면 천금이 된다는 것으로 주석 석(錫)자를, 궤 안에 새가 있다는 것으로 새 봉(鳳)자를 나타내어, 이름이 장석봉(張錫鳳)임을 나타낸 것이다.

대감이 이를 듣자니 기가 찼다. "이런 죽일 놈이 있나? 그 따위 일을 저질렀으면 웬만하면 행적을 감추겠는데, 거주와 성명을 밝히다니 이놈은 보통 내기가 아니로다."

그리하여 대감은 전주 감영에 통기하여 그를 불러 올려보니, 사람이 기걸차고 속이 틔어 제법 쓸 만하다. 그리하여 이것이 인연이 되어 전주의 선비는 벼슬길이 열리게 되고, 잘 살게 되었다.

남자본위(男子本位)의 말이지만 전통적으로 남자를 평가함에 있어 술과 여자의 문제는 제외해야 한다고 한다. 그런가 하면 영웅호걸 쳐놓고 술과 여자를 싫어하는 사람은 없다고도 한다. 이렇듯, 남자, 그것도 사내다운 대장부는 술과 여자를 좋아한다. 전주의 선비는 배짱 있는 선비요, 기걸찬 사내였다. 그래서 남의 술을 마시고, 남의 여인을 손에 넣고도 두려워 벌벌 떠는 것이 아니고, 오히려 배포 있게 자신의 신원을 밝혔다. 그리고 이를 알아보는 대감에 의해 그는 발탁되었고 새로운 운명을 개척하였다. 호기도 부려 볼 일이다.

대명전 대들보의 명매기걸음

이번에는 곁말로서의 속담을 보기로 한다. 우리 속담에는 걸음걸이를 나타내는 속담이 여럿 있다. 그 중 하나가 '대명전 대들보의 명매기걸음'이란 것이다. '대명전(大明殿)'이란 개성에 있었던 고려의 궁궐이며, '명매기'란 칼새(胡燕)로 제비와 비슷한 종류의 새다. 따라서 이 속담은 궁궐의 대들보에 앉아 아장아장 걷는 명매기걸음처럼 맵시 있게 걷는 여인의 걸음을 비유한다. 이 속담은 완판 '춘향전'에 그 용례가 보인다.

> 춘향이가 그제야 못 이기는 체하고 겨우 일어나 광한루 건너갈 제 대명전 대들보의 명매기걸음으로, 양지 마당의 씨암탉걸음으로, 백모래 바탕 금자라 걸음으로, 월태화용(月態花容) 고운 태도 완보(緩步)로 건너갈새...

이 용례에서 보면 '명매기걸음'과 함께 '씨암탉걸음', '금자라 걸음'이 모두 맵시 있게 천천히 걷는 걸음에 비유되고 있다. 따라서 요사이의 젊은 아가씨의 맵시 있는 걸음도 이들 비유로 표현할 수 있을 것이다. 그러나 그간 세월도 많이 변했고, 감각도 달라져 과연 여인들이 이를 즐겨 수용할는지는 모르겠다. '씨암탉걸음'은 뚱뚱한 여인의 뒤뚱거리는 이미지가 강하고, '금자라 걸음'은 어기적거리는 걸음걸이어 아무래도 좋아할 것만 같지 않다. 현대 여성의 걸음걸이는 '명매기걸음'과 같이 점잖은 걸음이거나, '아리랑'에 보이는 '굽 높은 구두를 맞추어 신고 요리 삐끗 조리 삐끗 멋들어졌네.'라는 걸음걸이가 어울릴 것 같다.

걸음걸이에는 또 하나 잘 알려진 것으로 '한단지보(邯鄲之步)'라는 것이 있다. 이는 중국의 한서(漢書) 반씨 서전(班氏 敍傳)에 고사가 전하는 것이다.

옛날 중국의 연(燕) 나라의 소년이 조(趙) 나라 서울 한단 사람의 걸음걸이가 아름답다 하여 그것을 배우고자 한단에 갔다. 그러나 다 배우지도 못하고 제 본래의 걸음걸이마저 잊어버려 기어서 돌아왔다 한다. 따라서 '한단지보'는 잘 걷는 것이 아니라, 잘 못 걷는 것을 의미한다. 그리고 나아가 자기의 본성을 잊고 함부로 남의 흉내를 내면 두 가지 다 잃게 된다거나, 남이 하는 짓을 흉내 낸다는 뜻으로 뜻이 바뀌어 쓰인다. 따라서 걸음은 '한단지보'보다는 '명매기걸음'이 사랑 받을 걸음이다.

수절이라니 뉘 아니 요절할고?

동음어, 그것도 어말음(語末音)을 활용한 곁말을 보기로 한다. 최남선의 고본 춘향전을 보면 수청을 들라는 변 사또의 말에 춘향은 다음과 같이 답한다.

"(전략) 다시 분부 이러하시나, 종을 대신 속 바쳐 기생을 면한 후는 관기(官妓)가 아니옵고, 도련님 가신 후로 두문불출(杜門不出) 수절하여 만분의 일이라도 열녀의 본을 받자 마음에 새겼삽기 그 분부 거행은 과연 못 하나이다."

이런 대답을 듣고, 사또는 정 낭청과 대화를 나눈 뒤 다음과 같이 춘향을 눙쳐 말한다.

"(전략) 생각하여만 보아라. 노류장화는 사람마다 꺾을지라. 천만의외 너만 년이 정절 수절 성절 덕절하니 그런 잔 절은 말고, 큼직한 해주 신당 절이나 하여라. 네가 수절을 하면 우리 대부인은 기절을 하시랴. 요망한 말 다시 말고 바삐 올라 수청하라."

'정절(貞節), 수절(守節), 성절(聖節), 덕절(德節)'도 어말음에 의한 결말이 될 것이나, 여기에 '잔 절'과 '해주의 큼직한 신당(神堂) 절'이 연결되어 표현 효과가 배가되고 있다. 춘향의 '수절(守節)'에 대부인의 '기절(氣絶)'은 점층법으로, 표현의 절정을 이루는 결말이다.

같은 표현이 고대본 춘향전에는 '제가 수절하면 우리 실내(室內)는 기절할까?'라 부인으로 되어 있고, '옥중화'에는 '제가 수절한단 말을 내아에서 들으시면 대부인은 딱 기절하겠고나.'라 하고 있다. 춘향의 '정절 수절'은 말이 안 된다고 조소한 것이다.

그런데 이 장면을 다른 이본들보다 아주 재미있게 표현하고 있는 것이 있다. 이는 정정렬판 춘향전의 판소리 대사다. 이를 보면 다음과 같다.

> 사또 이 말 듣고,
> "어허, 괘씸한 년. 수절이라니, 뉘 아니 요절헐고. 대부인께서 들으시면 아주 기절을 하시겠구나. 네만한 년이 자칭 수절 정절하며 분부 거역키는 간부 사정 간절하여 별 층결을 다 함이니 네 죄가 절절가통이라. 형장 하에 기절하면 네 청춘이 속절없지."
> 춘향이 그 말에 분이 바쳐 불고 사생 대답하는디,
> "충신은 불사이군이요, 열녀불경이부절(烈女不更二夫節)을 사또는 어이 모르시오? 사또님 대부인 수절이나, 춘향 수절이나 수절은 일반인디, 수절에도 상하가 있소? 사또는 국운이 불행하여 도적이 강성하면 두 임금을 섬기랴오? 마오 마오 그리 마오. 위력질을 그리 마오."

춘향을 기생으로 보아 '간부 사정'까지 동원하여 수절을 조소하고 있다. 그리고 여기에서는 '수절(守節), 요절(腰絶), 기절(氣絶), 정절(貞節), 간절(懇切), 절절(節節), 속절' 등이 결말로 쓰여 한결 표현에 변화를 주고 표현 효과를 더하고 있다. 이렇게 어르고 달래어 보지만 춘향의 수절하겠다는 마음은 일편단심이니, 나이 어린 이팔청춘의 소녀의 정절이 가상하다 못해 불쌍하기까지 하다.

'여우 대감'이 '불여우 대감'으로

동음어에 의한 결말을 하나 더 보기로 한다. 이는 다소 점잖은 유식한 결말이다. 이야기는 '여우 대감'이란 별명을 가진 대감이 있어 이 별명을 부르지 않게 해 주겠다는 동료들의 제의에 의한 말놀이다.

> '여우대감'이라 불리는 대감이 있었다. 친한 친구 사이에 불리는 별명이나 듣기에 그리 유쾌하지 않았다. 친구 대감댁에라도 가면, 하인들이 "여우대감 행차요!"라고 외쳐댄다.
>
> 한 친구가 이렇게 묻는다.
>
> "대감 그 별명 듣기 싫지도 않소?"
>
> "싫은들 어떡하나. 자꾸들 그렇게 부르니."
>
> "한턱 쓰시오. 그것을 계기로 다신 그 별명을 안 부르기로 할 테니."
>
> 이 여우 대감은 장안의 명기까지 불러서 떡 벌어지게 한 판 차렸다.
>
> "약속대로 이제부턴 주인 대감의 별명은 여우가 아니오. 그러니까 주인 대감의 별명은 '不'여우요."
>
> 불여우라니? 여우 중에도 붉은 빛 나는 가장 요사스러운 여우라는 얘기가 아닌가?

장난꾸러기 대감이 한턱 잘 얻어먹고 장난을 친 것이다. '여우 대감'을 '불(不)여우 대감'이라 하면 분명히 '여우대감'이 아니다. 따라서 동료 대감은 거짓말을 하고 친구의 등을 친 것이 아니다.

그런데 언어 현실은 그렇지 않다. '불여우대감'이라면 '여우'가 '아닌' 것이 아니라, 여우 중에도 가장 요사스럽다는 '붉은 여우'를 가리키게 되니 이를 어이하랴? 이것이 겉말이요, 어희(語戲)다. 그래서 동료대감들은 말장난을 한 것이다.

20. 진실하고 풍류가 있는 인생

병신년(丙申年)은 원숭이의 해다. 원숭이는 재주가 많은 동물이다. 이에 재치 있는 성천(成川) 기생 부용(芙蓉)이의 이야기를 하기로 한다. 그녀는 가무(歌舞)에 능란하고 시를 잘 짓는 기생이었다. 그녀는 그의 삶을 통해 진실하고 풍류가 있는 인생을 살라고 우리에게 풍자적으로 권면한다.

성천(成川) 기생 부용(芙蓉)의 재예(才藝)

평안감사 김시중은 풍월을 즐겼다. 그래서 사람들은 그를 풍류감사라 불렀다. 감사가 성천으로 초도순시를 나섰다. 성천 고을의 원(員)인 조경인(趙敬仁)은 감사 맞이에 온 정성을 기울였다. 연회에서 기생들은 감사의 눈에 들려고 무진 애를 썼다. 그러나 전혀 감동을 주지 못했다. 원은 불안했다. 이때 부용이 대감의 객고를 풀어드리겠다고 앞으로 나섰다. 부용(芙蓉)은 조경인의 눈에도 들지 못한 삼류 기생이었다. 그래서 제까짓 것이 뭘 하겠다고, 속으로 중얼거렸다. 그러나 그녀는 그 동안 꾸준히 기예를 닦고 있었다. 부용은 출세가 아니라, 자기의 기예를 평가 받을 수 있는 좋은 기회라고 생각하였다.

그녀는 춤을 추기 시작했다. 그러나 감사는 거들떠보지도 않았다. 그러자 그녀는 감사 앞으로 나아가 옷고름을 접었다가 그의 눈동자에 스칠 듯 휘둘렀다. 그러자 감사는 그녀에게 시선을 돌렸다. 지금까지의 허깨비의 춤과 노래가 아닌, 생명이 있고, 감정이 있는 춤사위였다. 그래서 감사는 부용의 춤에 빠져들었고, 마침내는 넋을 잃게 되었다. 그녀의 춤이 끝나자 감사는 일어서서 박수를 쳤다. 그는 이름을 묻고 '네 춤에는 생명력이 있고, 감정이 솟구친다. 그간 많은 춤을 보았지만 이런 훌륭한 춤은 처음 본다. 참으로 장하다.'라고 칭찬하였다. 그리고 한 번 더 너의 재주를 구경할 수 없겠느냐고 춤을 청했다.

이렇게 해서 파흥이 되었던 연회는 즐겁게 끝이 났다. 잔치가 끝나자, 감사는 부용을 조용히 불러 말했다. 춤 솜씨가 최고라며, "네 목소리로 보아 소리도 잘할 텐데, 혹시 이 밤이 가기 전에 소리를 한번 들어볼 수 없겠느냐"고 하였다. 그리하여 둘은 감사의 숙소로 가서 10여곡을 불렀고, 감사의 감탄을 받았다. 그리고 그녀는 대감이 시를 좋아해 '풍류대감'이란 별호까지 있는 것으로 들었노라며, 자기도 시를 좋아한다고 했다. 그래서 밤새도록 서로 운자(韻字)를 내고 시를 주고받았다. 대감은 부용의 작시의 능력에도 무릎을 치면서 감탄하였다. 이러기를 나흘, 매일 저녁 두 사람은 풍류를 즐겼다. 그리고 닷새째 되는 날 둘은 동침을 하였고, 마침내 백년해로를 약속하였다.

그 후 대감은 부용이 재색이 비범하니 유혹에 빠지기 쉽겠다고 걱정하며, 스스로 몸 단속을 잘 하라고 당부하였다. 그러자 부용은 '걱정하시지 않아도 됩니다. 소첩은 그날 밤 백년해로하기로 맹세하였으니 백번 죽어도 대감의 소첩입니다.'라 다짐하였다. 대감은 '그래야지. 이제야 너를 믿고 떠날 수 있겠구나. 내가 돌아올 때까지 잘 지내야 한다.'고 했다. 부용은 '대감이 돌아오실 날을 손꼽아 기다리겠다'고 응수하였다. 대감은 이웃 고을을 순시한 뒤 다시 성천에 와 부용을 데리고 평양으로 돌아갈 생각이었다.

그 뒤 대감은 임무를 마치고 다시 성천으로 돌아왔다. 그런데 놀라운 소식이 기다리고 있었다. 부용이 외간 남자와 정분이 났다는 풍문이었다. 믿기지 않는 풍문이요, 울화가 치밀어 견딜 수 없는 소문이었다.

"여봐라! 부용을 당장 추포(追捕)해 오너라."

부용의 입을 통해 확인하려는 것이었다.

"그간 외간 남자와 정을 통하고, 밤마다 집에서 재워 보낸다는 풍문이 사실이더냐?"

"네, 사실입니다."

청천벽력의 대답이었다. 부정의 말이 나오길 바랐는데 본인의 입으로 사실이란 것이다. 감사는 망할 계집이라며, 너 같은 계집을 믿은 것이 잘못이었다고, 당장 끌고 가 참수(斬首)하라고 명하였다. 평상시 온화하던 목소리는 사자 같았다.

부용은 숙였던 고개를 들고 조용히 아뢰었다. 죽는 것은 원통치 않다며, 마지막 소원을 하나 들어 달라고 부탁하였다. 마지막으로 시나 한 수 짓고 죽었으면 한다는 것이다. 감사는 이를 허락하고 지필묵을 가져다주게 하였다. 부용은 운자를 적어달라 하였다. '능할 능(能)'자였다.

부용은 순식간에 7언 절구를 지었다.

성천 땅의 부용이 어떤 것을 잘 하는가?
노래 잘하고 춤 잘 추고 시도 잘 짓는다.
잘 하고 잘 하는 가운데 또 하나 잘 하는 것 있으니
달 밝은 한밤중에 지아비 바꾸기를 잘 한다.

성천부용하소능(成川芙蓉何所能)
능가능무우시능(能歌能舞又詩能)
능지능중우일능(能之能中又一能)
월명야반환부능(月明夜半換夫能)

감사는 시를 보자 입가에 가벼운 경련이 일었다. 그리고 입을 열었다.

"너의 행실은 능지처참을 해도 내 마음이 시원치 않겠다. 하지만 너야말로 인생의 향기를 아는 계집이로다. 비록 육신은 밉지만 네 재주가 아깝다. 너를 죽인들 무엇 하겠느냐? 풀어 주어라."

오라에서 풀려난 부용은 고개를 들고 감사를 쳐다보았다. 그의 눈에는 이슬이 맺혀 있었다. 그것은 환희와 감격의 눈물이었다.

"대감마님! 심려를 끼쳐 드려 죄송합니다. 소녀의 지나친 연극을 허물하지 마옵소서."

이렇게 말하며, 자기가 정분이 났다는 것은 스스로 꾸민 풍문으로 대감이 자기를 얼마나 사랑하시는지 시험한 것이라 하였다. 그 소문에 대감이 격노하고 죽이라 하셔 기뻤노라고 했다. 그리고 작시를 허락하시고, 자기 시를 보고 죽이겠다는 마음을 사기고 오랏줄을 풀어 주심을 보고 진정한 풍류를 이해하고 인생의 멋을 아는 분이라 생각되어 저의 지아비로 합격하셨다고 하였다.

그러자 김시중 감사는 부용의 말에 감탄한 나머지 대청에서 내려와 부용을 끌어안았다.

"너야말로 멋을 아는 계집이로다."

부용은 김시중의 넓은 가슴에 얼굴을 파묻고 눈을 감았다.

인생은 진실하고 멋이 있어야 한다. 진실한 인생은 가치가 있다. 그러나 진실한 인생은 올곧아서 모범이 되긴 하지만 인생에 여유가 없다. 그런 인생은 멋이 없다. 인생에는 다소간에 흐트러짐이 있어야 멋이 있다. 풍류가 있어야 한다. 그래야 인생이 매력이 있다. 옛날의 기생은 멋이 있었다. 인생의 멋을 알고 풍류를 아는 여인이었다. 부용이 그렇고, 황진이가 그러했다.

주공주공(周公周公) 소공소공(召公召公) 태공태공(太公太公)

앞에서 서민들이 즐기는 야담을 살펴보았으니 이번에는 지식층의 야담을 보기로 한다. 이는 재능으로 명성을 날린 조선조의 문신 김일손(金馹孫)의 이야기로 어우야담에 실려 전하는 것이다.

김일손이 산사에 들어가 과거시험 준비에 열중하던 때의 일이다. 그는 장인에게 안부를 묻는 짧은 편지를 보냈는데, 다른 말은 없고 다음과 같은 글귀만이 쓰여 있었다.

"문왕몰(文王沒) 무왕출(武王出) 주공주공(周公周公) 소공소공(召公召公) 태공태공(太公太公)"

장인은 그 서찰을 보고 마땅찮아 소매 속에 감추었다. 일손은 재능으로 명성이 났으나 짐짓 문장에 능하지 못한 것처럼 행세했기 때문이다. 그때 문관이 옆에 있었는데, 일손의 명성을 익히 들어 알고 있었던 터라 그 서찰을 보고 싶어 했다. 장인은 사위의 서찰이 부끄럽게 생각되어 자꾸만 숨겼다. 그럼에도 졸라대니 마침내 장인은 서찰을 보여 주었다. 문관은 한참 동안 보더니 소스라치게 놀라며 말하였다.

"이 사람은 천하의 기재입니다. 문왕의 이름은 창이요, 무왕의 이름은 발입니다. 신발 바닥을 '창'이라 하고, '족'을 '발'이라 하니, '문왕몰 무왕출'은 '신발이 달아 발이 나온다.'는 뜻입니다. 주공(周公)의 이름은 단(旦)이요, 소공의 이름은 석(奭)이요, 태공(太公)의 이름은 망(望)이니, '주공주공(周公周公) 소공소공(召公召公) 태공태공(太公太公)'은 '아침저녁으로 바라고 있다(朝朝夕夕望)'는 뜻의 사연입니다.

이 풀이를 들은 장인은 크게 기뻐하고, 바로 신발을 사서 보내 주었다.

김일손의 편지 사연은 유식한, 고급의 비유와 동음어에 의한 결말로 이루어진 것이다. 우선 '문왕몰(文王沒) 무왕출(武王出)'이란 표현으로 '신발이 달아 발이 나온다'는 것을 비유적으로 표현하였고, '주공주공(周公周公) 소공소공(召公召公) 태공태공(太公太公)'으로 '아침저녁으로 신발 보내 주기를 바라고 있다(朝朝夕夕望)'는 것을 비유적으로 표현한 것이다. 이러한 비유는 동음어에 의한 결말에 의해 이루어진 것이다. 문왕의 이름 '창(昌)'과, 무왕의 이름 '발(發)'로 각각 동음어인 신발의 '창'과, '발(足)'을 나타내었다. 그리고 '문왕몰(文王沒)'의 '몰(沒)'로 창이 닳은 것, '무왕출(武王出)'의 '출(出)'로 발이 나온 것을 나타내었다. '주공주공(周公周公) 소공소공(召公召公) 태공태공(太公太公)'도 각각 그들의 이름 '단(旦), 석(奭), 망(望)'을 글자의 뜻과, 동음어에 의해 각각 ‘아침(아침 단・旦), 저녁(동음어 奭・夕), 바란다(바랄 망・望)’를 나타낸 것이다. 이런 고급의 비유와 동음 혹은 훈에 의한 결말을 사용한 편지 사연이기에 김일손의 장인도 처음에는 유치한 사연으로 알고 부끄러워 문관에게 보여주려 하지 않았던 것이다. 그리고 문관의 해설을 듣고 비로소 사위의 해박한 지식과 문재(文才)를 알고 크게 기뻐한 것이다. 사람은 이렇게 머리에 든 것이 있고, 재치가 있어야 한다.

낙(駱)은 각마(各馬)이니 뿔뿔이 헤어져

다음에는 파자에 대한 이야기를 하기로 한다. 단순한 파자가 아니라, 파자점으로서의 파자 이야기 말이다. 조선조 명종 때의 예언자 남사고(南師古)의 이야기다. 남사고가 서울의 서쪽에 있는 안령과 동쪽에 있는 낙봉을 가리키며 이산해(李山海)에게 한 이야기라 한다. 어우야담에 전한다.

> “후일 조정에는 반드시 동서당(東西黨)이 있을 것입니다. 낙(駱)은 각마(各馬)이니 마침내 뿔뿔이 흩어질 것입니다. 안(鞍)은 혁안(革安)이니 변혁이 있은 뒤 안정될 것이고, 또 성 밖에 있으니 그 당은 때를 많이 놓치겠지만, 틀림없이 시사(時事)의 변혁으로 부흥할 것이나 마침내는 마멸할 것입니다.”

동쪽에 있는 낙봉, 곧 오늘의 낙산을 보고, 동인은 '낙타 낙'자처럼 분열할 것이며, 서쪽에 있는 안령, 곧 오늘의 안산을 보고, 서인은 개혁 후에 안정될 것이라고 파자한 것이다. 예언자, 점술가의 눈에는 범연한 사물 하나도 거저 보이지 않고, 말 한 마디, 글자 하나에도 의미가 있는 것으로 보이는 모양이다. 어우야담은 이후의 동서당에 대해 남사고의 예언이 들어맞았음을 기록하고 있다.

각이 각을 지고 각으로 가는 것이 무엇이냐?

다음에는 어말음을 활용한 수수께끼를 보기로 한다.

'목에 사리가 무엇이냐?'
'다릿목에 송사리'

사람들은 '목에 사리'라면 일단 목(首)을 생각하고, 부처나 성자의 유골인 '사리'나, 아니면 새끼와 같은 것을 사리어 놓은 뭉치 '사리'를 머리에 떠올릴 것이다. 그리하여 '염주'쯤을 답이라 할는지 모른다. 그런데 이의 답은 그런 일상적 사고의 틀에서 벗어나 허를 찌른다. 여기에 이 수수께끼의 묘미가 있다. 해답은 앞에 보인 바와 같이 엉뚱하게도 인접된 사물의 어말음으로 풀어야 했다.

이는 기지의 수수께끼다. 우리의 수수께끼 가운데는 이런 것이 상당히 많다.

'간에 짝이 무엇이냐?'
　'뒷간(便所)에 볼기짝'
'건 안에 칼이 무엇이냐?'
　'망건 안에 머리칼'
'뚝에 치가 무엇이냐?'
　'말뚝에 까치'
'매 안에 뚝이 무엇이냐?'
　'소매 안에 팔뚝'
'당 안에 장이 무엇이냐?'
　'서당 안에 훈장(訓長)'

이와는 달리 여러 개의 어말음을 늘어놓고 그것을 답하게 하는 복잡한 수수께끼도 있다.

'각이 각을 지고 각으로 가는 것이 무엇이냐?'
　'총각이 청각(靑角)을 지고 여각(旅閣)으로 가는 것'

'청각'은 김장에 쓰는 홍색 조류의 해초(海草)이고, '여각(餘閣)'은 여관을 가리킨다. 다음의 수수께끼들도 같은 유형의 것들이다.

'개가 개를 물고 개로 가는 것이 무엇이냐?

'솔개가 조개를 물고 강 개(江邊 · 江浦)로 가는 것'

이들은 좀 더 발전하여 다음과 같이 된 것도 있다.

'개가 개를 물고 개로 가다가 개한테 놀라서 개 속으로 들어가는 것이 무엇이냐?'

'솔개가 조개를 물고 강 개로 가다가 번개한테 놀라서 안개 속으로 가는 것'

'귀가 귀를 물고 귀에 가서 먹는 것이 무엇이냐?'

'까마귀가 뻐다귀를 물고 밭귀로 가 먹는 것'

'금이 금을 먹고 체해서 금을 먹고 나은 것이 무엇이냐?

'임금이 능금을 먹고 체해서 소금을 먹고 나은 것'

'내가 게를 지고 과를 따니 감이 서라 서라 하는 것이 무엇이냐?'

'사내가 지게를 지고 사과를 따니 영감이 아서라 아서라 하는 것'

이러한 수수께끼는 우리가 재미로 묻고 답하는 가운데 사고하고 궁리하는 훈련을 하게하고, 말에 대한 재미를 느끼게 할 것이며, 나아가 우리말에 대한 소양을 풍부하게 할 것이다. 수수께끼는 민속학의 대상이 되는가 하면 구비문학의 대상이 되는 작품이다. 이는 보편적 특성과 함께 민족적 특성을 지녀 특수성을 지니기도 한다. 따라서 우리 수수께끼는 우리 나름의 특성을 지닌다. 수수께끼는 오락성을 지니는 지적 유희로서 지성을 계발하고, 참여하는 사람에게 즐거움을 안겨주는가 하면 효과적인 언어교육의 방편이 된다. 잘 활용할 일이다.

21. 차라리 몰랐으면 뉘가 뉜 줄 몰랐을 걸...

앉은 고리는 동고리

춘향전을 보면 이본에 따라 첫날밤에 춘향의 옷을 벗기는 장면이 여러 가지로 달리 그려지고 있다. 대표적 춘향전인 완판본 열녀춘향수절가는 다음과 같이 되어 있다.

> 사양(斜陽)을 받으면서 삼각산 제일봉 봉학(鳳鶴) 앉아 춤을 추난 듯, 두 활개를 에구붓이 들고 춘향의 섬섬옥수 바듯이 겹쳐 잡고 의복을 공교하게 벗기난듸 두 손길 썩 놓더니 춘향의 가는 허리를 담숙 안고, "나상(羅裳)을 벗어라."
>
> 춘향이가 처음 일일 뿐 아니라, 부끄러워 고개를 숙여 몸을 틀 제, 이리 곰슬 저리 곰슬, 녹수에 홍련화(紅蓮花) 미풍 만나 굼이난듯, 도련님 초매 벗겨 제쳐 놓고 바지 속옷 벗길 적에 무한이 힐난된다. 이리 굼실 저리 굼실 동해의 청룡이 구비를 치난듯, "아이고 놓아요." "에라 안 될 말이로다."

육례(六禮)는 갖추지 않았으나, 삼생가약을 맺고, 합환주를 나누어 마신 뒤 도령이 잠자리에 들려고 춘향의 옷을 벗기는 장면이다. 이때 도령은 무지하게도 강제로 춘향의 옷을 벗기고 있다. 이에 대해 이명선본 춘향전에서는 계략(trick)을 부린다. 그 계략이 수수께끼다. 도령이 백년가약을 수기(手記)해 주고, 노닐다가 야심하니 그만 자자고 한다. 춘향은 할 일이 많아 아직 자려면 멀었으니 도령님이나 어서 주무시라고 거절한다. 할 일은 훗날 하라는 도령의 만류에 춘향은 할 일없이 잠자리를 마련한다. 그리고 서로 먼저 벗으라는 실랑이를 벌인다.

이때 도령이 제안한 것이 수수께끼를 하여 지는 사람이 먼저 옷을 벗자는 것이다. 이 장면이 이명선본에는 다음과 같이 그려져 있다.

> 그럽시다. 도련님이 먼저 하오. "그러면 너 안다 안다 하니 먼산 보고 절하는 방아가 무엇이냐?" "방아지 엇이오?" "또 안다 안다 하니 대대 곱사둥이가 무엇이냐?" "나 모르겠소." "그것을 몰라? 새우란다. 너 젓지? 또 안다 안다 하니 앉은 고리, 선 고리, 뛰는 고리, 입는 고리가 무엇이냐?" "그런 수수께끼도 있나? 나는 모르겠소." "내 일음 들어봐라. 앉은 고리 동고리, 선 고리 문고리, 뛰는 고리 개고리, 입는 고리 저고리지. 그것을 몰라? 인제 너 젓지? 무슨 핑계하려느냐?" "도련님 내 할 것이니 알아내오." "어서 하여라." "도련님 안다 안다 하니 손님 보고 인사하는 개가 무엇이요?" "개지 무엇이냐?" "또 안다 안다 하시니 서모 파는 장사가 무엇이요?" "세상에 그런 장사도 있나? 나 모르겠다." "얼어미(어레미) 장사를 몰나요?"

"옳거니, 참 그렇구나." "또 안다 안다 하니 나는 개, 차는 개, 미는 개, 치는 개가 무엇이요?" "나 모르겠다." "나는 개는 소리개(솔개), 차는 개는 노리개, 미는 개는 고밀개(고무래), 치는 개는 도릭개(도리깨)지, 그것도 몰라? 인제 서로 비겼지요?"

도령과 춘향의 첫째 번 수수께끼는 당연한 것을 묻고 답한 것이다. 둘째 번 수수께끼는 좀 다르다. 도령의 수수께끼의 해답 "새우"는 그 형상에서 찾을 것이요, 춘향의 수수께끼는 말에서 찾아야 할 언어유희다. "얼어미"는 "어레미"의 방언으로, 이는 "바닥의 구멍이 굵은 체"를 말한다. "얼어미"를 파는 것이 서모(庶母)를 파는 것이 되는 것은 "얼"은 "서얼(庶孼)"의 "얼"로 보아 '얼(孼)-어미(母)'로 보기 때문이다.

셋째 번 수수께끼는 다 같은 어말음에 의한 결말이다. 도령의 수수께끼는 "고리"란 말소리를 어말에 지니되 "안고, 서고, 뛰고, 입는" 것을 대라는 것이다. "동고리"란 버들로 둥글납작하게 만든 작은 고리를 말한다. 따라서 이것은 바닥에 놓아두면 앉아 있는 것이 된다. "문고리"는 문틀에 박아 놓은 고리이니 선 고리가 되고, "개고리"는 "개구리(蛙)"로 뛰어다니는 동물이니 뛰는 고리가 된다. "저고리"는 입는 옷이니 입는 고리가 된다. 우리 민요에는 이 수수께끼와 비슷한, "고리"를 어말음으로 하는 어희의 노래도 있다.

앉은 고리는 멱고리/ 뛰는 고리는 개고리

나는 고리는 꾀꼬리/ 달린 고리는 문고리.

이는 청양(靑陽) 지방에 전하는 민요다. 여기서는 앉은 고리가 수수께끼의 "동고리" 대신 "멱고리"로 되었고, "문고리"는 "선 고리"가 아닌, "달린 고리"로 바뀌었으며, "입는 고리 저고리"는 "나는 고리는 꾀꼬리"로 대체되었다. 그러나 노래의 발상은 같다. "멱고리"는 "멱둥그리"의 방언으로, 짚으로 만든 둥글고 울이 높은 그릇을 말한다. 이러한 수수께끼나, 민요는 재치 있는 해답이나, 표현으로 사람들의 흥미를 끌고 웃음을 자아내고자 하는 어희임은 말할 것도 없다.

"날고, 차고, 밀고 치는"이란 동사에 접사 어말음 "개"를 취하는 말을 정답으로 하는 춘향의 수수께끼도 마찬가지다. "소리개"는 조류이니 날고, 장신구 "노리개"는 차는 것이다. "고밀개"는 곧 고무래로 밀고 당겨 끌어 모으거나 펴는 농기구이니 미는 것이고, "도리개"는 도리깨로, 타곡을 하는 기구이니 치는 것이다. 이러한 곁말의 수수께끼는 단순히 말놀이만을 하자는 것이 아니요, 우리말을 익히고 이해하게 하는 좋은 교육활동으로 행해진 것이라 하겠다.

그러면 다시 춘향과 이 도령의 이야기로 돌아가 보기로 한다. 수수께끼를 비겼으니 그 결과는 어떻게 되었을까? 도령이 사람 죽겠으니 어서 벗으라고 한다. 춘향은 노여워 벽을 안고 "앵도를 딴다". 도령이 노했느냐고 달래니 춘향이 돌아앉아 다음과 같이 말한다.

> 여보, 도련님, 들어 보오. 남가여혼(男嫁女婚) 첫날밤에 신랑신부 서로 만나 금슬우지 즐길 때에 신부를 벗기랴면 큰머리 화관 족도리 금봉차 월귀탄 벗겨 놓고, 웃저고리 위치마 단속것 바지 끈 글러 벗긴 후에 신랑이 나중 벗고 신부를 안아다가 이불 속에 안고 누워 속속것 끈 글러 엄지발꼬락 힘을 주어 꼭 집어 발치로 미죽미죽 밀쳐 놓고 운우지락이 좋다는데 날더러 손수 벗으라 하니 반상지차이(班常之差異)가 있소이다.

이 말을 듣고 도령은 그런 줄 몰랐다며, 지나보지 못한 일을 책망하면 무엇하느냐 한다. 그리고 "그리하면 내 벗기마."하고 옷을 벗기게 된다. 춘향은 비록 천기의 딸로 육례를 갖춘 혼사는 못 되지만 그의 매몰찬 성품으로 인해 초야에 신부의 대접을 받았다. 인생사는 역시 다 저 할 나름이다.

염초청(焰硝廳) 굴뚝

다음에는 비유에 의한 결말을 하나 보기로 한다.

속이 시커멓고 음흉한 것을 "염초청 굴뚝같다"고 한다. 요샛말로 "도둑놈 심보 같다"는 말이다. "염초청"은 옛날 화약을 만들던 곳이다. 따라서 그곳의 굴뚝은 매우 높고 속이 시커멌으므로 사람의 마음이 음흉하고 시커멀 때 이에 비유하였다. 이러한 비유는 최남선의 고본 춘향전에서 방자의 마음에 빗대어지고 있는 것을 볼 수 있다.

> 속담에 이른 말이 흰 술은 사람의 얼굴을 누르게 하고, 황금은 사람의 마음을 검게 한다 한 것처럼 방자놈 마음이 염초청 굴뚝이요, 호두각(虎頭閣) 대청이라. 주마 하는 말에 비위가 동하여 하는 말이 도련님 말씀이 하도 저러 하시니 불러는 오려니와 계집 말 물을 장단이나 아옵나이까?

위의 대문은 방자가 춘향을 불러 올 수 없다고 하자, 도령이 갖가지로 구스르다가 마침내 내일부터 관청에 나오는 모든 것을 방자 형님께 갖다 진상한다고 하니, 방자가 혹해 말을 듣게 되는 대목이다.

"영초청 굴뚝"과 같이 비유로 쓰인 "호두각 대청"도 같은 뜻으로 쓰이는 말이다. 이는 "호두각 대청 같다"고도 한다. "호두각"은 조선시대 의금부(義禁府)에서 죄인을 심문하던 곳이다. 따라서 건물 자체가 시커멓고 음흉한 것은 아니다. 그 "대청"의 상황이 문제다. 이 대청에는 많은 죄인이 잡혀와 있다. 잡혀온 죄인의 속은 시커멓고 음흉하기 이를 데 없다. 이에 호두각 대청이 시커멓고 음흉한 것을 비유하게 된 것이다. 세월호 침몰 사건으로 한 동안 온 나라가 온통 침통한 분위기에 쌓여 있었다. 오늘날 터지는 사건이 모두 인재(人災)라 하거니와 이 사건이야 말로 "염초청 굴뚝이요, 호두각 대청 같은" 시커먼 마음이 빚어낸 참사는 아니었는지?

차챠처쳐 차라리 몰랐으면

이번에는 가요(歌謠)를 하나 보기로 한다. 어두음을 활용한 곁말인 국문(國文) 뒤풀이다. 국문 뒤풀이는 민요, 탈춤, 춘향전 등 각 장르에 보인다. 여기서는 이창배가 엮은 『가요집성』에 보이는 완형이라 할 노래를 보기로 한다.

가나다라마바사아 자차 잊었구나. 기억 니은 디귿 리을, 기억 자로 집을 짓고, 지긋지긋이 사잿더니 가갸거겨 가이 없는 이 내 몸이 거지 없이 되었구나. 고교구규 고생하던 우리 낭군(郎君) 구간(苟艱)하기 짝이 없구나. 나냐너녀 나귀 등에 솔질하여 순금 안장을 지여 놓고, 팔도강산(八道江山)을 유람할까. 노뇨누뉴 노세 노세 젊어서 노세, 늙어지면 못 노나니. 다댜더뎌 다닥다닥 붙은 정이 그지없이도 떨어를 졌네. 도됴두듀 도중(途中)에 늙은 몸이 다시 갱소년(更少年) 어려워라. 라랴러려 날아가는 원앙새야, 널과 날과 짝을 짓자. 로료루류 노류장화(路柳墻花)는 인개가절(人皆可折)인데 처처(處處)에 있건마는, 마먀머며 마자 마자 마잿더니 님의 생각을 또 하는구나. 모묘무뮤 모지도다 모지도다 한양(漢陽) 낭군(郎君)이 모지도다. 바뱌버벼 밥을 먹다 돌아보니 임이 없어서 못 먹겠네. 보뵤부뷰 보고지고 보고지고 임의 화용(花容)을 보고지고. 사샤서셔 사자고 굳은 언약이 지중(至重)치 못하였구나. 소쇼수슈 소슬 단풍 찬바람에 울고 가는 저 기럭아, 임의 소식 전하여 주렴아. 아야어여 아예 덥석 잡았던 손목 어이없이 놓쳤구나. 오요우유 오동복판(梧桐腹板) 거문고에 새 줄 얹어 타노라니 백학(白鶴)이 제 지음(知音)하고 우줄우줄 춤만 춘다. 자쟈저져 자로 종종 모시던 님 어이 그다지 못 오시나? 조죠주쥬 조별(早別) 낭군(郎君)인데 한번 가고서 날 아니 찾나? 차챠처쳐 차라리 몰랐으면 뉘가 뉜 줄 몰랐을 걸. 초쵸추츄 초당(草堂)에 곤히 든 잠 학의 소래 놀라 깨니 울던 학은 간 곳 없고 들리나니 물 소래로다. 카캬커켜 콜칵콜칵 울던 눈물 옷깃을 다 적셨구나. 타탸터텨 타도(他道) 타도(他道) 원타도(遠他道)에 누구를 바라고 내 여기 왔나? 토툐투튜 토지지신(土地之神)이 감동하사 임 생기게 하여 주오. 파퍄퍼펴 파요파요 보고만 파요 임의 옥천당 보고만파요. 포표푸퓨 폭포수 흐르는 물에 풍기나 두둥실 빠졌더면 이 꼴 저 꼴 아니나 볼 껄. 하햐허혀 한양 낭군은 내 낭군인데 한 장의 편지가 돈절(頓絶)하구나. 호효후휴 후회지심(後悔之心) 마쟀더니 다시도 생각을 또 하는구나. 과궈놔눠 영리 과천 지나는 길에 과문불입(過門不入)이 웬 말이오? 돠둬롸뤄.

이 국문 뒤풀이에는 기역 니은 디귿 리을 같은 자음 넉자와, 자음 14자와 ㅏ ㅑ ㅓ ㅕ ㅗ ㅛ ㅜ ㅠ의 모음 8자의 결합인 112개의 음절문자와, 기역 니은 디귿 리을의 자음과 ㅘ ㅝ가 결합된 8개 음절문자를 풀이한 것이다. 그런데 위의 가요에는 "카캬커켜"의 뒤풀이와, "코쿄쿠큐"의 네 음절자의 제시가 빠져 있다. 전사하는 과정에서 빠진 것으로 보인다. 마지막 "돠둬롸뤄"는 뒤풀이 없이 끝을 맺었다.

이 노래의 시점(視點)은 한결 같지 않다. 때로는 여인이 주인공이 되기도 하고, 때로는 낭군이 주인공이 되기도 한다. 그러나 전체적인 커다란 흐름이 없는 것은 아니다. 이별한 님을 그리는 상사가 주조를 이룬다. 그것도 은근히 춘향전을 그 배경으로 하듯 노래하고 있다. 이 노래의 특징은 이러한 애달픈 사랑의 사설을 동음어를 활용한 국문풀이를 하였다는 것이다. 동음 내지 유음의 어두음을 활용해 노래한 것이다. 이 노래를 국문풀이라 하는 것은 이같이 우리 문자, 곧 국문자와 같거나 비슷한 소리의 말로 풀이 비슷한 노래를 한 데 있다. 이제 국문(國文)과 이들 동음 및 유음의 어휘를 알기 쉽게 정리해 보면 다음과 같다.

기역 니은 디귿 리을- 기역 자 집 (지어놓고), 지긋지긋이 (사잤더니)
가갸거겨- 가이없는 (이 내 몸), 거지 없이 (되었구나.)
고교구규- 고생하던 (우리 낭군), 구간하기 (짝이 없구나.)
나냐너녀- 나귀 (등에 솔질하여)
노뇨누뉴- 노세 노세, (젊어서 노세)
다댜더뎌- 다닥다닥 (붙은 정이)
도됴두듀- 도중에 (늙은 몸이)
라랴러려- 날아가는 (원앙새야)
로료루류- 노류장화(路柳墻花)는 (인개가절이라.)
마먀머며- 마자 마자 마잤더니 (님의 생각을 또 하는구나.)
모묘무뮤- 모지도다 모지도다 (한양낭군이 모지도다.)
바뱌버벼- 밥을 먹다 (돌아보니)
보뵤부뷰- 보고지고 보고지고, (님의 화용 보고지고.)
사샤서셔- 사자고 (굳은 언약)
소쇼수슈- 소슬 단풍 (찬바람 불고)
아야어여- 아예 덥석 (잡았던 손목), 어이없이 (놓쳤구나.)

오요우유- 오동(梧桐) (복판 거문고에)
자쟈저져- 자로(頻) 종종 (모시던 님)
조죠주쥬- 조별(早別) (낭군인데)
차챠처쳐- 차라리 몰랐으면 (뉘가 뉜 줄 몰랐을걸)
초쵸추츄- 초당(草堂)에 (곤히 든 잠)
카캬커켜- 빠졌음(缺)
(코쿄쿠큐)- 콜칵콜칵 (울던 눈물)
타탸터텨- 타도 타도 원타도(遠他道)에 (누굴 바라고 내 여기 왔나?)
토툐투튜- 토지지신(土地之神)이 (감동하사)
파퍄퍼펴- 파요 파요 보고만 파요, 임의 옥천당 보고만 파요.
포표푸퓨- 폭포수(흐르는 물에), 풍기나 (더덩실 빠졌더면)
하햐허혀- 한양(漢陽) 낭군은 (내 낭군인데), 한 장의 (편지가 돈절하구나.)
호효후휴- 후회지심(後悔之心) (마쟀더니)
과궈놔눠- 영리 과천 (지나는 길에), 과문불입(過門不入)이 (웬말이오?)
돠둬롸뤄.

이러한 어두음의 활용은 운율을 형성하고, 거기에다 기발한 어휘를 대응시켜 읽거나 듣는 사람으로 하여금 감동과 흥미를 자아내게 한다. "차라리 몰랐으면 뉘가 뉜 줄 몰랐을 걸"하고 회한도 없고, "파요 파요 보고만 파요"라고 그리지도 않을 것을… "타도(他道) 타도(他道) 원타도(遠他道)에 누굴 바라고 여기 와" 이별하고 그리기만 하는가? 인생은 "후회지심"의 역정인가?

22. 춘향이 집 가는 길 같다.

유 서방, 유쾌히 놀세

말의 머리소리(語頭音)가 같은 것을 활용한 말놀이(語戲)가 많다. 이의 대표적인 것은 흔히 각설이타령이라 하는 장타령이다. 그런데 이러한 동음어에 의한 어희로는 성씨와 관련된 것도 꽤 많다. 경기도 수원지방의 성요(姓謠)에는 이런 것이 있다.

대문 찍찍 / 나막신 딸깍 / 개는 캥캥 /
그 누구요? / 신서방이요.

이 민요는 신는 신(鞋)과 성씨 신(申), 신(辛), 신(愼)이 같은 음이어서 이를 활용해 재미있는 노래를 하고 있는 것이다. 어떤 사람이 남의 집엘 간다. 대문을 찌꺽 연다, 나막신을 딸깍딸깍 끄는 소리가 들린다. 개개 멍멍 짖는다. 그러자 주인이 누구냐고 묻는다.

방문객이 신 서방이라 대답한다. 한 폭의 그림 같은 풍경이다. 이는 또한 방문객이 “신 서방이요”라 말함으로 시가 되었다. 동음어를 활용한 결말로, 이른바 화룡점정을 하여 노래 전체가 조화를 이루고 시적 상승효과를 거두게 한 것이다. 만약에 “신 서방” 아닌, “박 서방이요”라 하거나, “김 서방이요”라 했다면 이는 시 아닌, 산문이 되고 말았을 것이다.

이러한 성요 가운데 평안도 신주지방의 민요는 이와 달리 각설이 타령의 형식을 빈 것으로, 다양한 내용을 담고 있다.

> 이 서방, 일하러 가세.
> 김 서방, 김매러 가세.
> 조 서방, 조 하러 가세.
> 신 서방, 신이나 삼세.
> 배 서방, 배 사러 가세.
> 방 서방, 방석이나 틀세.
> 우 서방, 우물이나 좀 파 주게.
> 오 서방, 오이 사러 가세.
> 유 서방, 유쾌히 놀세.

이는 성씨와 같거나, 비슷한 말소리의 말(語辭)을 끌어다 가사를 이어간 것이다. 이들은 물론 성씨와 의미가 다른 동음이의의 말임은 말할 것도 없다. 이 노래의 내용은 대부분 일을 하자는 것이고, 두어 행이 구매 행위를 나타내는 것이다. 마지막 행이 “유 서방,

유쾌히 놀세"라 되어 있는 것은 흥미롭다. 이는 첫 행이 "이 서방, 일하러 가세"라 되어 있어 수미쌍관의 결구이기도 하고, 전통적으로 우리 민족이 "음주가무 불철주야"하던 민족이라, 이런 놀이 문화를 반영하고 있는 것이라 할 수도 있다.

일 일본(日本)놈의, 이 이등박문(伊藤博文)이가

다음에는 동음어를 활용한 수요를 보기로 한다. 이는 충남 예산 지방의 민요다.

> 일 일본(日本)놈의
> 이 이등박문(伊藤博文)이가
> 삼 삼천리(三千里) 강산(江山)에
> 사 사주(四柱)가 나빠
> 오 오대산(五臺山)을 넘다가
> 육 육혈포(六穴砲)를 맞고
> 칠 칠십 먹은 늙은이가
> 팔 팔자(八字)가 사나워
> 구 구둣발로 채워
> 십 십자가리(十字街里)가 났다.

이 민요는 을사늑약(乙巳勒約)을 강제로 성립시키고, 초대 한국통감을 지낸, 우리나라 침략의 원흉, 이토 히로부미에 대한 증오를 노래한 것이다. 이는 외형상 박명한 이토 히로부미와 어느 칠십노구의 죽음이란 두 가지 주제를 노래한 것처럼 보인다. 그러나 이는 그렇게 볼 것이 아니고, 노래 전체가 이토 히로부미에 대한 증오를 읊은 것이라 봄이 좋을 것이다.

앞부분은 스스로 이등박문을 죽이지는 못 하지만, 그의 운수가 나빠 오대산을 넘다가 횡사라도 해 주길 바란 것이다. 그리고 뒷부분은 이등박문이 박명한 70 늙은이로 행인의 구둣발에 채는 시신이 되기를 바라는 간절한 소망을 노래한 것이라는 것이다. 따라서 이 민요는 이토 히로부미(1841~1904)가 하얼빈에서 안중근(安重根) 의사에게 저격을 당하기 전에 읊어진 참요의 성격을 지니는 노래라 할 것이다.

이토 히로부미는 저격을 당하였을 때 나이가 64세이니, 망칠(望七)을 넘긴지 겨우 몇 해 뒤이다. 민요에 "칠십 먹은 늙은이"이라 한 것으로 보아 이 노래는 저격을 당하기 몇 년 전에 노래 불렸던 것으로 추정된다. 온 국민의 증오의 대상이었던 이토 히로부미가 의사 안중근의 "육혈포(六穴砲)"에 의해 쓰러졌을 때 이 나라의 국민은 얼마나 쾌재를 불렀을 것인가? 상상만하여도 그 감동이 전신으로 느껴진다.

춘향이 집 가는 길 같다

춘향전의 춘향은 정렬의 상징으로, 흔히 정숙하고 얌전한 여인일 것으로 생각한다. 그러나 이본에 따라서는 의외의 면을 보여준다. 춘향은 몹시 수다스럽다. 도령에게 자기네 집을 가르쳐 주는 대목만하여도 그렇다. 그래서 "춘향이 집 가는 길 같다"라는 속담까지 생겼을 정도다.

"춘향이 집 가는 길 같다"는 속담은 비유적인 표현으로, 아는 사람이 아니면 그 뜻을 생심도 못할 속담이다. 어쩌면 이 도령이 밤낮으로 춘향이네 집을 다녔으니 잘 아는 길이라든가, 아니면 청루주사(青樓酒肆)에 가는 길쯤으로 생각할는지 모른다. 그러나 이는 그런 뜻이 아니다. 이는 오히려 엉뚱하게 집 찾아가는 길이 매우 복잡하다는 것을 나타내는 말이다.

이 속담이 이러한 비유의 의미를 지니게 된 것은 춘향의 장난끼 어린 수다가 발동해 도령에게 자기네 집을 찾을 수 없게, 일부러 복잡하게 일러 주었기 때문이다. 따라서 "춘향이 집 가는 길 같다"는 말은 비유에 의한 결말이다.

최남선의 "고본 춘향전"을 보면 춘향은 광한루에서 도령에게 백년해로의 수기를 써 받는다. 그리고 일락서산(日落西山) 월출동령(月出東嶺)할 때 춘향이 작별의 예로 "어느 날로 뵈오릿가?" 하니, 도령이 웃으면서 "네 집이 어디냐?"고 묻는다. 이때 완판본 열녀춘향수절가에서는 "방자보고 물으소서."하고 대답을 피한다. 그런데 여기서는 춘향이 손을 들어 가리키며, 자기네 집을 수다스럽게 일러 준다. 이것이 복잡하기 짝이 없는 "춘향이 집 가리키기"다.

> "저 건너 돌다리 위에 한 골목, 두 골목에, 朝房廳(조방청) 앞으로 홍살문 들이다라 大路(대로) 川邊(천변) 올라가서 향교를 바라보고, 동단 길로 돌아들면 모퉁이 집 다음 집, 옆댕이 집 구석 집 건너편 군청골, 서편골 남편짝 둘째 집 뒤 배추밭으로 가다가 김 이방집 바라보고, 최 及唱(급창)이 누의집 사이골 들어서 사거리 지나서 북짝 골 막다른 집이요."

이 말을 듣고 춘향의 집을 찾아갈 수 있는 사람은 거의 없을 것이다. 혹시 찾는 사람이 있다 하여도 묻고 물어 찾아가야 할 것이다. 집을 찾을 수 있게 일러 준 것이 아니라, 찾지 못하게 일부러 복잡하게 말한 것이다. 그러기에 이 도령도 "하 뒤숭숭하니 나는 새로이 너도 찾아가기 어려워 집 잃기 쉽겠다."고 한다. 그러자 춘향은 능청스럽게 "그러하기에 오다가도 가끔 물어 보아 오는 것을요."라 한다.

그러나 춘향의 집을 찾기가 실제로 어려운 것은 아니었다. 춘향이 뒤숭숭하고 어지럽게 주워섬겼기 때문이다. 춘향이 다시 가리키는 말은 오히려 명쾌하다.

"저 건너 盤松竹林(반송죽림) 깊은 곳에 문전에 버들 서서 사오 株(주) 버려 있고, 대문 앞에 오동 심어 잎 피어 난만하고, 담 뒤에 복숭아 꽃 피고, 앞뜰에 石假山(석가산), 뒤뜰에 연못 파고, 전나무 그늘 속에 요요히 뵈는 그 집이오니 한번 다녀가옵소서."

얼레빗 참빗 품에 품고 가도 제 복 있으면 잘 산다

춘향의 결연이야기를 하였으니, 결혼과 관련되는 곁말을 하나 더 보기로 한다.

요사이 우리나라에서는 호화로운 결혼, 및 혼수가 꽤 문제가 되고 있다. 이는 혼가(婚家)의 파탄을 몰아오는가 하면, 결혼 당사자들의 결별로까지 치닫게 하는 경우도 적지 않은 모양이다. 그리하여 어떤 신문은 간소한 결혼식을 올리자는 캠페인까지 벌이고 있다.

혼수는 옛날부터 꽤나 부담이 되었던 것 같다. 그러기에 "딸이 셋이면 문을 열어 놓고 잔다."거나, "딸 삼형제 시집보내면 고무도둑(좀도둑)도 안 든다.", "딸 셋을 여의면 기둥뿌리가 파인다."는 속담이 있을 정도다.

그러나 좋은 예장을 많이 해 가지고 가야 잘 사는 것은 아니다. 우리 속담에는 오히려 "이고지고 가도 제 복 없으면 못 산다."거나, "삼현육각(三絃六角) 잡히고 시집 간 사람 잘 산 데 없다."고 호화로운 혼사를 하고 불행하게 사는 수가 많음을 경계하고 있다. 그리고 오히려 "얼레빗 참빗 품에 품고 가도 제 복 있으면 잘 산다."고 한다. '얼레빗'은 빗살이 굵고 성긴 큰 빗으로 월소(月梳)이며, '참빗'은 빗살이 가늘고 촘촘한 빗으로, 진소(眞梳), 세소를 말한다. 출가할 때 가지고 갈 것이 없어 입은 옷과 머리빗밖에 가지고 가는 것이 없더라도 잘 살려면 얼마든지 잘 산다는 속담인 것이다. 다음에는 예장없이 시집을 간 여인이 궁궐 같은 집에서 잘 산 설화 하나를 보기로 한다.

> 지난날 한 대감이 딸 여럿을 두었는데, 딸들에게 "너는 누구 복에 먹느냐?"고 물었다. 딸들은 모두 "아버지 복"에 먹는다고 대답했다. 그런데 막내딸만은 "내 복에 내 먹지, 누구 복에 먹어요?"라고 대답했다. 그래서 아버지는 괘씸하게 생각하여 하루는 삼각산에 산다는 숯장수를 불러서 막내딸을 딸려 보냈다.
>
> 막내딸은 가난한 집에 들어가 그날부터 숯장수를 남편이라 부르고, 그의 노모를 시어머니라 부르며, 지붕에 별이 들쑥날쑥 하는 집에 살았다. 하루는 남편의 점심을 싸 가지고 숯을 굽는 산판에 갔더니 숯 굽는 아궁이의 이맛돌이 몽땅 금덩이였다. 재상의 딸인 그녀는 전일에 금은보화를 본 일이 있어 그것을 보자 그것이 금임을 바로 알 수 있었다.
>
> 그녀는 그것을 빼라고 하였다. 사내는 이것을 빼면 집이 망한다고 했다. 그래도 그것을 빼라고 하여 한 귀퉁이를 깨어 장안에 가서 '제 값대로' 팔아 오라 하였다. 장안에 들어가 벌려 놓고 있자니 석양에 한 사람이 와 그것 팔 것이냐고 물었다. 그렇다고 하니 "천 냥에 팔게" 하였다. 사내는 숯으로 엽전 서푼, 너 푼 벌던 사람이라 "왜 그런 말씀을 농담이라도 하십니까? '제 값대로' 주시오." 하였다. 그래

돈을 많이 받아 가지고 와서, 궁궐 못지않은 큰 집을 지었다. 그리고 특별히 그녀가 내 복에 먹는다 하여 대문을 "내 복에 먹지"라는 소리가 나도록 만들었다.

그때 여인의 친정에서는 십년이 넘도록 딸의 소식을 알 수 없어 방을 붙여 찾게 되었다. 딸의 소식을 들은 대감은 곧바로 딸네 집을 찾았다. 딸네 집은 으리으리하였다. 그런데 방에서 들자니 "내 복에 먹지, 내 복에 먹지"라는 소리가 밖에서 자꾸 들렸다. 딸에게 그 연유를 물으니 아버지가 괘씸해서 대문을 그렇게 만들었다고 했다. 그때 마침 숯장사를 하던 사내가 들어오는데 보니 옷도 잘 입고, 잘 먹어 사위 중에 제일 나아 보였다. 그래 딸이 "내 복에 먹지" 하던 말이 들어맞았음을 알았다. 사위도 복을 많이 받고 태어나 후에 과거에 급제하고 잘 살았다.

이는 "얼레빗 참빗" 하나 제대로 품에 품지 못하고 쫓겨났으나, 시집 잘 가 잘 산 경우이다. 결혼 생활의 복불복이 혼수의 다과에 달린 것이 아니고, 천부의 "내 복"대로 사는 것임을 이를 통해 알 수 있겠다. 이 이야기에서 "제 값 대로"는 결과적으로 곁말이 된 것이다.

낯 면(面)자 다섯에 보리 한 알

다음에는 수수께끼를 보기로 한다. 수수께끼는 바로 말하지 아니하고 빗대어 말하여 그 말뜻을 알아맞히는 놀이다. 이런 면에서 수수께끼는 곁말이요, 중의성을 갖는 '겹말'이다. 사실 수수께끼는 오늘날과 달리 17세기 말의 문헌인 『역어유해』(1690)에는 수수께끼를 '겹말 미어'라 하고 있는 것을 볼 수 있다.

> "어떤 총각이 한 처녀에게 마음을 주고 있었는데, 하루는 처녀에게서 편지가 왔다. 사연인즉 낯 면(面)자 다섯 자에 보리 한 알이 들어 있었다. 이것이 무엇이냐?"

이는 "낯 면(面)자 다섯에 보리 한 알"이 무엇이냐고 물은, 비유에 의한 곁말이다. 이는 상황 설정으로 보아 구애이거나, 사랑의 수락, 또는 거절일 것이 분명하다. 낯 면(面)자 다섯이라면 '오면(五面)'으로, '온다면'의 가정이 된다. 곡식 '보리'는 '보겠다, 볼 수 있다'는 '보리'로 해석이 가능하다. 따라서 이 사연은 '오면 보리'로, '그대가 나를 찾아오면 만날 수 있다'는 사랑의 수락인 것이다. 이는 적극적으로 구애를 해 오면, 이를 수락하겠다는 격려의 사연이다.

짓궂게 꽁무니를 따라다니는 남학생에게 대문을 쾅 닫으며 'H2O'라고 했다는 여학생의 말과는 대조되는 표현이다. 'H2O'는 '물', 나아가 '맹물', 더 나아가서 '건달'을 의미해 구애를 거절한 것이다. 사랑이 오묘한 것이긴 하나, 이의 수락과 거절의 방법에도 또한 이렇게 요상한 것이 있기도 하다.

23. 푸른 산 그림자 속에 사슴이 알을 품고

우리나라 시인 가운데 누구보다 잘 알려진 시인은 방랑시인(放浪詩人) 김삿갓일 것이다. 그의 집안은 홍경래란(洪景來亂) 때 선천부사였던 조부 김익순(金益淳)이 난적(亂賊)에게 투항한 죄로 멸족·폐족이 되었다. 그는 이를 모르고 과거에 응시해 조부를 조롱하는 시를 짓고 장원급제를 하였다. 뒤 늦게 이 사실을 알게 된 그는 조상을 욕되게 한 자책과 폐족에 대한 멸시를 참을 수 없어 삿갓을 쓰고 방랑(放浪)의 길을 떠돌게 되었다. 그러니 김삿갓에게 무엇 하나 곱게 보일 리 없다. 이에 그는 '술 한 잔에 시 한 수'로 풍자와 비판과 해학의 시를 읊으며 전국을 떠돌았다.

이번에는 이러한 김삿갓(金笠) 김병연(金炳淵)의 시문(詩文)에 나타난 결말을 보기로 한다.

솔개를 두려워하여 작은 몸 갓을 덮어 가렸네

푸른 산 그림자 속에 사슴이 알을 품고,
흰 구름 떠 있는 강변에는 게가 꼬리를 친다.
석양에 절로 돌아가는 중은 상투가 석 자이고,
베틀 위 베를 짜는 여인은 불알이 한 말이로다

청산영리녹포란(靑山影裏鹿抱卵), 백운강변해타미(白雲江邊蟹打尾)
석양귀승계삼척(夕陽歸僧髻三尺), 기상직녀낭일두(機上織女閬一斗)

이 시는 무심히 읽으면 하나의 서경시로 보인다. 그러나 조금 생각을 하고 읽어보면 이는 서경시가 아닌, 기막힌 풍자요, 해학의 시임을 알게 된다. 사실이 아닌 허상의 시다. 김삿갓이 시제를 '허언시'라 했을 리는 없고, 누가 정리하며 '허언시'라 이름 붙였을, 새빨간 거짓의 시다. 사슴은 새끼를 낳지, 알을 낳아 품지 않으며, 게는 꼬리가 없는 갑각류이니 꼬리를 칠래야 칠 수도 없다. 중은 '삭발위승'이라고 머리를 자른 사람이니, 상투가 석 자는커녕, 상투 틀 머리가 없다. 또한 혹 어지자지라면 몰라도 여인에게 불알이 있어, 그것도 한 말이란 것은 말이 안 된다. 이 시는 역설을 통해 사회의 모순을 고발한 풍자요, 해학의 시다. 이 세상은 모순과 거짓 천지의 세상이다. 김삿갓이 살던 당시만이 아니라, 오늘날도 새빨간 거짓이 횡행하고, 상식이 설 자리가 없다. 일상생활만이 아니다. 정계의 돌아가는 꼴도 그러하다. 뻔한 거짓말을 거침없이

해댄다.

황당한 거짓을 노래한 시는 우리 시조에도 보인다. ‘중놈’과 ‘승년’이 머리털을 마주 잡고 싸우는데, 소경은 이를 구경하고, 귀먹은 벙어리가 시비를 가린다는 시조가 그것이다.

> 중놈은 승년의 머리털 잡고, 승년은 중놈의 상토 쥐고,
> 두 끈을 맞매고, 이 왼고 저 왼고 작작궁이 쳤는데, 뭇 소경이 굿을 보니
> 어디서 귀먹은 벙어리는 외다 옳다 하느니?

남녀의 중은 삭발을 하여 머리털을 잡을 수 없고, 소경은 안맹(眼盲)하여 싸우는 모습을 볼 수 없다. 게다가 귀먹은 벙어리는 듣도, 말도 못하니 시비를 가릴 수 없다. 이렇게 있을 수 없는 사실을 엄연한 사실처럼 읊어 역시 거짓된 세상을 풍자한 것이다. 따라서 이러한 시를 읽는 독자는 겉으로는 웃음을 웃을지 모르나, 가슴 속으로는 눈물의 강이 도도히 흐를 것이다.

어린 갓쟁이를 조롱함

> 솔개를 두려워하여 작은 몸 갓을 덮어 가렸네.
> 어떤 사람이 기침할 때 뱉아 낸 대추씨인가?
> 만일 모든 사람이 다 이같이 작다고 하면

한 배에 대여섯 사람은 낳을 수도 있겠다.

외연신세은관개(畏鳶身勢隱冠蓋), 하인해수토조인(何人咳嗽吐棗仁)
약사매인개여차(若似每人皆如此), 일복가생오륙인(一腹可生五六人)

이는 '조유관자(嘲幼冠者)'란 시로, 나이 어린 갓쟁이, 곧 관례를 한 사람을 조롱한 시다. 비유에 의한 결말의 시다. 지난날에는 관례를 하고 혼인을 하였다. 관례는 성인식이니, 성인이 됐다는 말이다. 그런데 그런 사람이 너무 어리고 작다. 김삿갓은 그런 어린 갓쟁이를 솔개가 채 갈까 보아 갓으로 덮었다고 했고, 사람이 하도 작아 누가 기침을 하다 입에서 튀어나온 대추씨라고 하였다. 그리고 사람이 모두가 이렇게 작다면 한 배에 대여섯 사람도 낳을 수 있겠다고 조롱한 것이다. 우리는 작은 것을 '대추씨만 하다'고 한다. 갓쟁이가 참으로 작았던 모양이다. 솔개는 송아지도 채 간다고 한다. 그러니 대추씨만 한 사람을 채 간다고 하는 것은 과장도 아니라 하겠다. 그리고 대추씨만하게 작고 보면 한 배에 쌍둥이 정도가 아니라, 정말 5·6인도 낳을 수 있을 것이다. 사람은, 아니 남자는 허우대가 어느 정도 장대해야 한다. 신언서판의 신은 이런 몸매를 말한다.

황산곡리화천편(黃山谷裏花千片)

다음에는 중국의 대표적 시인의 이름과 자(字), 호(號) 등을 활용하여 시를 지은, 기지의 시를 보기로 한다. 이른바 팔대가시(八大家詩)다.

이적선, 선옹(仙翁)이라 하나 뼈가 이미 서리가 되었고,
유종원, 원래 다만 꽃다운 이름만이 전할 뿐이다.
황산곡, 골짜기 속에 꽃잎만 여기 저기 흩날리고,
백락천, 하늘가에는 기러기 두어 줄 날아간다.
두자미, 미인은 지금 고인이 되어 적막하고,
도연명, 밝은 달은 황량해진 지 오래로다.
한퇴지, 가련하게 어디로 물러가고,
맹동야, 동녘들에는 다만 풀만이 무성하도다.

이적선옹골이상(李謫仙翁骨已霜), 유종원시단류방(柳宗元是但流芳)
황산곡리화천편(黃山谷裏花千片), 백락천변안수행(白樂天邊雁數行)
두자미인금적막(杜子美人今寂寞), 도연명월구황량(陶淵明月久荒凉)
가련한퇴지하처(可憐韓退之何處), 유유맹동야초생(惟有孟東野草生)

이는 어말음을 활용한 시라 할 수 있다. 우선 등장인물을 좀 보자. 이 적선의 적선은 귀양 온 신선이란 뜻으로, 당나라 시선 이백의 별칭이고, 유종원은 자를 자후라 하는 당나라 시인의 이름이다. 황산곡의 산곡은 송나라 시인 황정견의 호이고, 백락천의 낙천은 당나라 시인 백거이의 자다. 두자미의 자미는 시성 두보의 자이고,

도연명의 연명은 동진의 시인 도잠의 자다. 한퇴지의 퇴지는 당나라 시인 한유의 자이고, 맹동야의 동야는 중당의 시인 맹교의 자다. 이러한 시인의 이름, 혹은 호 및 자 가운데 뒤의 글자를 활용하여 시어를 삼은 것이다. '이적선-선옹(仙翁), 유종원-원(元), 황산곡-곡리(谷裏), 백낙천-천변(天邊), 두자미-미인(美人), 도연명-명월(明月), 한퇴지-지(之), 유동야-야초(野草)'가 그것이다. 이는 겉으로 드러나 있지는 않으나 꼬리따기요(謠)와 같은 형식의 시다. 이 '팔대가시'는 "남원고사"와 동양문고본 춘향전에도 보인다. 남원고사의 예는 다음과 같다.

> 니젹션옹(李謫仙翁)고리상이오, 뉴종원시단문장(柳宗元詩短文章)을, 가련한퇴지하쳐(可憐韓退之何處)오? 유유맹동양초향(惟有孟東陽草香)이로다. 황산곡리매천수(黃山谷裏梅千樹)오, 백낙천변안일행(白樂天邊雁一行)을. 두자미인금적막(杜子美人今寂寞)하니, 도연명월구황냥(陶淵明月俱荒凉)이라. 이런 문장 가소하다.

이 도령이 상경하여 마음을 다잡고 불철주야 공부할 때 '팔대가시' 같은 것이 가소롭다고 한 것이다. 춘향전의 시문은 김삿갓의 시와 대동소이하다. 이들은 상호간에 수수가 있었던 것으로 보인다. 동양문고본에는 축약된 형태의 시를 보여 준다.

인명과 관련된 시로, 동음어에 의한 시는 또 기생 가련에게 준 '가련기시'라는 것도 있다.

가련한 행색의 가련한 이 몸이
가련의 문 앞으로 가련을 찾아간다.
가련한 이 마음이 가련에게 전해지면
가련은 가련한 내 마음을 능히 알리라.

가련행색가련신(可憐行色可憐身), 가련문전방가련(可憐門前訪可憐)
가련차의전가련(可憐此意傳可憐), 가련능지가련심(可憐能知可憐心)

이 시는 김삿갓이 가련이란 이름의 기생에게 초라한 행색의 몸으로, 가여운 사랑의 마음을 호소한 시다. 여기에는 '가련'이란 말이 8번 쓰이고 있는데, 이 가운데 네 개는 기생의 이름이고(밑줄 친 가련), 네 개는 '가엾다'는 뜻을 나타내는 '가련'으로, 불쌍한 김삿갓과 관련된 '가련'이다. 동음이의어다. 이렇게 베풀 수 있는 가련과 베풂을 받아야 하는 '가련'한 김삿갓을 대조하여 표현함으로, '가련한' 김삿갓의 사랑이 더욱 애절하게 형상화되었다.

성을 연다는 개성(開城)은 오늘도 닫혀 있다

인명에 관련된 결말을 보았으니 이번에는 지명과 관련된 결말를 보기로 한다. '개성축객시'다.

고을 이름은 '성을 연다'는 개성인데, 어찌 문을 닫고,
산 이름은 '소나무 산'이란 송악인데 어찌 땔나무가 없는가?

황혼에 찾아온 손을 내치니 사람이 사는 세상이 아니로다.
예의가 있는 동방의 나라에 그대 홀로 진나라로다.

읍호개성하폐문(邑號開城何閉門), 산명송악기무신(山名松嶽豈無薪)
황혼축객비인간(黃昏逐客非人間), 의동방자독진(禮義東方子獨秦)

김삿갓이 개성 땅에 와 황혼에 하룻밤 유숙하려고 인가엘 찾아 들었다. 집집이 땔나무가 없어 불을 못 때 방이 차서 유숙할 수 없다고 축객(逐客)을 한다. 이에 쫓겨나오며 개성의 각박한 인심에 놀라 시 한 수를 짓는다. 고을 이름은 '열 개(開), 잣 성(城)'인데 손님에게 문을 열어주지 않고, 산 이름은 '소나무 송(松), 큰 산 악(嶽)'인데 땔 나무가 없다고 축객을 한다. 이에 황혼에 손을 내어 쫓는 각박한 인심을 보고, 여기는 동방예의지국 가운데 홀로 인심이 사나운 진(秦) 나라인가 보라고 개탄한 시다. 재치 있게 지명과 산명을 가지고 사나운 인심을 비꼰 풍자시다. 놀라운 것은 그것이 우연일까, 오늘도 북의 '개성공단'은 문을 닫고 있다.

다음의 '길주 명천'이란 시도 같은 발상의 지명 관련 풍자시다.

이름은 길주 길주 하지만 길한 고을이 아니고,
성은 허가 허가 하지만 허락하는 일이 없다.
지명은 명천 명천 하지만 사람은 현명하지 않고,
어전 어전 하지만 물고기 먹는 사람은 볼 수 없다.

길주길주불길주(吉州吉州不吉州), 허가하가불허가(許哥許哥不許可)
명천명천인불명(明川明川人不明), 어전어전식무어(魚佃魚佃食無魚)

이는 길주(吉州)라는 고을이 이름과 달리 좋은 고을이 못 되고, 허가(許哥) 성은 허할 허(許)자를 쓰나, 허가(許可)하는 일이 없다. 명천(明川)은 밝을 명(明) 자가 고을 이름에 들어 있으나 이곳 사람은 현명하지 못하며, 어전 어전(魚佃 · 魚廛)이라고 말은 되뇌지만 물고기 먹는 것을 볼 수가 없다고 역설적 사실을 노래한 시다. 이렇게 김삿갓의 시에는 역설과 풍자가 풍성하다.

유월염천에 새가 앉아서 존다

다음에는 원(元) 생원, 서(徐) 진사, 문(文) 첨지, 조(趙) 석사와 같이 김삿갓을 시기하고 미워하던 시골 양반들을 희롱한 시를 보기로 한다.

해가 뜨자 원숭이가 벌판에 나오고,
고양이가 지나가자 쥐가 모두 죽었다.
황혼이 되니 모기가 처마에 모이고,
밤이 되니 벼룩이 자리에서 쏘아댄다.

일출원생원(日出猿生原), 묘과서진사(猫過鼠盡死)
황혼문첨지(黃昏蚊簷至), 야출조석사(夜出蚤席射)

이 시는 외형상 원숭이 고양이, 모기, 벼룩의 생태를 노래한 것이다. 그러나 이 시도 사실은 그런 평면적인 시가 아니다. 이면적 주제가 따로 있다. 여기에도 동음어에 의한 풍자가 깃들여 있다. 원숭이가 들판에 나온다는 '원생원(猿生原)'은 원 생원(元生員)을, 쥐가 다 죽었다는 '서진사(鼠盡死)'는 서 진사(徐進士)를, 모기가 처마에 모인다는 '문첨지(蚊簷至)'는 문 첨지(文僉知)를, 벼룩이 자리에서 쏘아댄다는 '조석사(蚤席射)'는 조 석사(趙碩士)를 나타낸 것이다. 중의법을 쓴 것이다. 이는 별로 아는 것도 없으면서, 김삿갓을 시기하고 미워하던 어떤 마을의 네 양반을 희롱한 시다. 서경시로 알고 김삿갓의 시를 감상하던 이들 네 사람은 시의 내용이 그들을 희롱한 것인 줄 알고는, 분을 못 새겨 앙앙거렸을 것이다.

다음의 시도 같은 차원의 '농시(弄詩)'다.

> 유월 날씨가 더운 날에는 새가 앉아서 졸고,
> 구월 서늘한 바람에는 파리가 다 죽는다.
> 달이 동쪽 산마루에 돋으면 모기가 처마에 이르고
> 해가 서산에 지니 까마귀가 제 깃을 찾는구나.
>
> 유월염천조좌수(六月炎天鳥坐睡), 구월양풍승진사(九月凉風蠅盡死)
> 월출동령문첨지(月出東嶺蚊簷至), 일락서산오향소(日落西山烏向巢)

이 시는 조좌수(鳥坐睡)가 조 좌수(趙座首)를, 서진사(蠅盡死)가 서 진사(徐進士)를, 문첨지(蚊簷至)가 문 첨지(文僉知)를, 오향소(烏向巢)가 오향수(吳鄕首)를 동음 내지 유음에 의해 동일시함으로 그들을 조는 새, 죽은 파리, 처마의 모기, 깃을 찾는 까마귀로 희롱한 것이다. 동음어에 의한 결말은 이렇게 남모르게 은근히 풍자하는 효과를 지닌다.

24. 한국 사(私)교육, 어린이 사(死)교육

좀 색다른 결말로서 앞에서 스포츠 기사의 표제에 쓰인 것을 살펴본 바 있다. 결말은 스포츠 기사만이 아니라 일반 기사의 표제에도 많이 쓰인다. 따라서 이 달에는 일반 기사의 표제에 쓰인 결말을 살펴보기로 한다. 예에 따라 전음(全音) 동음어(同音語)부터 보기로 한다.

1. 전음 동음어를 활용한 표제

* "한국 굿, Very Good!"// 濠 오즈 아시아 페스티벌/ 첫 주빈국으로 한국 선정// 무속극으로 소화한 '햄릿'/ 현지 관객들 "독창적" 환호 (동아, 10. 9. 20)

* 한국영화 '女力'이 없다// 여성 캐릭터, 현실성 없는 무기력한 피해자- 그리움의 대상에 그쳐// (동아, 10. 8. 31)

* 2.6cm 눈의 습격에 '雪雪 긴 서울'
기상 예보의 2배... 도심마비/ "자가용 두고 대중교통 출근을" (동아, 09. 12. 28)

* 능력있고 강인한 데다 가정적이기까지...// TV 평정한 新 마초들 "女봐라" (동아, 14. 3. 25)

* '電'전긍긍 일본// 무더위 전력난에 오후 1~4시 절전 당부했더니...
'忍'화단결 국민// 참고 따라 4시 이후가 전력 피크 타임으로
* 일할 때는 속전속결/ 인사는 '심四숙고'
복수의 비선 라인 가동/ 절대보안/ 직접 알아보기/ 눈치 보는 사람은 별로 (동아. 08. 7. 28)

* 좌우파 '票퓰리즘' 거품만 키워/ 책임은 공짜에 취한 국민에게도 (동아, 11. 2. 7)

* "연금 줄게 표 다오" '票퓰리즘'이 복지 망국의 시작//
국가부도 사태까지 갔지만/ 선거 질 듯하면 또 연금 선심
* 193개국 비준 유엔 아동권리협약, 18일 국내서 포럼 개최/
"한국 私교육, 어린이 死교육"// 극심한 경쟁-입시 위주 교육/ 아동 정신건강과 밀접한 연관 (동아, 13. 11. 14)

* 苦3/ 하루 5시간 반 자고 11시간 공부 강행군/ 78% "학교서 스트레스" ... 45%만 '행복' (동아, 10. 12. 18)

* 전세금 상승 붐 뒤엔, 은퇴 시작한 베이비붐세대 있다//
傳세// 올해 신규입주 37% 줄어/ 1차 원인은 수급불균형
錢세// 집 가진 베이비붐세대/ "목돈보다 현금"월세 전환
戰세// 전세 줄면서 값도 껑충/ 세입자 "월세 살 수밖에"

* 사교육 시장 넘보는 대기업들 학원 인수 러시/ 11명 300억... '1타강사'(최고인기강사) 빼오기錢爭 (동아, 10. 10. 23)

* 지리산 마을 "반달곰과 電爭"//
하산대비 마을전체 전기펜스/ 덫 -농약에 죽는 사고도 예방/ 복원사업 2017년까지 5년연장 (동아, 10. 10. 30.)

* 千變漫畵 (동아, 11, 1, 13) (동아, 11. 1. 27)

* 한현우 기자의 픕담樂설/ 울지 말아요, 장재인양... '남의 노래'는 그만 해요 (조선, 10. 10. 19)

이상의 보기들은 낱말의 전체 음이 같은 동음어에 의한 곁말이다. "한국 굿, Very Good!"은 우리의 고유어와 영어 good(굿)의 동음어를 활용한 곁말이다. 이는 호주의 페스티벌에 출품된 한국의 무속극으로서의 햄릿이 호평을 받았다는 것을 유머러스하게 표현한 것이다. 우리의 "굿"이 서양사람 눈에 "very good"으로 비쳤음을 동음어 "굿"으로 나타내었다. "女力"은 한국 영화에서 여성의 캐릭터가 무기력함을 지적한 것이다. 남성을 쥐락펴락하는 할리우드와 달리, 대부분 남성 캐릭터의 보조적 역할만 한다. 여배우들이 그들의 파워를 과시하기엔 "여력"이 없음을 나타낸 것이다. "雪雪"

은 2.6cm의 눈에 "설설 기는" 한국적 교통기관의 현실을 고발한 것이다. 동인(動因) 눈을 "설설 기는" 현상에 맞추어 기발한 표현을 한 것이다. "女봐라"는 "여봐라"의 다른 표현이고, "여자들은 보아라"라 한 중의성을 지닌다. 다음 달 방송 예정인 프로로, KBS '나는 남자다'의 방송에 이어 "女봐라"라 한 것이다.

"전전긍긍(戰戰兢兢), 인화단결(人和團結), 심사숙고(深思熟考)"는 사자성어의 말이다. 여기서는 이를 각각 한자씩 바꾸어 동음이의의 새로운 말을 만들고 있다. "電전긍긍"과 "忍화단결"은 일본 사람들이 후쿠시마(福島) 원전 사고 이후 전력이 부족해 고생을 하는데, 당국의 절전 당부에 잘 참고 따라 주고 있다는 표제다. "'忍화단결' 국민// 참고 따라 4시 이후가 전력 피크 타임으로" 라는 표제는 '1~4시'의 절전을 당부했더니 그 이후에 피크 타임이 되었다는 표제다. 참으로 감동적 처신이다. "심四숙고"는 이명박 전 대통령의 인사의 잣대가 "비선 라인 가동/ 절대보안/ 직접 알아보기/ 눈치 보는 사람은 별로"라는 네 가지라는 것이다. 복수의 팀을 가동하여 인사독점을 예방하고, 내용을 흘려 여론 떠보기를 사절하며, 만나보고 전화 걸어 직접 평가하고, '중립'을 지키는 사람을 크게 신뢰 하지 않는다는 것이다. "票퓰리즘"은 "Populism"을 지적으로 희화한 것이다. "Populism"은 몇 가지 다른 뜻이 있지만 이는 "대중(서민) 영합주의"라 번역할 수 있을 것이다. "票퓰리즘"은 정치적으로 표를 의식해 대중에 영합하는 것을 나타낸다. 그리스가 EU

의 ‘문제국가’가 된 책임은 좌우파 모두가 재정 상태를 돌아보지 않고 복지 혜택을 한껏 늘린 표퓰리즘 정책을 경쟁적으로 추진했기 때문이라 한다. 아르헨티나 사회보장 제도는 선거 때마다 복지 혜택을 늘리겠다는 공약으로 유권자의 표를 모은 정치인들에 의해 자생력을 잃게 되었다는 것이다.

“私교육”은 동음어 “死교육”을 끌어와 한국의 “私교육”이 어린이를 잡는 교육을 하고 있음을 고발한 것이다. “苦3”은 잘 아는 고통스러운 “高3”을 환기하고 있고, “전세(傳貰)”의 동음어 “傳세·錢세·戰세”는 베이비붐 세대가 수급불균형으로 신규 입주가 줄고, 목돈이 없어 월세로 전환하고, 집값이 뛰어 집을 얻는 것이 전쟁이란 말이다. “錢쟁”은 대기업이 학원에 손을 대 돈 전쟁(戰爭)이 벌어지고 있다는 말이다. 한 수학 강사는 스카우트 비용이 무려 150억원이라 한다. “電쟁”은 반달가슴곰의 피해를 막기 위해 전기펜스를 쳐 대비해야 한다는 동음어의 곁말이다. 지리산에 방사한 반달가슴곰의 먹잇감이 줄어 곰이 먹이를 찾아 인근 마을을 습격할 위험이 높아졌기 때문이다. 이에 따라 국립공원 관리공단은 지리산 자락 인근 마을 전체에 ‘반달곰 방어시설’을 설치하는 등 비상경계 태세에 들어가게 되었다. “천변漫畵”와 “音담樂설”은 “千變萬化”와 “음담패설(淫談悖說)”을 패러디한 칼럼 명으로, 다양한 만화와 음악에 대한 담설을 하기 위해 동음 내지 유음어로 그 의미를 특정화(特定化)한 것이다.

2. 어두음을 활용한 표제

어두음을 활용한 결말도 많이 쓰인다.

* **날선** 국회... **날샌** 국회... **날림** 국회// 계류법안 6320건중 34건 통과... 처리율 0.5% 그쳐 (동아, 13. 12. 11)

* '학교앞 車정비공장' **아우디** 놓고 **아우성**// 내곡동 보금자리주택內 입주 논란 (동아, 13. 12. 27)

* **정조준** VS **정공법** '**鄭면** 충돌' (동아, 11. 1. 10)

* **유병언 유별난** 음식 관심
유병언 전 세모그룹 회장은 건강과 음식에 대한 관심이 유별난 것으로 알려졌다. (동아, 14. 6. 27)

* 서비스 요금 급등 > 임금 인상 ... '苦물가 악순환'에 빠져드나//
물가 악순환 본격화되나 (동아, 11. 4. 5)

* 배구 코트의 아이돌... 대한항공 센터 **한선수**
"물 한창 올랐죠/ **한 선수** 한 대요"
선배 부상으로 주전 꿰차/ '2% 부족한 선수' 오명/ 국가대표 뛰며 극복해 (동아, 11. 3. 11)

* 사법연수원생들 '로스쿨생, 검사 50% 선발방침' ... 입소식 절반 불참/

법률시장 빅뱅 앞둔 '**法그릇** 전쟁' (동아, 11. 3. 3)

* MB- 메르켈 내일 밤 누가 웃을까//
韓풀고 간다// 평창 "이기러 온 것"... 리허설 성공리에
獨하게 민다// 한국 기자들 질문에 "회견 방해" 항의
2018년 겨울 올림픽 유치를 놓고 경쟁 중인 평창과 뮌헨(독일)이 서로 승리를 장담했다. (동아, 11. 7. 5)

"날선 국회..., 날샌 국회..., 날림 국회"는 "날선 · 날샌 · 날림"과 같이 어두움 "날"를 앞세운 수사기법을 쓰고 있다. 이들은 '민생'을 내걸고 문을 연 정기국회가 100일 간의 회기를 마치고 얻은 소득은, "대선개입 의혹 충돌, 민생외면 정쟁 허송, 150초마다 법안 통과"라는 "날선, 날샌, 날림" 국회란 소득밖에 없다는 것이다. "아우디-아우성"은 "아우"라는 어두음을 활용한 곁말이다. 이는 보금자리주택 입주 예정지에 아우디 정비공장이 들어선다고 하여 입주예정자들이 분통을 터뜨리고 아우성을 치게 된 사건이다. 이를 "아우디~아우성"의 어두음을 활용하여 표제화한 것이다. "정조준 VS 정공법 '鄭면 충돌'"은 "정_정_鄭"이 어두음을 활용했을 뿐 아니라, "正面衝突"을 "鄭면충돌"의 동음이의어를 사용하여 정동기 감사원장을 클로즈업 시킨 것이다. 이는 정동기 감사원장 내정자의 적격여부를 둘러싸고 이명박 정부 집권 4년차에 여야의 기싸움을 이렇게 표현한 것이다. "유병언 유별난 음식 관심"은 성씨의

"유"를 "有別"의 "유"에 대응시켜 표현효과를 거두려 한 것이다. 대한 항공 센터 "한선수"는 당시 유행어 "한 미인 한다", "한 기술 한다"와 같은 "특출(特出)"의 의미로 쓰인 "한"을 성씨와 동일시 한 것이다. "法그릇"은 "밥그릇"으로, 사법연수원생들 기사이기 때문에 유음어 "法그릇"으로 대치해 관심을 끌게 한 것이다. "韓풀고"와 "獨하게"는 평창 동계올림픽을 유치하기 위한 한독 전략을 동음어를 활용 표제화한 것이다. "韓풀고"는 "恨 풀고"로 한국의 희망을, "獨하게"는 독일의 작전이 적극적임을 나타낸 것이다.

3. 어말음을 활용한 표제

어말음에 의한 곁말은 기사의 표제보다 광고의 표제에 많이 쓰이고 있는 것을 보게 한다.

* 한미합작 뮤지컬 **'드림걸스'**/ 美 뉴욕무대 첫공연 보니
"놀라운 girl, 환상적인 girl, 대단한 girl"// 한미 합작 뮤지컬 **'드림걸스'**/ 美뉴욕무대 첫 공연 보니// 노래 춤 무대 '삼박자'/ 공연도중 기립박수 열광 (동아, 09. 11. 24)

* 예뻐지려다가.../ **악소리**만 남긴 **양악** 수술 (턱뼈 교정해 얼굴형 바꾸는 수술)/ 부작용 신고 급증 (조선, 12. 8. 4)
* 판타지 마니아들 10년 **'협박'**이 **'대박'**으로 이어질 줄은...//
조지 R R 틴 장편 '얼음과 불의 노래' 누적판매 30만부 돌파 (동

아, 14. 7. 16)

한미합작 뮤지컬 "드림걸스"는 색다른 곁말을 한 것이다. 뮤지컬 "드림걸스(dream girls)"의 "걸(girl)"을 종결어미 "-걸"로 대체한 것이다. "놀라운 girl, 환상적인 girl, 대단한 girl"은 "놀라운걸, 환상적인걸, 대단한걸"을 나타낸다. 물론 이는 "여자"라는 "girl"의 의미가 함축된 것이라 볼 수 있다. 그러기에 더 묘미가 있다. "악소리만 남긴 양악 수술"은 양 턱뼈 "양악(兩顎)"의 "악(顎)"의 음을 활용해 수술의 부작용이 심함을 "악!" 하는 감탄사(感歎詞)로 나타낸 것이다. "'협박'이 '대박'으로"는 어말음 "박"을 활용한 곁말이다. 이는 판타지 마니아들이 망한 조지 R R 틴의 장편 '얼음과 불의 노래'를 협박해 억지 출간하게 한 것이 '대박'을 내게 되었다는 사실을 표제화한 것이다. 협박 출간이 아니었다면 '대박'은 없었을 것이라는 이야기다.

4. 비유를 활용한 표제

표제 가운데는 비유를 활용한 것이 매우 많다. 여기서는 그중 몇 개만 보기로 한다. 비유는 직유, 은유 등이 쓰이는데 은유가 많다.

* 色의 하모니처럼... 링컨과 드골에서 '통합의 리더십'을// 링컨은

왜 政敵을 중용했나 (조선, 17. 5. 13)

* 세계가 인정한 '나눔왕' 최신원(SK네트웍스 회장)
亞 첫 1000만 달러 기부클럽 가입/ '글로벌 필랜스러피 어워드' 수상도 (동아, 17. 5. 15)

* 실학파 개혁사상 규명한 '한국학의 巨木'// 이우성 성균관대 명예교수 (조선, 17. 5. 13)

* 中 '일대일로(一帶一路)' 개막 잔칫날, 이번에도 찬물 끼얹은 北 (조선, 17. 5. 15)

* 불타는 한류// 프랑스 한국문화축제 드라마-영화 구름 팬 몰려/ K팝 경연대회 한국 아이돌 뺨치는 실력 과시도 (동아, 11. 5. 9)

* "우리도 정규직으로" "안 해 주면 파업"... 봇물 터진 비정규직 (조선, 17. 5. 15.)

* 대기업 금융계열사 '통합감독' 도입 급물살
재벌 금융계열사 감독 필요성 제기 (동아, 17. 5. 15)
* '사상 최악 피해' AI 종식 눈앞// 이동제한 조치, 모든 지역서 해제 (동아, 17. 5. 15)

* 람보르기니 손잡은 안마의자 "세계를 주무른다"// 바디프랜드, 브랜드 라이센스 체결 (동아, 17. 5. 15)
* '장미 대선' 끝나자 뉴타운 분양 꽃피네// 서울 4곳 올해 9127채

공급/ 지방 공공택지도 이달 7860채 분양 (동아, 17. 5. 15)

"色의 하모니처럼"은 링컨과 드골의 '통합의 리더십'을 비유한 것으로, 도리스 컨스 굿윈의 "권력의 조건"이란 신간 평의 표제다. "'나눔왕' 최신원"은 최 회장이 아시아인으로는 유일하게 세계공동모금회(UWW)의 최고액 기부클럽인 '100만 달러 라운드 테이블' 회원이 되었기에 "나눔왕"이라고 "왕"에 비유한 것이다. 이러한 비유는 스포츠 계에 많다. 이우성 교수를 "한국학의 巨木"이라 한 것도 같은 맥락의 비유다. "일대일로(一帶一路)"는 베이징(北京)에서 개막된 국제협력 정상 포럼으로, 새로운 실크로드를 비유한 것이다. 이 포럼의 영어 명칭은 "Belt and Road Forum for International Cooperation"으로 되어 있다. "찬물 끼얹은 北" 이하 "불타는 한류", "구름 팬", "아이돌 빰치는", "봇물 터진", "급물살", "눈앞", "손잡은", "세계를 주무른다", "꽃피네" 등은 관용적 비유라 할 정도의 익숙한 비유다. "장미 대선"은 장미의 계절인 봄에 대선이 치러진 것임을 비유한다.

5. 생략을 활용한 표제

표제는 지면에 제한을 받기 때문에 약어를 쓰거나 생략을 많이 한다. 한두 가지만 보면 다음에 보이는 바와 같이 "절절포"와 "애줌마", "애저씨" 같은 것이 있다.

* '절절포'는 더 절절해야

'절절포(절대로 절대로 포기해서는 안 된다)'는 금융개혁을 이끌고 있는 임종룡 금융위원회 위원장의 트레이드 마크나 다름없다.... 절절포는 묘한 데가 있다. 금융개혁의 절실함과 어려움을 한마디로 압축했다. (동아, 16. 1. 2)

* 애줌마 영포티... 이제 '나이값' 매기지 마세요

어른 같은 아이 '애줌마'// 맞벌이 늘며 조부모와 함께 생활/ 어른보다 말투・행동 어른스러워/ 아빠, 엄마보다 어른스러운 '애줌마', '애저씨' (동아, 16. 1. 11)

이렇게 신문 표제에는 스포츠 기사는 말할 것 없고, 일반 기사에까지 곁말이 많이 쓰인다. 특히 동음어 및 비유에 의한 표제가 많다. 독자의 관심을 끌기 위해서다.

25. 한놈, 두식이, 석삼, 너구리...

생활 속의 곁말

우리 주변에는 아직도 '곁말'을 생소한 말로 여기는 사람이 많다. 국어학을 하는 사람도 '은어'쯤으로만 생각하기도 한다. 그러나 그런 것은 아니다. 우리 주변에 널려 쓰이고 있는 것이 '곁말'이다. 그런데 그것이 '곁말'이란 것을 알지 못할 뿐이다.

1970년대에 서울의 어린이들은 수를 셀 때 '하나, 둘, 셋, 넷...' 이렇게 세지 않고, '한놈, 두식이, 석삼, 너구리, 오징어, 육개장, 칠다리...'와 같이 세었다. 이는 어두음을 이용한 재미있는 곁말이다. '하나, 둘 셋, 넷...' 이렇게 수를 세면 단조하고 맛이 없다. '한놈, 두식이, 너구리, 오징어, 육개장...' 이렇게 세면 운율이 있고, 재미도 난다. 그래서 어린이들은 이런 곁말을 쓰는 것이다.

우선 수를 셀 때 '한 놈'이라고 비하하는 욕으로부터 시작한다.

파격적 표현이다. '두식이'는 어원이 분명치 않다. '두'가 둘을 의미하고, 무슨 '-식이'라는 이름이 많으니 '두- 식이'라 나타냄으로 두 사람을 의미했겠다. '석삼'은 동의어 '석'과 '삼(三)'을 이어 나타냄으로 곁말을 한 것이고, '너구리'는 '넷'을 뜻하는 '너이'의 어두음을 따 재미있는 표현을 한 것이다. '오징어, 육개장'은 다 같이 '오(五), 육(六)'과 같은 어두음을 활용한 어류명과 음식 이름을 빌어 말놀이를 한 것이다.

'한놈, 두식이, 석삼, 너구리...' 이렇게 외노라면 '하나, 둘, 셋, 넷'과는 달리 개구쟁이 같은 어린이들의 모습이 시야에 떠오르고 재미가 있다. 언어가 통달적(通達的) 기능 외에 환정적(喚情的) 기능을 드러낸다.

어린이들의 어희(語戲)와 같은 이런 놀이를 사실은 다 큰 성인들도 즐기고 있는 것을 볼 수 있다.

'좀 물어 봐.'

'물어 보면 아프게.'라는 것이 그것이다. 이런 것도 있다. 어떤 대화가 진행되는 가운데 누가 '왜요?'라고 묻게 되면, '왜요는 일본 놈의 요가 왜요(倭褥)고...'

이렇게 응수하는 것이 그것이다. '세월아, 네월아...'하고 말을 하거나, 노래를 하는 것도 이런 유음어를 활용한 곁말이다.

한번은 라디오를 듣자니 젊은이들 시간에 재미있는 곁말이 들려왔다. 내용인즉 노총각이 장가 못 가는 사연을 여러 가지로 주워

섬기는 것이다.

'임 양은 임자가 있고, 김 양은 김이 새고, 남 양은 남이 이미 정해 놓았고, 박 양은 박아놓은 사람이 있고...'

이는 성자(姓字)와 동음인 말을 사용하여 사연을 익살스럽게 표현함으로 말놀이를 한 것이다. 이렇게 우리 생활주변에는 곁말이 많이 쓰이고 있다. 다만 그것이 곁말이란 것을 몰라 의식하지 못하고 있을 뿐이다.

넓적다리는 퇴계로(退溪路)

지명에 대한 이런 곁말도 있다. 이는 지명에 들어 있는 말과 사람의 신체 부위의 이름이 발음이나 의미의 면에서 서로 관련이 있어 곁말을 한 것이다. 물론 이는 어느 호사가가 만든 말로, 언중의 공감을 사 널리 통용되게 된 것으로, 한바탕 웃을 수 있는 어희다. 이는 특히 서울의 동명을 사람의 신체부위와 결부시킨 것이다.

> 머리는 용두동(龍頭洞), 얼굴은 면목동(面牧洞), 귀는 이문동(里門洞), 목은 목동(木洞), 유방은 쌍문동(雙門洞), 배꼽은 중곡동(中谷洞), 방둥이는 대방동(大方洞), 넓적다리는 퇴계로(退溪路), 팔은 팔판동(八板洞), 발은 구파발(舊擺撥), 여인의 성기는 보문동(普門洞), 남자의 성기는 자양동(紫陽洞), 불광동(佛光洞)...

이들은 동명에 직접 신체부위를 나타내는 말이 들어 있어 연결된 것도 있고, 그렇지 않고 의미, 또는 동음어를 활용하여 관련을 지은 것도 있다. 이들의 연합관계를 구체적으로 살펴보면 다음과 같다.

'이문동'의 '이(里)'와 '귀 이(耳)'의 '이(耳)', 목동의 '목(木)'과 '목(首)', 대방동의 '방(方)'과 '방둥이'의 '방', 퇴계로의 '퇴(退)'와 '대퇴부(大腿部)'의 '퇴(腿)', 팔판동의 '팔(八)'과 '팔(腕)', 구파발의 '발(撥)'과 발(足), 보문동의 '보(普)'와 '보×'의 '보', 자양동의 '자(紫)'와 '자×'의 '자', 불광동의 '불(佛)'과 '불×'의 '불' 등은 동명에 신체부위와 같은 말소리가 있어 결말을 한 것이다. '쌍문동'이 유방(乳房)을, '중곡동'이 배꼽을 나타낸 것은 의미상 관련지은 것이다. '보문동'이 여성의 성기를 나타내는 것은 어두음 외에 의미면과도 관련지은 것이라 하겠다.

배 위에서 침 뱉는 글자는?

동음어와 관련된 결말을 살펴보았으니 다음에는 파자 수수께끼를 보기로 한다.

> '개 두 마리가 마주 서서 말하는 글자가 무슨 자냐?'
> '옥 옥(獄)자'

이는 옥(獄)자의 자형이 '말씀 언(言)'자를 가운데 두고 양쪽에 '개사슴 록' 변과 개 견(犬)자가 있는 데서 이렇게 파자한 것이다. 이러한 구조의 단순한 파자의 수수께끼는 다음과 같은 것도 있다.

'개의 입이 넷 있는 글자가 무슨 자냐?'
'그릇 기(器)자'
'비 맞고 있는, 입을 셋 가진 무당이 무슨 자냐?'
'신령 령(靈)자'
'고기 스물두 마리가 무슨 글자냐?'
'복 해(鮭)자'

복어(河豚)를 나타내는 '복 해(鮭)'자는 고기 어(魚)변에 쌍토 규(圭)자를 '十一, 十一'로 파자하였기 때문에 고기 스물두 마리가 된 것이다.

이러한 단순한 구조의 파자에서 좀 더 발전하여 익살과 기지를 가미한 것이 다음과 같은 파자이다.

'갈대밭에 말이 서서 풀을 다 뜯어먹은 것이 무슨 글자냐?'
'나귀 려(驢)자'
'병아리 상제된 글자가 무슨 글자냐?'
'취할 취(醉)자'

'나귀 려(驢)'자는 '말 마(馬)'변에 '성 로(盧)'자를 쓰는 글자다. 성노(盧)자는 '갈대 로(蘆)'자의 초 두(艸)가 없다. 따라서 여기 파자는 '나귀 려(驢)'자를 '말 마(馬)', '갈대 로(蘆)가 합성된 자이나, 말이 갈대밭(蘆)의 풀을 다 뜯어먹어 풀(艸)이 없는 '성 로(盧)'자가 된 것으로 풀이한 것이다. 이 파자의 묘미는 풀을 다 뜯어먹었다고 하는 데 있다.

'취할 취(醉)'자를 병아리가 상제된 글자라 하는 것은 '취(醉)'자를 '닭 유(酉)'자와 '죽을 졸(卒)'로 파자하여, 닭(큰 닭)이 죽었으니 병아리가 상제가 된 것이라 익살스럽게 풀이한 것이다. 위트가 있는 풀이다.

> '늙은이가 지팡이를 짚은 글자가 무슨 자냐?'
> '이에 내(乃)자'
> '불붙는 나무에 새 앉은 글자가 무슨 자냐?'
> '가을 추(秋)자'
> '아흔아홉이란 글자가 무슨 자냐?'
> '흰 백(白)자'

'이에 내(乃)'자는 꼬부라진 획(㇋)을 늙은이에, 삐친 획(丿)을 지팡이에 비유해 늙은이가 지팡이를 짚은 것으로 파자한 것이다. '가을 추(秋)'자는 우선 '화(火)'와 '목(木)'으로 분해하고, 나무 목(木) 위의 삐친 획(ㅡ)을 새에 비유한 것이다.

'아흔 아홉'이란 글자 '흰 백(白)'은 '백(百)에서 하나를 뺀 글자가 무슨 자냐?'라고 물었을 때, 그 답이 쉽게 나올 수 있는 수수께끼다. 이는 '일백 백(百)'에서 '하나', 곧 백(百)자 위의 '한 일(一)'자를 빼면 '흰 백(白)'자가 되기 때문에 '흰 백(白)'자가 '아흔아홉'을 의미한다. 그래서 99세를 가리켜 한자어로 '백수(白壽)'라 하기도 한다.

파자 수수께끼에는 이와 성격을 달리 하는 것도 있다. 동음어에 의해 재해석한 익살스러운 수수께기다. 이는 '파자' 본래의 성격을 지닌 수수께끼는 못 된다.

'배 위에서 침뱉는 글자가 무슨 글자냐?'
'배울 학(學)자'

이는 '배울'을 '배 위'로 해석하고, '학'을 침 뱉는 소리로 빗대어 말장난을 한 것이다. 이러한 동음어에 의한 수수께끼에는 이 '세상에서 가장 시끄러운 글자는?'에 대해 '아내 처(妻)', '이 세상에서 가장 조용한 글자는?'에 대해 '아들 자(子)'라 답하는 따위의 수수께끼가 있다. 이는 아내를 치면 집안이 시끄럽고, 아이들이 자면 집안이 조용해지하기 때문에 말놀이로서의 수수께끼가 된 것이다.

세 벌 썩은 똥내로다

익살과 재담은 판소리가 외정예술(外庭藝術)로서 지탱하는 데 필요한 기교였다. 그러나 이러한 기교는 무대적 효과에만 머물지 않고 일반 사설로까지 확장되었다. 이것이 육담(肉談)이다. 이는 광의의 펀(pun)에 해당한 것으로, 가벼운 유머나 위트가 이에 속한다.

춘향전의 익살 가운데 대표적인 것의 하나가 똥에 미끄러진 판수를 묘사한 장면이다. 남원고사(南原古詞)에는 이때의 장면이 다음과 같이 묘사되어 있다.

> "문수(問數)합쇼. 문수합쇼"
> 거드럭거려 지나다가 묽은 똥을 디디고 미끄러져 안성장(安城場)의 풋송아지처럼 뒤처지며 철버덕거려 일어날 제 두 손으로 똥을 짚어 왕십리(往十里) 어미 풋나물 주무르듯 왼통 주무르고 일어서서 뿌릴 적에 옥 모퉁이 돌부리에 작근하고 부딪치니 말이 못된 네로구나. 똥 묻은 줄 전혀 잊고 입에 넣어 손을 불 제 구린내가 촉비(觸鼻)하니,
> "어피 구려. 어느 년석이 똥을 누었는고? 세벌 썩은 똥내로다."
> 눈먼 것만 한탄하고 옥문 앞을 지날 적에 왼 옷을 거두쳐 안고, 눈을 희번득이고 콧살을 찡그리고 막대를 휘저으며 휘파람 불제 더듬어 오거늘, 춘향이 김 형방(刑房) 불러 "저 판수 좀 청하여 주오."

이렇게 똥에 미끄러져 넘어진, 웃지 못 할 판수의 모습을 익살스럽게 그리고 있다. 이고본(李古本) 춘향전의 표현도 이와 대동소이하다. 이에 대하여 열녀춘향수절가는 좀 더 극적 장면을 설정하여 그 익살을 배가하고 있다. 곧 봉사로 하여금 개천을 뛰게 한

것이다. 이 장면을 보면 다음과 같다.

春香의 어미 봉사를 부르는데,
"여보, 저기 가는 봉사님!"
불너 놓으니, 봉사 대답하되,
"게 뉘기, 뉘기니?"
"춘향 어미요."
"어찌 찾나?"
"우리 춘향이가 옥중에서 봉사님을 잠깐 오시라 하오."
봉사 한번 웃으면서,
"날 찾기 의외로세. 가지."
봉사 옥으로 갈 제 春香 어미 봉사의 지팡이 잡고 길을 인도할 제,
"봉사님, 이리 오시오. 이것은 돌다리요, 이것은 개천이요. 조심하여 건너시오."
앞에 개천이 있어 뛰어볼까 무한히 벼르다가 뛰는데, 봉사의 뜀이라는 게 멀리 뛰던 못하고 올라가기만 한 길이나 올라가는 것이었다. 멀리 뛴단 것이 한 가운데 가 풍덩 빠져 놓았는데, 기어 나오려고 짚는 게 개똥을 짚었지.
"아뿔사, 이게 정녕 똥이지?"
손을 돌아 맡아보니
"묵은 쌀밥 먹고 썩은 놈이로고."
손을 내뿌린 게 모진 돌에다가 부딪히니 어찌 아프던지 입에다가 홀 쓸어 넣고 우는데, 눈먼 눈에서 눈물이 뚝뚝 떨어지며,
"애고, 애고, 내 팔자야. 조그마한 개천을 못 건너 고이 봉변을 당하였으니 수원수구(誰怨誰咎) 뉘더러 하리? 내 신세를 생각하니 천지만물을 불견이라. 주야를 내가 알랴? 사시를 짐작하며 춘절이 당해

온들 도리화개(桃李花開) 내가 알며, 추절이 당해 온들 황국(黃菊) 단풍 어찌 알며, 부모를 내 아느냐, 처자를 내 아느냐, 친구 벗님을 내 아느냐? 세상 천지 일월성신(日月星辰)과, 후박장단(厚薄長短)을 모르고 밤중같이 지나다가 이 지경이 되었구나. 진소위(眞所謂) 소경이 그르냐, 개천이 그르냐? 소경이 글체, 아주 생긴 개천이 그르랴?"

애고애고 슬피 우니 춘향 어미 위로하되,

"그만 우시오."

열녀춘향수절가는 좀 더 극적이고 사실적으로 그려져 그 익살이 한층 절실함을 느끼게 한다. 여기에는 '봉사의 뜀이라는 게 멀리 뛰던 못하고 올라가기만 한 길이나 올라가는 것이었다. 멀리 뛴단 것이 (물) 한 가운데 가 풍덩 빠져 놓았는데'라고 '봉사의 뜀질'을 익살스럽게 그려 놓았다. 이는 배꼽을 잡게 하는 유머다. 그리고 똥도 남원고사의 인분에서 개똥으로 바뀌었다. 경판 춘향전은 이것을 간략하게 압축해 놓았다. 그러나 그런 가운데도 주요 장면을 다 묘사하는가 하면, '쇠똥에 미끄러져 개똥에 엎더져'라고 그 나름대로 또 다른 유머를 보여 주고 있다.

건넛 마을 許봉사란 판수 마침 지나거늘 옥졸더러 판수를 부르되,

"죄수 춘향이 부른다."

하거늘 봉사 길을 찾아갈 새 길에 풀이 가득하매 옷을 걷어쳐 안고, 눈을 희번덕이며 코를 찡그리며 막대를 휘저으며, 입으로 휘파람을 불며 오다가, 쇠똥에 미끄러져 개똥에 엎더져 손을 짚으니, 제

혼자말로,

"이리 미끄러우니 쇠똥이로구."

하며, 손을 뿌리치다가 옥담 모퉁이에 부딪치니 아픔을 견디지 못하여 입에 넣으니 어찌 가소롭지 않으리오.

이 똥에 넘어지는 사고는 그냥 우스개로만 돌릴 수 없는 연민을 느끼게 한다. 이런 의미에서 이는 풍자라기보다 유머라 할 것이다.

26. 헌 누더기 이 첨지

삼강은 한강, 대동강, 금강

한 때 "삼강오륜이 무엇이냐?"는 질문에 엉뚱한 대답을 하는 수수께끼가 유행한 적이 있다. 말할 것도 없이 '삼강오륜'이란 유교 도덕의 기본이 되는 것으로, 임금과 신하, 아비와 자식, 남편과 아내 사이의 세 가지 강령(綱領)과, 다섯 가지의 도리를 의미한다. 그런데 이러한 '삼강'과 '오륜'을 수수께끼는 동음어 '삼강(三江)'과 '오륜(五輪)'으로 받아 익살스러운 답을 한다. '삼강'은 '압록강, 한강, 낙동강'이라 하고, '오륜'은 자동차의 네 바퀴와 스페어 바퀴라고 하는 것이 그것이다.

이러한 수수께끼를 듣고, 우리는 '고이한 놈'이라고 나무라기보다, 질문에 대한 황당한 대답에 실소할 뿐이다. '삼강오륜'을 두고 말장난을 하며 웃자고 하는 놀이이기 때문이다. 그러나 사실은 유교 도덕을 비꼬며, 이의 타락을 풍자하고자 한 저의가 그 수수께끼의 바탕에는 깔려 있는지도 모른다. 그런데 이런 '삼강오륜'에 대한 어희는 최근에 새로 생긴 것이 아니다. 이미 최남선의 고본 춘향전에도 쓰이고 있다. 그 내용이 오늘날과 조금 달랐을 뿐.

> "네 인물도 좋거니와 가진 재조 절묘하다. 내 딸로 정하리라."
> 춘향이 이른 말이,
> "삼강에 부위부강(夫爲婦綱)이요, 오륜에 부부유별(夫婦有別)이니 이것이 웬 말이오?"
> 이(李) "에라 이년, 물렀거라. 세상사람 되고 삼강오륜 모를소냐? 서울 한강, 평양 대동강, 공주 금강이 세 강이니 삼강(三江)이라 일러 있고, 서울 벼슬에 한성(漢城) 판윤(判尹), 좌윤(左尹), 우윤(右尹), 경상도 경주 부윤(府尹), 평안도 의주 부윤(府尹), 이것이 오륜(五尹)이니 내 어찌 모를소냐? 내 딸 되기 정 원통하거든 내가 네 아들이 되잣구나. (下略)"

이 도령이 춘향의 집을 찾은 첫날 밤 술에 취해 '산 무너지듯 넘어지며' 주정하는 말이다. 삼강오륜이 사람이 지켜야 할 도리라는 것쯤은 세상사람 누구나 아는 것이다. 그런데 춘향전에는 이를 동음어에 의해 '세 개의 강'과, 다섯 가지 벼슬인 '오윤(五尹)'에 결부시켜 어희를 한 것이다.

'삼강오륜'을 동음어에 의해 말놀음을 하고 있지만 이는 현대의 수수께끼와 차이가 있다. '삼강'은 '낙동강' 아닌, '금강'으로 되어 있고, '오륜'은 '오륜'아닌 '오윤'에 결부시켜 문화적인 격차를 느끼게 한다. 네 바퀴의 수레는 근대적인 산물이요, '오윤'은 구제도의 이름이기 때문에 이런 현상이 빚어지게 된 것이라 하겠다.

그러나 이런 곁말은 수줍고 체면을 차려야 할 양반의 신방에서 주고받을 말이 아니다. 오히려 부담없이 농을 할 수 있는 주사청루(酒肆青樓)에서나 어울리는 말이다. 이런 의미에서 고본 춘향전에서는 열녀춘향수절가에서와는 달리 이 도령은 춘향을 부부의 예로 맞은 것이 아니라, 일개 작부로 대하고 있다는 인상이 짙다.

곁말은 비극의 고상한 수사라기보다 역시 희극의 재미있는 수사다.

헌 누더기 이 첨지

소설을 보았으니 다음에는 민요에 쓰인 동음어에 의한 곁말을 보기로 한다. 서울 지방에 전하는 민요로 다음과 같은 재미 있는 성요(姓謠)가 있다.

> 쪼그라악 박 첨지/ 헌 누더기 이 첨지
> 언덕 밑에 허 첨지/ 장대 끝에 장 첨지
> 한 짐 잔뜩 짐 첨지/ 바짝 마른 강 첨지
> 한 대 두 대 천 첨지

이 민요는 각 행 끝에 '첨지(僉知)'란 말을 써서 우선 각운에 의한 운율적 효과도 거두고 있다. 거기에다 이 노래는 어두음에 의한 곁말을 해 해학적인 표현미를 더한다.

'첨지'란 원래 조선조에서 중추부의 당상, 정삼품인 무관 벼슬로 '첨지중추부사'를 줄여서 이르는 말이다. 따라서 '박 첨지'요, '이 첨지'라면 헌헌대장부(軒軒大丈夫)를 머릿속에 그릴 만한 벼슬이다. 그러나 '첨지'가 노인에 대한 존칭으로 의미가 일반화되면서 그 뜻이 하락한 탓인지, 여기 '첨지'들은 하나같이 초라하고 불쌍한 사람으로 그려져 있다. 이는 어쩌면 양반을 비꼼으로 웃음을 맛보고자 한 서민들의 간접적 공격성에 연유하는지 모른다.

'박 첨지'는 '바가지(匏)'에, '이 첨지'는 '이(蝨)'에, '허 첨지'는 '언덕(墟)'에, '장 첨지'는 '장대(杖)'에, '김 첨지'는 '짐(負)'에, '강 첨지'는 '강정(羌飣)'과 같이 마른 것에, '천 첨지'는 글자 그대로 '일천 (千)'에 이어져 동음어에 의한 곁말을 한 것이다. 이러한 양반에 대한 야유와 조롱의 곁말은 억눌린 서민의 마음을 다소나마 위로해 주었을 것이다.

그러나 민요에는 이런 것만이 있는 것은 아니다. 다음의 정요(情謠)는 우리로 하여금 빙긋이 미소 짓게 한다.

부침이 부침이/
좋기는 찰부침이/ 좋고요
말 붙이기 좋기는/

빙모님 딸이/ 좋대요.

경상도 함안(咸安) 지방의 민요다. 이 노래는 단솥에 기름을 두르고 지짐이를 만드는 '부치다'와, 말을 걸다의 '붙이다'를 동음어로 보아 어희를 한 것이다. '빙모님의 딸', 곧 '아내'를 '부침'과 비교한 소박한 표현도 사랑스럽다. 아내를 '빙모님 딸'이라 에둘러 표현한 것도 애교있다.

또 이런 은근한 정요(情謠)와는 달리 호탕한 노래로서 상쾌한 맛을 안겨 주는 음식타령도 있다.

탁주로 배를 몰아/ 청주 강에 띄워 놓고
소주 바람 불거들랑/ 안주 섬에 배를 대자.

이는 충남 예산 지방의 민요다. 얼른 보면 이는 그대로 술타령이다. 그러나 이는 주안타령만이 아닌 비유로, '탁주, 청주, 소주, 안주'가 '탁주(濁酒), 청주(淸酒), 소주(燒酒), 안주(按酒)'만이 아닌 지명을 나타낸다 하겠다. 여기 쓰인 지명은 그것도 한국의 지명이라기보다 오히려 중국의 지명을 떠올리게 한다. '탁주(濁州), 청주(淸州), 소주(蘇州), 안주(安州)'가 그것이다. 이렇게 지명으로 호탕하게 주흥을 노래할 수 있다는 것은 참으로 멋진 일이다. 이는 메마른 사막에 꽃을 피우는 것 같다. 결말의 효용이다.

여편네라 안악장

장타령은 앞에서도 몇 가지 살펴본 바 있다. 이번에는 다시 황석영의 소설 『장길산』에서 재미있는 장타령(각설이타령)을 하나 보기로 한다. 이는 제1부 광대(廣大), 제1장 재인재(才人材)에 보이는 것으로 약산골 장시(場市)에서 짝지어 다니는 각설이패가 부른 것이다.

> 작년에 왔던 각설이가 죽지도 않고 또 왔네. 내란 놈이 이래봬도 정승판서 자제요, 팔도감사(八道監事) 마다하고 돈 한 푼에 팔려서 각설이로 나섰네. 품바품바나 잘한다. 각설이라 역설이라 동설이를 짊어지고 지리구지리구 돌아왔네. 여편네라 안악장, 부랄 뽑힌 연안장, 밤마다 해주장, 지팽이 짚고 봉산장, 술 달라고 송화장, 구멍이나 파주장, 과부 설운 양주장, 초당(草堂) 짓고 한 공부가 실수 없이 잘 헌다. 동삼(童參) 먹고 한 공부가 기운차게 잘 헌다. 논어 맹자를 읽었는지 자왈자왈 잘 헌다. 목구멍에 불을 켰나 훤하게도 잘 헌다. 뱃가죽도 두꺼우니 일망무제(一望無際)로 나온다. 냉수 동이나 먹었는지 시원시원 잘하고, 뜨물 동이나 먹었는지 걸직걸직 잘하고, 기름 동이나 먹었는지 미끈미끈 잘 헌다. 대목장을 못 보면, 이 전 저 전을 못 보면 올해 같은 대풍년, 요즘 같은 태평성대에 논두락이나 베겠구나. 한 발 가진 깍귀, 두발 가진 까마귀, 세발 가진 통노귀, 네발 가진 당나귀, 먹는 귀는 아귀(餓鬼)라. 품바나품바나 잘헌다.

위의 장타령에는 서너 가지 곁말이 쓰여 그 내용을 익살스럽고,

풍자적이며, 다채롭게 하고 있다. 처음에 나오는 것이 '각설이라 역설이라 동설이라' 하는 어말음에 의한 곁말이고, 둘째 번 곁말이 '안악장 연안장' 등 지명에 대한 동음어에 의한 곁말이다. 셋째 번 곁말은 '목구멍에 불을 켰나 훤하게도 잘헌다' 이하의 비유에 의한 곁말이고, 넷째 번 곁말이 '깍귀, 까마귀, 통노귀' 등 어말음에 의한 곁말이다.

첫째 번 곁말 '각설이라 역설이라, 동설이를 짊어지고'는 장타령꾼을 낮잡아 이르는 '각설이'를 화제를 돌린다는 뜻의 '각설'에 사람을 나타내는 접미사 '-이'가 붙은 것으로 보아 같은 어말음 '설-이'를 가진 말로 말놀음을 한 것이다. '역설이'는 '역설을 하는 사람', 이에 대해 '동설이'는 같은 의견이나 학설을 주장하는 사람, '동설(同說)-이'를 의미한다. 따라서 '각설이라 역설이라 동설이를 짊어지고'는 각설, 역설, 동설을 타령으로 늘어놓기 위해 장타령꾼이 돌아왔음을 의미한다 하겠다.

둘째 번 곁말 지명풀이는 매우 외설적이다. '여편네라 안악장'은 '안악장(安岳場)'을 남의 집 부녀의 통칭인 '아낙'으로 보아 부인네는 '안악장(安岳場)'엘 가야 하는 것으로 풀었다. '부랄 뽑힌 연안장'은 '연안(延安)'을 여인들에 의한 수난을 뜻하는 동음어 '여난(女難)'으로 보아 '연안장(延安場)'에 투기 많은 여인에 의한, '불알 뽑힌'이란 꾸밈말을 얹은 것이다.

'밤마다 해주장'은 '해주장(海州場)'을 '하여 주'의 준말인 '해 주'

장으로 보아 결말을 한 것이다. 여기서 '해 주'는 이 말 앞에 쓰인 부사어 '밤마다'로 말미암아 외설적 사설이 되고 있음은 말할 것도 없다. '지팽이 짚고 봉산장'은 지명 '봉산(鳳山)'을 유음어인 맹인(盲人)을 뜻하는 '봉사(奉事)'로 보아 결말을 한 것이고, '술 달라고 송화장'은 지명 '송화(松和)'를 떼를 쓰는 '성화(成火)'로 보아 결말을 한 것이다.

'구멍이나 파주장'은 지명 '파주(坡州)'를 '파(鑿) 달라'는 '파 주'로 해석하여 '구멍이나 파 주오 파주장'이라 결말을 한 것이다. 이 경우의 '구멍'도 성(性)을 비유한 것으로 볼 수 있다. '과부 설운 양주장'은 지명 '양주(楊州)'를 '양주(兩主)'로 보아 '과부가 서러워하는' '양주장'이라 한 것이다. 외롭게 독수공방하는 과부의 입장에서 보면 오순도순 단란하게 사는 양주(兩主)가 부럽기 이를 데 없을 것이고, 자기의 신세가 한층 서럽게 느껴질 것이다.

이상 지명에 대한 결말을 살펴보았거니와 이는 앞에서 언급한 바와 같이 대부분이 외설적 사실과 결부시킨 것이다. 각설이란 유리걸식하는 무리들이다. 그러기에 이들은 세사를 야유하는 노래를 함으로써 그들의 불행한 신세를 위로받고자 했다고 하겠다.

목구멍에 불을 켰나...

다음에는 장타령의 셋째 번 결말, 비유를 보기로 한다. '목구멍에 불을 켰나…' 이하 '기름 동이나 먹었는지 미끈미끈 잘헌다.'는 공감각적(共感覺的) 은유에 의한 결말이다. 이러한 비유는 신재효의 '박타령'에 나오는 것을 살펴본 바 있다. 그러나 그것은 이 장타령에 비하면 아주 소루한 것이었다.

본 장타령에 보이는 공감각적 은유는 '목구멍에 불을 켰나 훤하게도 잘헌다.'의 '훤한 목소리'와 '냉수 동이나 먹었는지 시원시원 잘하고, 뜨물 동이나 먹었는지 걸직걸직 잘하고, 기름 동이나 먹었는지 미끈미끈 잘헌다.'의 '시원한 소리, 걸직한 소리, 미끈미끈한 소리'가 그것이다.

소리란 청각의 대상으로, 시각이나 후각의 대상이 아니다. 그럼에도 이것을 시각이나 후각과 같은 다른 감각으로 빗대어 바꾸어 표현한 것이기에 공감각적 은유라 하는 것이다. 그러나 이러한 해석은 결과적인 것이요, 앞뒤 문맥으로 보면 이는 공감각적 은유 이전의 재담이라 할 것이다. 그것은 목소리가 불을 켜서 훤하고, 냉수를 마셔 시원하고, 뜨물을 먹어 걸쭉하고, 기름을 먹어 미끈미끈한 것으로 익살을 떨고 있기 때문이다. 이러한 재담은 시청자로 하여금 웃음을 자아내고 재미를 느끼게 하는 것이다.

넷째 번으로 어말음 '귀'에 의한 결말을 보기로 한다. '한 발 가진 깍귀, 두 발 가진 까마귀, 세 발 가진 통노귀, 네 발 가진 당나귀, 먹는 귀는 아귀라.'는 공주 지방의 각설이 타령이나, 남원 지방의 성희요(聲戲謠)와 비슷한 것이다. 이들 두 노래는 소설 '장길산'에 인용된 각설이타령의 마지막 구절 '먹는 귀는 아귀라.'가 빠져 있다. 그리고 성희요는 '한 발 가진 깍귀'가 '외발 가진 돌쩍귀'로 되어 차이를 보인다. '깍귀'란 나무를 찍어 깎는 연장 '까뀌'다. '돌쩍귀'란 '돌쩌귀'의 방언으로, 이는 문짝을 문설주에 달아 문을 여닫게 한 두 개의 쇠붙이다. 여기 '외발'이란 나무에 박게 된 못 같이 생긴 부분을 말한다. '통노귀'란 '통노구'의 방언이며, 이는 퉁(銅)으로 만든 작은 솥으로 세 개의 발(鼎)을 가지고 있다. 이렇게 이들 타령이나 민요는 어말음이 '귀'로 된, 발이 하나에서 네 개에 이르는 기물을 노래한 것이다. 따라서 이는 수요(數謠)에서 같은 어말음의 기물을 노래한 단순한 수요(數謠) 이상의 기지를 느끼게 한다. 그것은 '두 발 가진 사람', '네 발 가진 소'라고 했을 때의 표현효과를 생각하면 쉽게 이해될 것이다.

다음에는 이 각설이 타령과 근사한 사설을 지닌 공주 지방의 각설이타령을 참고로 보기로 한다.

작년에 왔든 각설이/ 죽지 않고 또 왔네.
이래 봐두 정승 판사 자제로/ 팔도 감사를 마다하고
돈 한 푼에 팔려서/ 지리구지리구 잘한다.
품파하고 잘한다.

네 선생이 누구신지/ 날보다도 더 잘하네.
시전(詩傳) 서전(書傳)을 외웠는지/ 유식하게도 잘한다.

냉수 동이나 먹었는지/ 시원시원 잘한다.
기름 동이나 먹었는지/ 미끈미끈 잘한다.
뜨물 동이나 먹었는지/ 걸적걸적 잘한다.
지리구지리구 잘한다./ 품파하고 잘한다.

앉안 고리 동고리/ 선 고리 문고리
뛰는 고리 개고리/ 나는 고리 귀고리
지리구지리구 잘한다./ 품파하고 잘한다.

한 발 돋힌 까귀/ 두 발 돋힌 까마귀
세 발 돋힌 통노귀/ 네 발 돋힌 당나귀
지리구지리구 잘한다./ 품파하고 잘한다.

곁말은 우리의 고유한 수사 기법이다. 이 기법을 잘 활용하면 우리 언어생활에 보다 많은 웃음과 익살이 넘쳐흐르게 할 수 있을 것이다.

27. 헌 망건을 물렛줄로 얽어 쓰고...

맹랑한 의관치장

독일에는 '옷이 사람을 만든다.'는 속담이 있다. 우리는 '옷이 날개'라 한다. 사람들은 상대방이 아무리 뛰어난 학문을 지녔거나, 금은보화를 지녔다 하더라도, 외모가 허름하면 우선 낮보고 무시하는 경향이 있다. '겉 볼 안'이라고, 겉을 보면 그 속을 짐작하고도 남는다고 생각한다.

신재효(申在孝)의 '박타령'을 보면 가난에 찌든 흥보가 형님 댁에가 전곡(錢穀) 간에 얻어오라는 아내의 등쌀에 못 이겨 형님 댁을 찾아갈 때의 의관치장(衣冠治粧)을 보면 맹랑하다. 이는 유머로서의 곁말이다.

터진 헌 갓에다 철테를 실로 감어 노 갓끈 달아 쓰고, 편자는 좀이 먹고 앞 춤에 구녁 중중, 관자 단 헌 망건을 물렛줄로 얽어 쓰고,

깃만 남은 베 중추막 열두 도막 이은 실 띠 시장찮게 졸라매고, 헐고 헌 고의적삼 살점이 울긋불긋, 목만 남은 길 버선에 짚 다님이 별조로다. 구녁 뚫린 나무신을 두 발에 잘잘 끌고...

이는 익살스럽고 재미있는 유머가 아니다. 오히려 불쌍하고 측은해 동정을 금치 못하게 하는 유머다. 원래 유머는 우위(優位)에 있는 자가 열등(劣等)한 것을 동정하는 것이다. 때로는 조롱하고 조소하기도 한다. 그러나 근본은 애타적(愛他的)이다. 그래서 유머는 웃음과, 원칙적으로 기쁨과 행복하다는 느낌을 주는 것이다. O.E.D.에 의하면 '흥미를 자극하는 행동과 말하기와 쓰기의 특성'이 유머다. 이는 '괴기하고, 익살스럽고, 우습고, 희극적이고, 재미있는' 것이다.

흥부의 의관치장은 괴기(怪奇)한 것이다. 가난에 쪼들려 기괴한 치장을 한 흥부를 동정하는 익살이다. 그의 치장을 풀이해 보면, 갓은 파립(破笠)이고, 차양의 철 테는 잘라졌고, 갓끈도 없어 노끈을 달아 썼다. 망건 아래의 띠는 좀이 먹었고, 망건앞은 구멍이 나 있다. 망건 줄은 물렛줄로 얽었고, 도포같이 생긴 웃옷 중치막은 다 해어져 깃만 남았고, 열두 도막을 이은 실띠는 배고픔을 느끼지 않도록 단단히 졸라매었다. 헐고 헌 고의(袴衣)와 적삼은 다 해어져 살점이 울긋불긋 내비친다. 버선은 바닥이 닳아 목만 남았고, 거기에 헝겊이 아닌 짚으로 다님을 하였다. 나막신도 닳아서 구멍이 뚫렸다. 이런 것이 흥부의 의관차림이다. 의관이 모두 해어지고 닳아 제 모습을 지닌 것이 없음은 물론이고, 이를 보수한 것이 정상이 아닌 엉뚱한 물건으로 하여 기괴(奇怪)함을 더 한다. 이런 불쌍하고 기괴한 흥부를 묘사하며, 작자 신재효(申在孝)는 독자의 동정을 유도하는 유머를 한 것이다.

이러한 유머는 25장본 흥부전에도 비슷하게 그려져 있다. 이러한 궁상스러운 의관치장은 춘향전에도 보인다. 이 도령이 암행어사가 되어 세인(世人)을 속이기 위해 위장한 차림이 그것이다. 열녀춘향수절가에서 이 대목을 보면 다음과 같다.

> 숫사람을 속이려고 모자 없는 헌 파립에 버레줄 총총 매어 초사 갓끈 달어 쓰고, 당만 남은 헌 망건에 갓풀 관자 노끈 당줄 달아 쓰고, 으뭉하게 헌 도복(道服)에 무명 실 띠를 흉중에 둘러매고, 살만 남은 헌 부채에 솔방울 선초 달어 일광을 가리고 나려올 제...

흥부의 모습과 거의 비슷하다. 특별히 다른 것이 있다면 어사(御使)는 '중치막'이 아닌, 도복을 입고 헌 부채를 들었다는 것이다. 여기서는 선비 아닌 도사의 의관을 하였지만, 부채를 들어 선비의 모습을 아우르고 있다. 그리고 '버레줄(버팀줄), 노끈 당줄, 실띠, 솔방울 선초(扇貂)'와 같은 것이 기괴성(奇怪性)을 드러낸다.

수수께끼 풀이

박영만의 '조선전래동화집'(1940)에는 글자 풀이를 하여 잃었던 아내를 찾는 재미있는 동화가 실려 있다. 이 동화는 평안남도 평원군 서해면 사리에서 수집된 것으로, '도둑놈의 이름은 신재복'이란 설화다.

글자 수수께끼는 흔히 파자(破字)라 한다. '시월 십일이 무슨 글자냐?'에 대해 '아침 조(朝)자', '개의 입이 넷 있는 글자가 무슨 자냐?'에 대해 '그릇 기(器)자'라 답하는 것이 그것이다. 그런데 이와 조금 다른 것에 해자(解字)'라 하는 것이 있다. 이는 중국에서 우리의 파자(破字)를 의미하고, 또 글자의 뜻을 해석하는 것을 의미한다. 이렇게 해자(解字)는 파자라는 뜻 외에 상황에 맞추어 글자풀이를 하는 것을 가리킨다. 그래서 수수께끼를 풀거나, 상황에 맞추어 해몽을 하는 것을 볼 수 있다. '도둑놈의 이름은 신재복'이란 동화는 알 수 없는 수수께끼를 푸는 것이다. 이 이야기는 이러하다.

> 사랑하는 젊은 부부가 친정을 가다가 산 속에서 도적놈들을 만났다. 남편은 나무에 묶이고, 아내는 납치되었다. 남편은 도적의 이름과 있는 곳이나 알고 죽고 싶다고 악을 썼다. 그러자 도적은 어차피 밤 내 죽을 놈이라 생각하고 이렇게 알려 주었다.
>
> "이놈아, 황천 가는 선물로 잘 가르쳐 주마. 나 사는 곳은 '높고 낮은 곳, 쥐었다 펴졌던 골'이고, 성은 '발 아래', 이름은 '삼년상 쳐

먹고 나왔다'이다."

이 남편은 요동을 쳐 묶인 것을 풀고 도적들이 들어간 숲 속을 헤맸으나 그들을 찾을 수 없었다. 이러기를 몇 년. 하루는 어느 동네를 지나다가 '나라님 놀이'를 하는 아이들을 만났다. 아내를 잃은 남편은 '나라님(王)' 앞에 꿇어 자기의 안타까운 사연을 해결해 달라고 애원하였다. 도적이 일러 준 주소와 이름을 알 수 없다는 것이었다. 그러자 '나라님'은 도적이 하였다는 말을 듣고, 한참 생각하더니 이 수수께끼를 다음과 같이 풀어 주었다.

"여봐라. '높고 낮은 곳'이니까 '평산(平山)'이고, '쥐었다 펴졌던 골'이니까 '부챗골'이다. 그리고 성은 '발아래'이니까, 발아래 있는 것은 '신'이니 '신(申)'가다. 그리고 이름이 '삼년상 쳐먹고 나왔다'니까 삼년상을 지내면 '재복(齋服)'을 입는다. 그러니 도적은 '평산(平山) 부챗골(扇洞) 신재복(申齋服)'이니, 그놈을 찾아보아라."

사내는 황송하고 고마워 머리를 조아리고 치사하였다. 그는 '나라님'이 일러 준 대로 찾아가 보니 부챗골 산골짜기에 신재복이 고래 등 같은 기와집에 살고 있었다.

여기 해자(解字)는 글자를 풀어서 수수께끼를 해명한 것이 아니라, 역으로 풀이가 된 상황을 바탕으로 문자를 재구한 것이다. 사는 곳은 '높고 낮은 곳'이라니, 높은 산이 아니라 평평한 산, '평산(平山)'이요, '쥐었다 펴졌던 골'이라니 이는 접었다 폈다하는 접부채의 골짜기로 '부챗골'이란 말이다. 성명은 '발아래' 있는 것이 신이니, 성이 '신(申)'가요, 이름은 '삼년상 쳐 먹고 나왔다'니 삼년상을 치른 다음에는 재계(齋戒)를 위해 '재복(齋服)'을 입는 것이니,

이름이 '재복(齋服)'이라 풀이한 것이다. 이러한 '나라님'의 수수께끼 해명에 따라 예의 남편은 도적의 소굴을 찾을 수 있었다.

참고로 이후의 경개를 간단히 소개하면 그 남편은 소굴을 찾아갔으나 경계가 삼엄해 그 집에 들어갈 엄두도 낼 수 없었다. 그래서 그 집의 동정을 살피기 위해 버드나무 위로 올라갔다. 달밤에 그의 아내가 물을 길러 나와서는 합장을 하고 남편을 만나게 해달라고 기원을 한다. 그래서 그는 아내를 만났고, 그녀의 방으로 인도되었다. 도적이 돌아오자 오빠가 왔다고 여인이 지금까지 웃지 않던 미소를 지으니, 도적도 반겼다. 그 뒤 이 남편은 우선 도적의 신용을 얻어야겠다고 생각했다. 그래서 도적들이 지금까지 성공하지 못했다는 마을을 터는 일에 묘수를 써 성공하게 함으로, 도적은 마침내 여인의 남편을 신용하게 되었고, 그는 이 소굴의 2인자가 되었다. 그 뒤 다시 도적이 그의 묘수를 청하자, 그는 이때라고 생각하고, 오히려 도적들이 함정에 빠져 다 죽게 하고, 많은 재물을 가지고 도적의 소굴에서 빠져나왔다.

달래 먹고 달려가자

다음에는 동음어(同音語), 그 가운데도 어두음(語頭音)이 같은 말을 활용한 곁말을 보기로 한다.

달래 먹고 달려가자./ 쉬영 먹고 쉬여 가자.
찔래 먹고 질러가자./ 앵두 먹고 앵두러져
뻣 먹고 빠드러져/ 복숭아 먹고 복 받어
살구 먹고 살았네.

이는 예산(禮山) 지방의 성희요(聲戱謠)다. 어두음에 의해 운율을 빚어내는 곁말의 민요다. 곧 '달래'와 '달려가자'의 '달', '쉬영(수영)'과 '쉬다(休息)'의 '쉬', '찔래(찔레)'와 '질러'의 '찔/질', '앵두'와 '앵두러져(앵돌아져)'의 '앵', '뻣(버찌 · 黑櫻)'과 '빠드러져'의 '빠', '복숭아'와 '복(福)'의 '복', '살구(杏)'와 '살았네'의 '살'이 어두음(語頭音)으로 쓰여 곁말이 된 것이다.

'달래 · 수영'은 식용의 나물이고, '찔레'도 연한 싹은 아이들이 먹기도 한다. '앵두 · 버찌 · 복숭아 · 살구'는 다 나무열매로 과일이다. 이런 식용의 나물과 과일을 먹으며, 그 나물이나 과일의 어두음과 같은 행동을 함을 노래한 것이다. 이는 곁말로 말미암아 민요의 운율성이 배가 된 노래라 하겠다.

이 민요와 같은 발상, 같은 지방의 노래로 다음과 같은 노래도 있다.

간장 먹고 장가가고/ 시금 먹고 시집가고
찔래 먹고 젊어지고/ 달래 먹고 달아나고
머루 먹고 멀리 가네.

이 노래의 식단(食單)은 앞의 민요와 5분의 2가 같다. 그러나 빚어내는 행동은 다르다. '간장 먹고 장가가고'는 꼬리따기를 한 것이고, '시금'은 '시금치'의 방언으로, '시금초(草)'라고도 하니 4·4조의 리듬을 맞추기 위해 '시금'이라 한 것이라 하겠다. 이 노래는 앞의 노래가 역경에서 '복 받아/ 살았네'가 된 데 대하여 '장가가고/ 시집가고' 인생의 행복을 추구하다가 '달아나고/ 멀리 가네'와 같이 비극적 장면을 초래하여 보다 우리의 민요다워졌다 할 수 있는지 모르겠다.

다음의 성희요는 같은 어두음 내지 동음어를 활용한 결말의 노래다. 이는 앞의 노래와는 달리 동명(洞名)을 두고 노래한 것으로 7·5조의 율조(律調)를 지닌다.

가래꼴 집 영감이 가래를 내고/ 도랑꼴 집 영감이 도랑을 치고
가재꼴 집 영감이 가재를 잡고/ 불때꼴 집 영감이 군불을 때고
화로꼴 집 영감이 화로를 내고/ 불담꼴 집 영감이 불을 담고
못태꼴 집 영감이 못태를 내고/ 노랑물 집 영감이 노랗게 굿고
답삭골 집 영감이 답삭 먹으니/ 부능꼴 집 영감이 불집불집
정사꼴 집 영감이 정장 정장/ 마소꼴 집 영감이 마소서--

이는 삼수(三水) 지방의 민요다. 노래의 내용은 가래(杴)로 도랑을 치고, 가재를 잡아 화롯불에 석쇠(못태)를 걸고 노랗게 구워(굿어) 놓으니 답삭골 집 영감이 답삭 먹어 분란(紛亂)이 이는 것을 노래

한 것이다.

이 노래의 특성은 '소박성의 골계(滑稽)'에 있다 할 것이다. 이런 골계가 지명과 같거나, 같은 어두음의 행동과 연결되어 익살스러운 어희(語戱)가 되게 한 것이다. 이 노래 가운데 '불집불집'은 화를 내는 모양, '정장 정장'은 '정장(呈狀) 정장(呈狀)'으로, 소장(訴狀)을 관가에 내는 것을 이른다. 맨 끝의 '마소서'는 답삭골 영감이 답삭 먹으니 '맙소사!'하고 안타까워한 것이라 하겠다.

지명과 관계되는 이러한 어희는 옛날만이 아니고, 근자에도 어린이들 사이에 유행한 적이 있다. '효자동(孝子洞)엔 효자가 살고, 신사동(新沙洞)엔 신사가 살고, 도곡동(道谷洞)엔 도둑놈이 살고, 적선동(積善洞)엔 거지가 살고...'라 하는 것이 그것이다.

누나 시집갈 때 국수를...

어두음(語頭音)에 의한 곁말을 살펴보았으니, 이번에는 어말음(語末音)에 의한 곁말을 보기로 한다. 어말음을 활용한 곁말에는 재미있는 '통타령'이 많다. 그 중 가장 간단한 것은 송화(松禾) 지방의 '이 통 저 통 가슴 아래 젖통'이란 것이다. 여러 가지 통이 있겠지만 그 많은 통 가운데 가장 소중하고, 소망스러운 것이 '유방'이라고 노래한 것이다.

그러면 여러 가지 어말음 사설에는 어떤 것이 있는가? 양주(楊州)

지방의 민요에는 다음과 같이 재미있는 '통'들이 열거되고 있다.

> 신통 방통/ 노방통(奴房通)
> 장구통, 여우홀림통/ 깽깽이통
> 윗집 오줌통/ 아랫집 똥통
> 장님 북통, 돼지 오줌통/ 수비대(守備隊) 나발통, 얽은 놈의 상통
> 목수 먹통/ 못 생긴 밥통
> 큰 애기 젖통/ 주정꾼 술통
> 못된 놈 심통/ 싫은 사람 애통(哀痛)
> 이 통 저 통/ 우리 누나 시집갈 때 국수 통.

우리는 매우 대견하고 칭찬해 줄 만할 때 '신통 방통'하다라 한다. 이렇게 형용사의 어근으로 쓰는 '신통방통'을 서두로 하여 노래 부른 이 민요는 동음이의(同音異義)의 여러 가지 통을 늘어놓음으로 결말의 재미를 듬뿍 드러내고 있다.

'신통 방통'의 '통'은 '통달하다'라는 뜻의 '통(通)'이며, '노방통, 금부통, 고불통'의 '통'은 각각 노방청(奴房廳 : 관노들이 출근하던 집), 금부(禁府), 고불(古佛)이 있는 길(通)을 뜻한다. 이에 대해 '오줌통, 똥통, 먹통, 밥통, 숨통, 국수 통'의 '통'은 그곳에 무엇을 담는 그릇인 '통(桶)'을 의미한다. '돼지 오줌통, 젖통'의 '통'도 이런 것이다. '나발통'의 '통'은 '통(筒)'이요, '장구통, 깽깽이통(깡깡이통), 북통'의 '통'은 몸을 뜻하는 '통'이라 하겠다. '심통(心統)'은 마음자

리를 뜻하는 말로, '통'은 '거느릴 통(統)'이며, '상통'은 '상(相)' 곧 얼굴의 속어다. 이에 대해 '애통(哀痛)'의 '통'은 '아플 통(痛)'임은 말할 것도 없다. 따라서 이들 '통자 사설'은 말소리가 같은 '통'이나, 그 뜻은 다양하다. 이렇게 다양한 뜻의 '통'을 함께 열거하니, 자연 그 사설은 익살스러움을 드러낸다. 신천(信川) 지방의 '홍타령'도 이 '통 사설'과 비슷하다.

심통 먹통 고불통/ 장구통 절구통
아이 오마니 젖통/ 서울 남대문통 동대문통
박통 똥통/ 평양 칠성문통
밥통 먹통/ 대굴통 오줌통
북통 노망통/ 술통 물통 금부통

이에 대해 당진(唐津) 지방의 '통타령'은 좀 더 맥락을 주어 단순한 나열 이상의 의미를 지니게 한다.

신통이 방통이 꼬부랑통/ 부자집이나 세수통
미국놈이나 간스메통/ 기상방이나 장구통
가난한 집이나 절구통

이 노래의 뜻은 '이상하게 꼬부라진 통/ 부잣집의 세수통/ 미국 사람의 통조림통/ 기생방의 장구통/ 가난한 집의 절구통'이란 것이다. 이는 해방 후 미국 원조물자로서의 통조림, 기생방의 장구가 낯익은 사회적 장면으로 우리에게 지난날을 되돌아보게 하는 근대적 민요다. '가난한 집이나 절구통'은 방앗간에서 제대로 곡식을 찧어 먹지도 못하고, 절구통에 풋곡을 찧어 먹고 연명하던 우리네 조상이 떠올라 가슴 아프게 한다.

28. 형님 댁에 갔다 보리나 타게?

'시다, 시다'로 봉변당한 파계승

우리의 야담이나 설화에는 중을 희롱하는 이야기가 많다. 오늘은 망신을 당하는 파계승의 이야기부터 하기로 한다. 성종 때의 학자인 성현의 수필집인 『용재총화』에는 다음과 같은 이야기가 전한다.

> 어떤 중이 과부에게 장가가는 저녁이었다. 상좌가 생콩가루를 찬물에 타서 마시면 양기에 좋다고 속여 이를 타 마시게 하였다. 중은 이 말을 곧이듣고 생콩가루를 타 마시고 신방에 들어갔다. 그리고는 활개똥을 쌌다. 그러자 그 집에서는 몽둥이로 때려 내쫓았다. 쫓겨난 중은 밤중이라 길을 잘못 들었다. 흰 기운이 길을 막고 있었다. 냇물이라 생각하고 바지를 걷고 들어가니 흰 꽃이 핀 메밀밭이었다. 중은 화가 났다. 가다 보니 또 흰 기운이 또 길을 막고 있었다.
> "메밀밭이 이미 나를 속였는데, 또 속을 줄 아느냐?"

중은 이렇게 말하며 이번에는 옷을 걷지 않고, 들어섰다. 그런데 이는 물이어 옷을 모두 적시고 말았다.

다리를 건너게 되었다. 아침이 되어 부인네들이 쌀을 일고 있었다.

"시다, 시다(酸哉酸哉)!"

중은 그간 자기가 낭패를 당하고 고생한 형상을 이렇게 자탄(自嘆)하였다. 이런 사실을 모르는 부인네들은 떼를 지어 중에게 다가와 길을 막으며 따졌다.

"술 빚을 쌀을 일고 있는데 어째서 시다는 말을 하는 게요?"

그리고 중의 옷을 모두 찢고, 때리고 하였다.

이 이야기에는 물론 의도적인 곁말이 들어 있는 것은 아니다. 결과적으로 곁말이 된 표현이다. 중이 "시다, 시다(酸哉酸哉)!"한 것이 그것이다. 용재총화의 풀이처럼 '낭패하고 고생한 형상'을 그렇게 말한 것이다. 이는 문자 그대로 '시다(酸哉)'고 한 것이 아니라, '괴로운지고!' 쯤의 심정을 그렇게 표현한 것이다. 그런데 이러한 '시다(酸哉)'를 부인네들은 사정도 모르고, '산미(酸味)'로 해석하여 중에게 행패를 가한 것이다. 그것도 그럴 것이 술은 '신 것'을 제일 꺼리는데, 술쌀을 이는 부인네들 앞에서 저주나 하듯, '시다, 시다(酸哉酸哉)!' 하였으니 부인네들 입장에서는 당연한 항의였다. 중의 입장에서는 억울한 일이고... 이는 다의성이 빚은 곁말이고, 전반적으로 해학적인 설화다.

이렇게 봉변을 당한 중은 그러면 그 다음은 어떻게 되었는가? 예의 상좌 중에 의해 또 망신을 당한다. 이 이야기를 간단히 살펴보면 다음과 같다.

중은 해가 높이 솟아오르도록 아침을 먹지 못하였다. 마(薯)를 캐 먹으며 주린 배를 달랬다. 이때 수령의 행차가 다가왔다. 중은 다리 아래서 피하다가 한 꾀를 생각해 냈다. 마의 맛이 좋으니 이를 수령에게 바치면 밥을 얻어먹을 수 있을 것이다. 중은 수령이 다리에 이르자 뛰어나왔다. 그 바람에 수령의 말이 놀라 뛰었고, 수령은 말에서 떨어졌다. 화가 난 수령은 중에게 곤장을 치게 하고 지나갔다.

중은 피로하여 다리 옆에 누워 있었다. 마침 순관(巡官) 두 사람이 이를 보고 말하였다.

"저기 죽은 중이 있군. 매 때리는 법을 연습하면 좋겠군."

그들은 다투어 몽둥이로 두들겼다. 중은 숨도 제대로 쉴 수 없었다. 그리고 한 사람이 칼을 빼어 들고 오며 말하였다.

"죽은 중의 양근(陽根)은 마땅히 약이 될 것이니 베어다 쓰는 것이 좋겠군."

중은 큰 소리로 부르짖으며 달아났다.

중은 황혼이 되어 절에 도착하였다. 문은 굳게 닫혀 있어 들어갈 수가 없다. 그는 큰 소리로 상좌를 불렀다.

"나와 문을 열어라."

상좌가 나와 말했다.

"내 스승은 과부집에 갔는데 너는 누구길래 밤에 찾아와 큰 소리냐?"

상좌는 나와보지도 않았다. 중은 개구멍으로 들어갔다. 이를 본 상좌가 몽둥이로 두들기며 말했다.

"뉘 집 갠데 어젯밤에 와서는 부처님의 기름을 다 핥고, 지금 또 들어오느냐?"

이로 인해 오늘날에도 낭패한 일을 당하여 신고(辛苦)하는 처지에 있는 사람을 '도수승(渡水僧)'이라 한다.

상좌(上佐)란 불교에서 사승(師僧)의 대를 이을 중을 말한다. 이 이야기는 이런 상좌가 사승이 과부와 결혼하는 파계를 한다 하여 그가 망신을 당하게 하고, 더 할 수 없는 욕을 보인 이야기다. 익살스러운 결말의 설화다. 사승이 이로 말미암아 개과천선하고 훌륭한 불자가 되었을는지는 모른다. 그러나 상좌의 처신은 사제지도(師弟之道)로 볼 때 용납될 수 없는 망동이다. 제자를 포함하여 수하 사람을 잘 만나야 한다. 그렇지 않으면 요사이는 망신하기 쉬운 세상이 된 것 같다.

형님 댁에 갔다 보리나 타게

다음에는 조금 듣기에 생소한 동음, 또는 유음에 의한 결말을 두어 개 보기로 한다. 양주 별산대놀이의 제3과장에는 다음과 같은 대화가 보인다.

목중: 야 그러나 저러나 또 한가지 네 그 테두리는 뭐냐?
옴중: 옥누다, 옥누.
목중: 옥누? 두루미 잡는거?
옴중: 그건 옥노지. 이건 옥누야.

목중: 그건 옥누고, 이건 옥노야?
옴중: 영낙없어. 이를 말이냐?

위의 대사는 옴중이 쓰고 있는 노벙거지의 장신구를 보고 그것이 무엇이냐고 목중이 묻는 장면이다. 이때 '옥누'와 '옥노'란 유음어가 쓰여 대화에 변화를 주고 있다. 이 대화에 의하면 '옥누'란 '두루미 잡는 것'이고, '옥노'란 '벙거지의 테두리'를 의미하여 그 뜻이 서로 다른 것으로 되어 있다. 그러나 사실은 이들이 바른 해석을 한 것은 못 된다. '옥누'란 '올무'의 방언으로, 새나 짐승을 잡는 올가미를 이르는 말이다. 이것은 방언에 따라서는 '옥노'라고도 한다.

벙거지와 관련되는 '옥노'의 바른 말도 '옥로(玉鷺)'이다. '옥로'란 옥으로 해오라기처럼 만들어 갓머리에 다는 장신구다. 장신구 '옥로'를 단 갓을 '옥로갓'이라 한다. 이는 고관이나 외국에 가는 사신이 쓰던 갓이다. 그러기에 이 별산대의 대사를 보면 옴중이 '대국 사신 들어갈 적에'란 말이 나오는 것을 볼 수 있다. 따라서 위의 양주 별산대의 결말은 유음어 '옥로'와 '옥누' 또는 '옥노'에 의한 말장난을 한 것임을 알 수 있다.

흥부전의 '보리나 타고 오게'는 동음어에 의한 결말이다. 사흘에 한 끼도 끓여 먹을 수 없어 자식들의 성화에 못 이기어 흥부 아내가 흥부에게 청을 한다(손낙범본, 『흥부전』).

"여보, 아이 아버지. 내 말 들어보시오. 부질없이 청렴한 체 마오. 안자(顔子)의 누항단표(陋巷簞瓢) 주린 염치 수양산에 아사(餓死) 하니 청루소부(靑樓笑婦) 울었으며, 부질없는 청렴 말고 저 자식들 살려 보사이다. 저 건너 아주버님 댁에 가서 쌀이 되거나, 돈이 되나 양단간에 얻어 옵소."

홍부 하는 말이,

"형님 댁에 갔다가 보리나 타고 오게."

홍부 아내 착한 마음에 보리라 하니까, 먹는 보리만 알고 하는 말이,

"여보, 배부른 소리 작작 하오. 보리는 흉년 곡식이라 늘우 먹기는 정말 쌀보다 낫습네다."

홍부 하는 말이,

"여보, 마누라. 보리라니까 갈보리, 봄보리, 늦보리로 아나 보오 그려. 우리 형님이 음식 끝을 보량이면 사촌을 몰라 보고 가사목이나 무푸레 몽치로 함부로 치는 천품(天品)이니 그런 보리를 어떤 놈이 탄단 말인가?"

홍부 아내 하는 말이,

"애고, 이 말이 웬말이오? 상담에 이르기를 '동량은 아니 준들 쪽박까지 깨치리까?' 하니, 맞으나 아니 맞으나 쏘아나 보다가 그만 둡소."

이 글에서는 홍부가 '매를 되게 얻어맞는다'는 뜻의 속어 '보리타다'를, 홍부 아내가 '보리(麥)를 타다(受)'의 뜻으로 받아 결말을 한 것이다. 이렇게 홍부 아내가 '보리타다'를 동음이의어로 받았기 때문에 홍부가 매를 맞게 될지도 모른다는 복선이 좀 더 강조된다. 그리고 실제로 홍부는 놀부에게 도끼 자루로 흠씬 얻어맞는다. 이때의 광경이 비유를 섞어 다음과 같이 사실적으로 묘사되어 있다.

놀부놈이 마당쇠를 시켜 보리섬 뒤에 하여 두었던 도끼 자루 묶음을 내다 놓고, 손에 닿는 대로 골라잡더니 그만 달려들어 흥부 뒤꼭지를 잔뜩 흠쳐쥐고 몽둥이로 함부로 치는데 마치 손 잰 승의 비질하듯, 상좌중의 법고 치듯, 아주 탕탕 두드리니 흥부 울며 하는 말이,

"애고 형님, 이것이 웬 일이오? 방약무인 도척(盜跖)이도 이에서 성인이요, 무거불측 관숙(管叔)이도 이에서는 군자로다. 우리 형제 어찌하야 이렇게 하오? 아니 주면 그만이지 때리기는 무슨 일고? 어머니 나 죽소."

그리고 흥부의 아내 말 가운데 '맞으나 아니 맞으나 쏘아나 보다가 그만 둡소.'도 동음어에 의한 곁말이다. '매를 맞다'의 '맞다'를 '명중시키다'의 '맞다'로 돌려 표현하였기에 '쏘아나 보다가 그만 둡소.'란 말이 나온 것이다. 이렇게 표현함으로 매에 대한 공포에서 다소나마 벗어날 수 있어 흥부는 무서운 형님 댁을 향해 나설 수 있었던 것이라 할 수 있다. 그러나 복선은 결국 위에 본 바와 같이 현실로 나타나고 말았다.

입 위의 입은 여(呂)씨

이번에는 먼 옛날이야기가 아닌, 현대의 이야기라 할 일화를 하나 보기로 한다. 그것은 자칭 이 나라의 국보라 하던 무애 양주동(梁柱東) 선생에 얽힌 파자, 내지 어희 이야기다.

선생의 수필집 『문주반생기』에는 그의 결혼에 관한 이야기가

적혀 있다. 그는 12살의 어린 나이로 장가를 갔다고 한다. 결혼식을 마치고 저녁에 사랑에 들었을 때의 이야기다. 동네 총각들이 한턱내라고 재촉하였다. 그것을 무애는 '글싸움'이라 하였고, 이때 소위 '단자(單子)라는 것을 들인다고 하였다. 지난날 신랑은 이 글을 받는 대로 척척 대꾸를 해야 무식하다는 초달(楚撻)을 면하게 되었다고 한다. 무애의 이야기는 대체로 다음과 같은 내용이다.

동네 청년들의 단자(單子)가 사랑으로 들어왔다.

'월출고(月出高)'

이는 문자 그대로 '달이 높이 떴다'는 의미가 아니다. 신랑을 골리기 위해 말하자면 우리의 향가(鄕歌) 표기처럼 한자의 음(音)과 새김(訓)을 이용한 향찰식(鄕札式) 표현을 해 시험한 것이다. '月'과 '出'은 새김으로 읽을 것이고, '고'는 독음(讀音)으로 읽어야 한다. 그리하여 '月出'은 '달 월, 날 출'자이고, 여기에 '高(고)'자가 이어지니 이 말은 '달나고'가 된다. 신랑에게 무엇인가 내놓으라는 것이다. 이러한 뜻의 단자임을 안 무애는 바로 다음과 같이 대구(對句)를 적어 내 보냈다.

'일입어(日入於)'

표현 구조는 '월출고(月出高)'와 똑 같다. '日'과 '入'은 새김이고, '於'는 독음을 나타낸다. 따라서 그 뜻은 '날 일, 들 입'자에 어조사 어(於)자가 이어졌으니, '날들-어(날더러?)', 곧 '나더러 달라는 말이냐?'고 한 것이다. 나는 주인도 아닌데 왜 하필 내게 무엇을 달라느냐고 반거절(半拒絶)을 한 것이다. 그러자 다시 그 다음 도전장이 들어왔다.

'언유마(言有馬)'

이는 표현구조가 앞의 단자와는 다르다. 파자(破字)의 형식을 취한 것이다. 이것이 파악되자 풀이는 바로 되었다. '言자에 馬자가 있다'는 단자다. 그리고 여기서 '馬'자는 문자 그대로 '馬'가 아니요, 간지(干支)에서 말을 나타내는 '말 오(午)'자를 가리킨다. 따라서 이는 '言에 午자가 있다.'는 말이니 '허할 허(許)'자가 된다. '허할 허(許)'자를 '언(言)'자와 '午'자로 파자한 것이다. 따라서 메시지는 '허락하라'는 말이다. 곧 '달라고(月出高)', 이미 청했는데, 그것을 '허락(許諾)하라'는 재촉인 것이다. 이에 무애는 단자를 다음과 같이 써 보냈다.

'물무우(物無牛)'

이의 표현 구조는 '言有馬'와 똑 같은 구조의 파자다. '物자에 牛자가 없다.'는 말이다. '만물 물(物)'자는 '소 우(牛)' 변에 '말 물(勿)'자를 쓴 글자다. 따라서 '물무우(物無牛)'란 '물(物)'자를 '우(牛)-물(勿)'로 파자하고, 여기에 '우(牛)'자가 없다고 한 말이다. 그렇게 되면 '말 물(勿)'자만 남게 된다. 따라서 이는 '달라고- 허락하라'에 대해 '날더러- 못하겠다'라는 거절의 의사 표명이 된다.

이에 마을의 도전자들은 실색하고, 혀를 차며 도망쳤다고 한다. 그도 그럴 것이 아무것도 모를 것이라 얕본 어린 신랑이 향찰 및 파자의 도전에까지 응구첩대하니 그도 그럴 수밖에 없었을 것이다.

'칼보다 펜이 무섭다'고 하거니와 이 이야기는 문필로 동네 도전자를 일격에 물리친 혼야(婚夜)의 싸움이라 하겠다. 그리고 파자는 고차원의 무기로 작용한 것이다.

다음에는 파자에 가까운 수사의 외설담(猥褻談) 하나를 덧붙이기로 한다. 이는 많이 알려진 소화(笑話)로, 출전은 성수패설(醒睡稗說)이다.

부부가 살고 있었다. 지아비는 소경이고, 지어미는 심히 더듬어 말을 못하는 사람이었다. 하루는 밖이 시끄러워 지아비가 아내에게 그 까닭을 물었다. 지어미는 지아비의 손을 끌어 두 젖무덤 사이에 사람 인(人)자를 썼다. 사내는 말했다.

"인(人)자 양쪽에 점이 있으니 필시 불이 난 것이로다. 그러면 어디에 났는가?"

지어미는 다시 사내의 손을 끌어 제것을 어루만지게 하였다.

"여기는 본래 습한 곳이니, 필시 이동(泥洞)이렷다. 그러면 이동 뉘 집에 불이 났는가?"

계집은 지아비와 입을 맞추었다. 사내는, "입 위에 입이 있으니, 필시 여(呂)서방 집이로구나. 그러면 얼마나 탔는가?"했다

지어미는 손으로 지아비의 그것을 어루만져 세웠다. 지아비는 이르되, "이놈이 오뚝 섰다면 다만 기둥 하나만 남고 다 탔겠군!" 했다.

이때 문밖에서 누가 와 찾았다.

"누구요?"

지어미는 손으로 지아비의 양근(陽根) 허리를 잡았다. 지아비는 알았다는 듯이 말했다.

"위에는 갓이 있고, 기둥 아래 두 덩어리가 있으니 필시 송(宋) 서방이로다."

이 이야기는 주로 성기를 활용하여 파자를 하게 함으로 야한 육담을 한 것이다. 우리 선조들은 이런 야담을 즐기며, 이들이 재미 있어 잠을 깨우는 것이라 했다. 그래서 이 육담의 출전도 그 이름을 성수패설(醒睡稗說), 곧 잠을 깨우는 길거리 이야기이라 하였다.

29. 화살이 아슬아슬 빗나갔습니다.

빗나간 화살

한 해가 저무는 제야(除夜)에 우리 조상들은 여러 가지 의식을 행하였다. 나례(儺禮), 수세(守勢), 액막이굿은 그 중 대표적인 것이다. 나례란 구나(驅儺), 곧 악귀와 역신(疫神)을 쫓아내는 의식이다. 수세란 역귀(疫鬼)의 침입을 막는 것으로, 마루 · 다락 · 방 · 부엌, 심지어는 외양간 · 변소에 이르기까지 환히 불을 밝히고 밤을 새우는 것이다. 어린이들에겐 이날 밤 잠을 자지 말라고, 자면 눈썹이 센다고 겁을 주기까지 했다. 액막이굿은 집안에 머물고 있는 액을 몰아내기 위해 굿을 하는 것이다. 이렇게 지난날은 연말에 역신을 쫓아내고, 액(厄)을 물리치는 의식을 많이 행하였다. "제야(除夜) · 제석(除夕) · 세제(歲除)"의 "제할 제(除)"자는 이러한 역신, 역귀(疫鬼)를 제거한다는 의미를 지니는 말이다. 그러나 오늘날은 이러한 역질

(疫疾)의 귀신보다는 오히려 대인관계의 인사(人事)가 문제가 되고 있다. 최순실의 국정농단은 그 중 대표적인 것이다. 그러기에 이번 연말에는 18~19세기에 편찬된 것으로 보이는 편찬자 미상의 『한국의 농담』에서 훈훈한 인사의 감동적인 이야기를 먼저 선보이기로 한다. 제목은 "빗나간 화살"이다.

성질이 포악하고, 인색한 수전노 고 첨지가 있었다. 그는 천석꾼의 부자이면서 고을 사람들을 못살게 굴어 원성이 대단했다. 원은 많은 뇌물을 받아 먹고 눈을 감아 주고 있었다.

하루는 고 첨지네 집안이 발칵 뒤집혔다. 그 집 소를 용천다리 아래 거지들이 잡아먹은 것이다. 화가 난 고 첨지는 횃불을 들고 거지 소굴에 가 그들의 움막을 다 태우고, 거지들에게 몽둥이찜질까지 안겼다. 화가 덜 풀린 그는 집에 들어와 약주를 벌컥벌컥 들이마시고 있었다. 그때 그의 부인이 방으로 들어왔다.

"저는 평생 영감이 하는 일에 간여하지 않았습니다. 몇 번이나 첩 살림을 차릴 때에도..."

고 첨지는 천장만 쳐다보고 말이 없었다.

"그런데, 이번에는 제 말 한 마디 들어 주셨으면 합니다."

"뭣이오?"

"저들이 오죽 배가 고팠으면 말을 잡아먹었겠습니까? 그리고 엄동설한(嚴冬雪寒)에 거처를 태워 저들은 모두 얼어 죽게 되었습니다. 제 소원 한번만 들어 주십시오."하고 거두어 주기를 바랐다.

망종(亡種) 고 첨지도 그 말을 듣고 마음에 느껴지는 바가 있었다. 그는 강둑에 모닥불을 피우고 웅크리고 앉아 달달 떨고 있을 거지들을 집으로 데려오게 하였다. 그리고 여자들은 찬모 방으로, 남자들은 행랑방으로 들어가게 하였다. 고 첨지가 행랑방 문을 열자 거지들은 무슨 낭패를 당할까 보아 숨을 죽였다. 그런데 그의 말은 뜻밖이었다.

"말고기 먹고 술 안 미시면 체하는 법이여!"

거지들은 어리둥절하였다. 그리고 술과 안주를 들여와 먹고 마시게 하였다. 아낙네들에게는 밥과 고깃국을 가져다 주었다. 고 첨지는 거지들에게 술을 따라 주고, 자신도 몇 잔 받아 마셨다. 그는 거지가 된 사연을 듣고 코끝이 찡하였다.

"우리 집에 방이 여럿 있으니 여기서 겨울을 나거라. 봄에는 양지쪽에 집을 지어 주마."

행랑은 울음바다가 되었고, 이 소식을 전해 들은 찬모 방에서도 감격의 울음이 터져 나왔다. 안방 마님도 뜨거운 눈물을 흘렸다.

"영감, 고맙습니다. 당신은 대인(大人)이십니다."

그 뒤 눈이 펄펄 날리는 날 고 첨지는 마을을 가다가 노 스님을 만났다. 스님은 고 첨지를 한참 쳐다보더니 이렇게 말했다.

"관상이 변했소이다. 화살이 목을 맞힐 것 같더니 아슬아슬 빗나갔습니다."

이 말에 고 첨지는 "그럼, 안 죽겠네."라고 대꾸했다.

하루는 고 첨지네 행랑방에서 거지들이 새끼를 꼬고, 짚신을 삼고, 가마니를 짜며 시끄럽게 떠들고 있는데, 한 초라한 행색의 선비가 들어왔다.

"고 첨지라는 못 된 인간이 온갖 악행을 한다는데, 여기는 그에게 당한 사람이 없소이까?"

이튿날 새벽 사또가 헐레벌떡 고 첨지를 찾아왔다.

"고 첨지, 큰일 났소. 어젯밤 암행어사가 당신네 행랑방에서 거지들에게 몰매를 맞고 주막에 누워 있소. 크게 다치지는 않은 모양이오. 의원이 진맥을 하다 마패를 보고 내게 알려 왔소."
얼마 뒤 고 첨지는 임금님이 하사(下賜)한 큰 상을 받았다.
"부인, 이 상은 부인의 것이오. 소인(小人)의 절을 받으시오."
부인의 제언을 들은 고 첨지에게 화가 복이 되어 돌아온 것이다.

이는 포악하고 인색한 고첨지가 부인의 말을 듣고 개과천선하여 화가 복이 되어 돌아온 것을 풍자한 설화다. 적선지가(積善之家)에 필유여경(必有餘慶)이란 말이 있거니와 선(善)을 베풂으로서 고 첨지는 요절할 운명에서 벗어나고, 거기에 임금의 상까지 받는 복을 누리게 된 것이다.

셋 하면 새색시가 거울을 본다

앞에서 설화를 보았으니 다음에는 민요를 보기로 한다. 어두음을 활용한 겯말의 노래로 여자 어린이들이 즐겨하는 고무줄 놀이를 하며 부르는 "고무줄 노래"다.

하나 하면 할머니가 지팡이를 든다 잘잘잘
둘 하면 두부 장수 종을 친다고 잘잘잘
셋 하면 새색시가 거울을 본다고 잘잘잘
넷 하면 냇가에서 빨래를 한다고 잘잘잘
다섯 하면 다람쥐가 알밤을 깐다고 잘잘잘
여섯 하면 여우가 피리를 분다고 잘잘잘

일곱 하면 일본 놈이 칼싸움 한다고 잘잘잘
여덟 하면 여학생이 공부를 한다고 잘잘잘
아홉 하면 아홉 명이 장난을 한다고 잘잘잘
열 하면 열무장수 열무를 판다고 잘잘잘

이는 정동화의 "경기민요"(2002)에 채록되어 있는 노래다. 일종의 수요(數謠)라 할 노래로 숫자와 어두음이 같은 말을 활용한 어희요(語戱謠)다. "하나-할머니, 둘-두부장수, 셋-새색시, 넷-냇가, 다섯-다람쥐, 여섯-여우, 일곱-일본 놈, 여덟-여학생, 아홉-아홉 명, 열-열무장수"가 같거나 비슷한 어두음을 활용해 운율과 표현효과를 드러내고 있는 민요다. 다만 "아홉"의 경우는 같은 숫자 "아홉"이 쓰여 파격이 되고 있다. "아이들" 쯤으로라도 노랫말을 바꾸었더라면 같은 어두음의 곁말이 되어 조화를 이루었을 것이다.

한양 성내를 가거들랑 이내 소식을 전해 주오

어두음을 활용한 곁말에는 수요(數謠)가 있고, 또 "언문뒤풀이"와 같은 자요(字謠)가 있다. 언문뒤풀이는 앞에서 몇 가지를 살펴본 바 있다. 그런데 경기민요 가운데도 몇 가지 언문뒤풀이가 있는데, 이 가운데는 전에 본 "가요집성(歌謠集成)"의 것과는 꽤 다른 것도 있다. 그 중 많이 차이가 나는 "언문뒤풀이"를 하나 보기로 한다. 이는 경기 파주에서 채집된 것이다.

ㄱ자로 안채를 짓고, ㄴ자로 행랑을 받쳐
철정으로 구들을 놓고 기와로다가 개비하여
지긋지긋이 사잤더니 인연이 없어서 못 살겠네.
가갸거겨 가의 없는 이내 몸은 거지같이 되었구나.
고교구규 고생하는 우리 낭군 구간(苟艱)하기가 어렵도다.
나냐너녀 나귀 등에 솔질하야 금준안장을 지어 타고 십삼도 강산을 유람하세.
노뇨누뉴 노세 노세 젊어서 놀아 늙어지면 못 노나니.
다댜더뎌 다닥다닥 붙었던 정이 엊그저께야 똑 떨어졌네.
도됴두듀 도중(途中)에 늙은 몸이 다시 갱소(更少) 어려워라.
라랴러려 날아가는 원앙새는 널과 날과 짝을 짓고
로료루류 노루장화 인객(引客)의 년은 처처에 있건마는
우리 낭군은 어디를 가서 날을 찾을 줄 왜 모르나?
마먀머며 마자고 마자고 마잤더니 부모님 생각이 절로 나네.
모묘무뮤 모질도다 모질도다 우리 낭군이 모질도다. 우리네 낭군이 모질도다.
바뱌버벼 밥을 먹다 돌아를 보니 벗님이 없어서 못 먹겠네.
보뵤부뷰 보고지고 보고지고 우리나 부모님 보고지고.
사샤서셔 살았는지 죽었는지 소식도 전무 돈절하다.
소쇼수슈 소슬 단풍 찬바람에 울고 가는 저 기러기
한양 성내를 가거들랑 이내 소식을 전해 주오.
아야어여 아해의 손목을 더덥석 잡고 어이없이도 놀았구나.
오요우유 오동 복판(腹板) 거문고에 새 줄을 매고 타노라니
저 백학(白鶴)은 제 짐작하고 우둘우둘히 발춤 추네.
자쟈저져 자주자주 만나잤더니 언약이 지중해 못 만났네.
조죠주쥬 조별(早別)의 낭군도 내 낭군인데 편지 한 장이 무소식이야.

차챠처쳐 차라리 차라리 죽었드라면 이런 꼴 저런 꼴 아니 볼 걸.
초쵸추츄 초당 안에 고이 든 잠 학의 소래 놀래 깨니
우던 아들 간 곳이 없고 들리나니 새 소리라.
카캬커켜 용천대검(龍泉大劍) 잘 드는 칼로 이내 목숨을 똑 끊었더라면 이런 것 저런 것 아니 볼 걸.
코쿄쿠큐 콜장콜장 우던 눈물에 요내 옷깃을 다 적시네.
타탸터텨 타도타도 월타도(越他道)하니 누굴 바라고 여길 왔나?
토툐투튜 토지지신(土地之神)이 감동해서 님 주실 줄 왜 모르나?
파퍄퍼펴 파요파요 보고파요 **우리 부모님** 보고파요.
포표푸퓨 폭포수 흐르는 물에 이내 목숨이 풍덩실 빠져서 이런 것 저런 것 아니 볼 걸.
하햐허혀 한양 내 낭군도 내 낭군인데 편지 한 장이 무소식이야.
호효후휴 후회지신 마잤더니 임의 생각이 절로 난다.

경기민요는 "가요집성"의 가사가 부분적으로 바뀐 것으로 보인다. 꼬딕체로 된 부분이 의미 있는 차이를 보이는 것이다. 우선 경기민요는 노래의 대상을 "님" 하나만이 아닌, "님"과 "부모" 양쪽에 두고 있어 표현 효과 면에서 호소력이 약하고, 조리에 맞지 않는 부분이 보인다. 따라서 이는 "가요집성"의 그것에 비해 질이 떨어진다. **"행랑을 받쳐 철정으로 구들을 놓고 기와로다가 개비하여"**와 **"인연이 없어서 못 살겠네."**는 "가요집성"에 가사가 더해진 것이고, **"다시 갱소 어려워라."**는 경기민요에 빠진 부분이다. **"인객(引客)의 년은"**은 "인개가절인데"를 의도적으로 개작했거나, 잘못 노래한 것이다. **"우리 낭군은 어디를 가서 날을 찾을 줄 왜 모르나?"**는 가사를 추가한 것으로 강조의 의미를 지닌다. "부모님 생각이 절로 나네.", "벗님이", "우리나 부모님"은 각각 "가요집성"에 "님의 생각, 님이, 님의 화용을"로 되어 있는 것이다. 따라서 경기민요는 뒤의 가사와 잘 호응이 안 된다. "살았는지 죽었는지 소식도 전무 돈절하다."는 그 중 대표적인 것이다. "한양 성내를 가거들랑 이내 소식을 전해 주오."는 "임의 소식을 전하여 주렴아"를 "한양 성내"라고 구체화함으로, 임의 소식 아닌, 내 소식을 전해 달라는 것으로 바뀌었다. "아해의 손목을 더덥석 잡고 어이없이도 놓았구나."는 "아예 덥석 잡았던 손목 어이없이 놓쳤구나."가 멋없는 엉뚱한 표현으로 바뀐 것이다. "우둘우둘히 발춤 추네."와 "만나쟜더니 언약이 지중해 못 만났네."는 "우줄우줄 춤만 춘다."와 "자로 종종종 모시던 님 어이 그다지 못 오시나?"가 개악된 것이다. "죽었드라면 이런 꼴 저런 꼴 아니 볼 걸."은 조별(早別) 낭군을 만나지 않았다면, "차라리 몰랐으면 뉘가 뉜 줄 몰랐을 걸."이라고 자탄(自嘆)할 것이 어색한 극단적 표현으로 바뀐 것이다. "우던 아들"과 "새 소리라"는 문맥상 "우던 학"과 "물 소래뿐이로다"가 어울리지 않게, 어색한 표현으로 바뀐 것이다. "카캬커켜 용천대검 잘 드는 칼로 이내 목숨을 똑 끊었더라면 이런 것 저런 것 아니 볼 걸."은 "가요집성"에 빠져 있는 구절을 보충한 것이다. "파요파요 보고파요 우리 부모님"은 "우리 낭군"이 바뀐 것이다. 그리고 가요집성의 언문풀이에는 "과궈놔눠 영리 과천 지나는 길에 과문불입이 웬 말이요. 돠둬롸뤄"가 덧붙어 있는데, 경기

민요에서는 이것이 빠져 있다. 이는 군더더기로 잘 빠졌다 하겠다.

가마솥의 누룽지 긁어 드릴게

이번에는 조혼(早婚)의 폐해를 풍자한 민요를 보기로 한다. 조혼의 동기는 여러 가지가 있겠으나, 그 중의 하나가 원(元)나라에서 처녀 조공을 원해 과년한 딸을 어린 신랑과 결혼을 시키게 된 것이 아닌가 한다. 다음의 민요는 "손놀이 소리"로서 이러한 조혼의 폐해를 노래한 것이다.

> 옛날 옛적에 꼬마 신랑이
> 이불에다 오줌을 쌌대요.
> 난 몰라 난 몰라 집에 갈 테야.
> 서방님 서방님 가지 마세요.
> 가마솥의 누룽지 긁어 드릴게.

이는 경기 김포에서 채집된 노래로, 꼬마 신랑이 첫날 밤에 오줌을 싸고, 부끄러워 집에 간다고 성화를 하니 신부가 누룽지를 준다고 신랑을 달래는 풍자적인 노래다. 지난날 우리의 혼인 풍속의 하나는 어린 신랑이 과년한 신부를 맞는 것이었다. 그래서 이런 웃지 못할 조혼(早婚)의 폐습이 민요에 드러나는가 하면, 설화에 많이 나타나는 것을 볼 수 있다. 이에 조혼의 폐단을 풍자한 구체적 사례를 설화에서 한두 편 보기로 한다. 먼저 어수신화(禦睡新話)에 보이는 예다.

어린 신랑이 다 큰 처녀를 아내로 맞았다. 혼례를 치른 뒤 신행(新行)을 왔다. 신랑집에서는 손님을 초청해 잔치를 베풀었다.

집안은 이미 손님들로 가득한데, 그 자리에는 꼬마 신랑도 있었다. 신랑은 신부를 보자 손님들 앞에서 손가락질을 하며 큰소리로 말했다.

"저년이 온다. 며칠 전에 나를 눕히고, 세게 끼어 안던 년. 다리로 나를 끼고 짓누른 뒤 내 잠지를 밤새도록 주무르던 년. 내 배에 올라탔다가 엎드렸다가 하면서 나를 견딜 수 없이 아프게 하던 년. 그 년이 왜 우리 집에 왔느냐? 왜 왔어? 나는 무섭단말이야!"

그리고는 곧바로 밖으로 달아났다. 자리에 앉아 있던 사람들은 친정아버지가 무안해 할까 보아 모두 묵묵히 앉아 있었다.

이미 성(性)에 눈이 뜬 신부, 아직 성을 모르는 꼬마 신랑. 초야의 신부 행동을 공개적으로 비난하는 꼬마 신랑의 말에 신부의 친정아버지는 매우 난처했을 것이다. 진담론(陳談論)이란 설화집에도 조혼 이야기가 보이는데, 이는 "어수신화"의 이야기보다 좀 더 야한 표현을 담고 있다. 그 요지는 다음과 같다.

신부는 신랑을 사랑했지만, 꼬마 신랑은 신부를 좋아하지 않았다. 부모가 걱정이 돼서 물어보니, 꼬마 신랑은 신부와 같이 자고 싶지 않다고 했다. 그 까닭을 물으니, 함께 자면 신부가 자기 고추를 뽑으려고 해서 아파 견딜 수 없다는 것이었다. 부모가 해괴하여 무슨 말이냐고 물으니, 꼬마 신랑은 눈물을 흘리면서 이렇게 대답했다.

"신부가 내 고추를 자기 다리 사이에 밀어 넣는데 어떻게 아픈지 참을 수가 없어요?"

지난날의 조혼은 이렇게 결혼이 결혼이 아니었다. 즐거워야 할 인생지대사(人生之大事)를 악몽으로 시작한 경우가 많다. 그러나 모든 신랑이 이렇게 유치한 것만은 아니었다. 한 새 색시가 사내구실도 못하는 어린 신랑이 미워 지붕 위로 던져버렸다. 마침 들에 일을 나갔던 시부모가 들어오신다. 신부는 안절부절못한다. 이때 지붕 위에서 어린 신랑이 "아직 박이 덜 익었네."한다.

철없는 신랑으로만 알았던 어린 신랑이 어디서 저런 지각(知覺)이 난 것일까? 다 큰 색시도 생각지 못할 저런 지각이... 신부는 어린 신랑이 대견하고 고맙기만 하다. 어린 신랑의 기지가 새 며느리를 살린 것이다.

에필로그 _ 곁말 기행을 마치며

"재미있는 곁말 기행- 곁에 두고 읽는 곁말 (상), (하)"를 통해 우리의 전통적 수사 곁말을 살펴보았다. 이제 마무리를 지어야 할 차례다.

무엇이나 시작이 있고, 끝이 있게 마련이다. 그리고 수미쌍관(首尾雙關)이란 말도 있듯 처음과 끝은 서로 관련을 갖는 법이다. 이에 우리의 곁말 이야기는 프롤로그로 시작하였으니 에필로그로 매듭을 지어야 하겠다.

에필로그에서는 우선 곁말의 의미를 확인하고, 그 특성에 따른 용례를 다시 한 번 되돌아보며, 이의 효용(效用)에 대해 점검해 보기로 한다.

1. 곁말의 의미와 용례의 확인

"곁말"은 사물을 바로 말하지 아니하고, 다른 말로 빗대어 하는 말이다. 이는 본래 특정사회에서 그들 나름의 특정표현을 하던 것이 대중화하며, 하나의 표현 기법으로 발전한 것이다. 이의 대표적

기법의 하나는 "싱겁다"를 "고드름 장아찌 같다.", "희떱다"를 "까치 뱃바닥 같다."와 같이 비유하여 표현하는 것이다. 다른 하나는 동음어 내지 유음어를 활용하여 언어 유희(word play)를 하는 것이다. 예를 들면 "문화 광대(廣大)"를 "문어(文魚)"로 받아, "문화 광대가 어디 있느냐?"에 "문어는 술집의 초장 속에 있다."고 재담을 하는 것 같은 것이다. 이러한 곁말의 기법을 이 책에서는 다음과 같은 너덧 가지 특성을 지니는 것으로 보았다.

① 빗대어 표현하는 해학과 풍자의 말
② 동음어와 유음어, 및 다의어에 의한 어희(語戱)
③ 속담・수수께끼・파자(破字) 같은 일정한 형식의 비유적 표현
④ 육담・재담과 같은 재치 있고 해학적인 표현

이러한 특성을 지니는 곁말은 좀 더 내용적인 면에 초점을 맞추어 해학, 풍자, 기지, 반어, 패러디의 곁말과 같이 나눌 수도 있다.

곁말은 이러한 다양한 특성을 지닌다. 따라서 여기에서는 곁말을 정리하는 의미에서 그 특성을 좀 더 세분하고, 이들의 예를 살펴보기로 한다. 곁말의 용례는 본론에서 살펴본 예들을 중심으로 확인하기로 하고, 그 밖의 새로운 예를 제시하기도 할 것이다.

1) 비유적인 표현

우리는 수사적 기법으로 비유법과 열거법을 많이 사용한다. 비

유법은 대표적인 결말의 기법이다. 결말에는 직유와 은유가 다 같이 많이 쓰인다. 장화홍련전의 계모 허씨의 모습은 "눈은 퉁방울 같고, 코는 질병 같고, 입은 미여기 같고, 머리털은 도야지 털 같고,... 소리는 일히 소리 같고.. 얽기는 콩멍석 같으니"와 같이 직유를 주로 활용하고 있다. 이에 대해 신재효의 심청가에서 뺑덕어미의 묘사에는 직유와 은유가 아울러 쓰이고 있다. "말총 같은 머리털이 하늘을 가리키고, 됫박이마, 횃 눈썹에, 움푹눈, 주먹코요, 메주 볼, 송곳 턱에, 써레니 드문드문, 입은 큰 궤문 열어 논 듯하고, 혀는 짚신짝 같고, 어깨는 키를 거꾸로 세워 놓은 듯, 손길은 소댕을 엎어 놓은 듯, 허리는 짚동 같고, 배는 폐문 북통만, 엉덩이는 부잣집 대문짝..."(상, p.254 참조)이 그것이다.. 이러한 비유는 단순히 사물의 모양만이 아니고, 행동을 빗대기도 한다. 이런 예는 앞의 뺑덕어미의 묘사에도 보이거니와, 다음의 "글 공부"란 민요에서는 온통 이러한 직유로 성장(成長)을 묘사하고 있는 것을 볼 수 있다.

> (옥동 같은 귀한 애기/ 뭉게 뭉게 자라날 제)
> 육칠월에 오이 크듯/ 칠팔월에 가지 붓듯
> 만수산에 구름 일 듯/ 용운산에 안개 피듯
> 동해 바다 파도 일 듯/ 서해 바다 물밀 듯이
> 뭉게 뭉게 자라날 제/ ...

참요(讖謠)들에는 은유, 특히 풍유(諷諭)가 주로 쓰이고 있다. 인현왕후 민비(閔妃)와 장희빈(張禧嬪)의 애정관계를 예언한 "장다리는 한철이나/ 미나리는 사철이다."는 그 한 예이다. 여기서 장다리와 미나리는 각각 장희빈과 민비를 비유한다. 이 밖에 잘 알려진 임제(林悌)의 한우가(寒雨歌)의 "찬비"는 기생 한우를, 황진이의 "청산리 벽계수야" 시조에서 "벽계수(碧溪水)"는 종친 벽계수(碧溪守)를, 명월(明月)은 황진이를 비유한 것이 은유에 의한 것이다.

2) 동음어 내지 유음어에 의한 표현

동음어 내지 유음어에 의한 곁말은 전체 어휘의 음이 같거나 비슷한 것과, 어휘의 일부분이 같은 것을 활용한 것이 있다. 부분 동음어는 어두음이 같은 것과 어말음이 같은 것의 두 가지가 있다. 동음 내지 유음에 의한 곁말은 각설이타령(장타령)에 많이 보인다. 이들 용례에는 다음과 같은 것이 보인다.

첫째, 전체 음이 같은 것

춘향모가 "이가라면 이 갈린다."고 하고 있는 것이 이런 것이다. 성 이(李)에 동음어 이(齒)를 끌어들여 표현효과를 높이고 있다. 최승호 시인의 동시 "고래"에서 "고래에게 왜/ 바다사자를 잡아먹냐고 야단쳤더니/ 고래가 되레/ 고래고래 소리를 지르는 거야"도 이런 곁말이다. 다른 예로는 지명(地名)풀이요를 들 수 있다. "청주(淸

州) 안주(安州)는 대구(大邱)/ 상주(尙州) 장단 (長湍) 곡성(谷城)/ 청주(淸酒) 안주(按酒)는 대구(大口)요/ 상주(喪主) 장단(長短)은 곡성(哭聲)이라" 에서 지명 "청주 안주 대구"를 "청주(淸酒) 안주(按酒) 대구(大口)"의 술과 안주로, 지명 "상주 장단 곡성"을 "상주(喪主) 장단(長短) 곡성(哭聲)"의 상주의 곡성으로 동일시한 것이 그것이다(하, p.107).

유음어인 경우는 앞에서 본 "문화 광대"의 "문화"와 "문어"를 동일시한 것이나, 봉산탈춤에서 "법고 놀자"를 "벗구 놀자"라고 하여 상대방을 놀라게 한 것이 그것이다.

둘째, 어두음이 같은 것

어두음을 활용하는 곁말은 달풀이요, 요일요(曜日謠), 수요(數謠), 구구풀이요, 성요(姓謠), 언문풀이요 등에 많다. "정월달에 정이 들어/ 이월달에 이별하고/ 삼월달에 삼십 청춘 고개를 넘고/ 사월달에 사시나무 옛님이 그리워/ 오월달에 오시는가/ ..."는 달풀이요의 예다. "이 서방 일하러 가세/ 김 서방 김 매러 가세/ ..."와 같이 성과 같은 어두음을 활용한 것은 성요(姓謠)다. 언문풀이는 "가나다라"의 순서에 따라 이와 같은 어두음의 말을 활용하여 노래하는 것이다. "가갸거겨 **가이없는** 이 내 몸이/ **거지 없이** 되었구나./ 고교구규 **고생하던** 우리 낭군 **구간하기** 짝이 없구나..."와 같이 노래하는 것이 그 예다(하, p.225 참조).

셋째, 어말음이 같은 것

이 형태의 결말은 "사또 말고 오또", "춘향인지 난향인지", "곳불인지 향불인지"와 같이 표현하는 것이다. 이러한 결말에는 "인자 타령", "연자 타령", "절자 타령", "통자 타령"과 같이 동음이의(同音異義)의 어말음을 활용한 결말이 많다. 대표적인 용례는 신재효의 "박타령"에 어말음 "제비"를 활용한 것이 있다. "놀보가 제비에 상사병이 달려들어 길짐승은 족제비를 사랑하고, 마른 그릇은 모제비만 사고, 음식은 칼제비, 수제비만 하여 먹고, 종이 보면 간(簡)제비를 접고, 화가 나면 목제비를 하는구나."가 그것이다. 장자방의 춘향가에는 남원에는 "사망"이 물 미듯 한다며, "원님은 주망이요, 좌수는 노망이요, 아전은 도망이요, 백성은 원망, 그리하여 사망이오"라 농부가 결말을 하는 것을 보여 준다. 한시문(漢詩文)을 인용한 타령에는 남원고사의 인자와 연자 타령이 보인다.

3) 다의어에 의한 표현

다의어에 의한 표현은 한 마디로 동일어를 다른 의미로 사용하는 것이다. 앞에서 본 설화에서 장모가 "변변치 않은 것을 잘 했는가?" 하는 질문에 사위가 "세 차례 하였습니다."라 답한 것이 이런 것이다. 여기서는 "변변치 않은 것(劣物)"이 각각 "음식", "신부"를, 그리고 "했는가?"가 "먹었는가?"와 "성관계를 하였는가?"란 다른 의미로 사용해 결말이 된 것이다. 그리고 남원고사에서 "탄주

(彈奏)"를 의미하는 "타다"를 가지고 말놀이를 하는 것이 보이는데 여기의 춘향의 말은 다의어를 활용한 결말이라 하겠다.

"거문 것이 아니라 타는 것이오."
"타는 것이라 하니 잘 타면 하루 몇 리나 가느냐?"
"그렇게 타는 것이 아니라 뜯는 것이오."
"종일 잘 뜯으면 몇 조각이나 뜯나니?"
그렇게 뜯는 것이 아니라, 손으로 줄을 희롱하면 풍류 소리 난다 하오."

4) 속담에 의한 표현

속담은 구비적 잠언이다. 따라서 이는 교훈적 의미를 지녀 교육적 기능을 지니기도 한다. "비단이 한 끼, 언제는 외조할미 콩죽으로 살았나?, 지어미 손 큰 것, 혀 밑에 죽을 말 있다." 등이 이러한 예다. 이러한 속담은 소위 속담투 직유(proverbial simile)로도 많이 쓰인다. "왕십리 마누라 풋나물 씻듯"이나, "칠팔월 가지 씻듯"과 같은 것이 그것이다. 이는 고대본 춘향전에서 춘향이 목욕하는 장면에 쓰이고 있는 것을 볼 수 있다. "물 한 줌 듬뿍 집어 연적 같은 젖통이를 왕십리 마누라 풋나물 주무르듯 주물렁 주물렁 씻어 보며, 물 한줌 듬뿍 집어 옥 같은 모가지를 칠팔월에 가지 씻듯 뽀드독 뽀드독"이 그것이다.

5) 수수께끼에 의한 표현

수수께끼는 민족적 특성을 드러내는 지적 유희로서 지성을 계발하고, 참여자에게 즐거움을 제공한다. 이는 "사물에 대해 직접 말하지 아니하고 빗대어 알아맞히는 놀이"이므로 기본적으로 곁말의 특성을 지닌다.

수수께끼 특히 언어에 관한 미어(謎語)는 어말음을 활용한 것이 많다. "목에 사리가 무엇이냐?"에 대해 "다릿목에 송사리"라 답하는 따위가 그것이다. 이러한 예를 두어 개 더 들어보면 "간에 짝이 무엇이냐?"에 "뒷간에 볼기짝", "뚝에 치가 무엇이냐?"에 "말뚝에 까치"라 답하는 것이 그것이다. 이 밖에 여러 개의 어말음을 늘어놓고, 이에 답하게 하는 형식의 것도 있다. "각이 각을 지고 각으로 가는 것이 무엇이냐?"에 "총각이 청각(靑角)을 지고 여각(旅閣)으로 가는 것", 또는 "내가 게를 지고 과를 따니 감이 서라 서라 하는 것이 무엇이냐?"에 "사내가 지게를 지고 사과를 따니 영감이 아서라 아서라 하는 것"이라 답하는 것과 같은 것이 그것이다. 이는 꽤나 오락성을 드러낸다. 수수께끼는 춘향전에서 도령과 춘향이 번갈아 하는 것도 보여 준다. 수수께끼는 확실히 지적인 언어 유희다.

6) 파자에 의한 표현

한자의 자획을 풀어 나누는 것을 파자라 한다. 오얏 이(李)자를

"목자(木子)"라 풀어 "목자득국(木子得國)"이라 한 조선조 건국의 참요도 있었다. 이러한 파자로는 "신선(仙)"을 "산인(山人)", 지아비(夫)를 "오가출두천(吾家出頭天)"이라 하는 것도 있다. 파자는 일반적으로 통성명할 때 많이 쓰인다. "인월도 유(兪)", "묘금도 유(劉)"는 잘 알려진 파자의 성씨다. 우리의 작품에서는 흥부전, 박타령, 심청전, 심청가 등에서 수인사(修人事) 과정에 많이 쓰인 것을 볼 수 있다. 신재효의 심청가에서 통성명 하는 가운데 성자만 이르는 몇 장면을 보기로 한다. "내 성은 전엔 수레 차(車)자더니 초라하기에 앞뒤에 연(輦) 촛대를 떼어버렸소." "예, 납 신(申)잔가 보오." "내 성은 해 뜨는 데를 못 보는 자요." "예, 동이 막혔으니 묵을 진(陣)자시오."... "저분은?" "내 성은 호반(虎班)의 성이오. 긴 활 메고 다니지요." "예, 당신은 장(張)씨시오."가 그것이다. 앞에서 본 배짱 좋은 전주 선비의 글도 파자에 의한 글임은 말할 것도 없다.

7) 기지에 의한 표현

기지란 말을 골계화하는 지적 유희다. 여기서는 기지의 표현을 좁은 의미의 "기지"만이 아니라 재담(才談)까지를 포함하는 것으로 보았다. 기지의 예의 걸작은 "수영야유"에서 "얼씨고 절씨고 지화자 좋을씨고"라는 여흥을 "을(孽)씨고 절(寺)씨고, 지하자(至下者) 졸(卒)씨고"라고 재해석한 것이라 하겠다. 유음어에 의해 "얼씨고"를 "서얼의 씨"이고, "절씨고"를 "중(僧)의 씨고", "졸씨고"를 "졸(兵卒)

의 씨"라 기발한 발상을 하여 표현한 것이다. 시골 주모가 마을의 걱정거리 순찰사(巡察使)의 이장을 막은 것도 기지에 의한 것이다. 그녀는 지관(地官)인 남편이, 이장하려는 묏자리가 "당대에 왕후(王侯)가 태어난다는 명당"이라 했다고 순찰사에게 말함으로 당장 이장을 단념케 하였다. 만약 이런 사실을 알고 이장을 하였다면 역신으로 몰려 멸문지화(滅門之禍)를 당할 것이기 때문이다.

서장관(書狀官)의 희롱에 대한 기생의 반격은 재담이라 하겠다. 서장관은 주근깨가 많은 기생에게 "네 얼굴에는 주근깨가 많아 기름을 짜면 여러 되가 나오겠다."고 했다. 그러자 그 기생은 몹시 얽은 서장관을 보고, "서장관께서는 얼굴에 벌집이 많은데, 꿀을 취하면 여러 섬이 되겠습니다."라 반격을 가한 것이다. 정말 위트 있는 재담이다(상, p.335 참조).

8) 반어에 의한 표현

잘못을 저지른 것을 보고 "잘 한다!", 인색하게 구는 것을 보고 "참 푸짐하다!"라고 하듯 참뜻과 반대되는 말을 하는 수사기법을 반어법(Irony)이라 한다. 이는 "ironic, ironical"이란 말이 "비꼬는, 반어적인"이란 의미를 지니듯 비꼬는 표현이기도 하다. "이(虱)타령"이란 민요는 이러한 성질의 노래다. "네 발이 많아 육발인들, 일밭 한번 가 봤드나?/ 네 등판이 넓적한들, 나무 한번 져 봤드나?/ 네 배때지 부르단들, 네 땀 흘려 불렸드나?/ ..." 이렇게 이는 긍정적인 면을 지니고 있음에도 인간에게 무엇 하나 긍정적인 일을 한 것이 없다고 비꼰 것이다. 그리고 "요놈 이야 딱 죽어라."라고 노래를 끝맺는다. 이러한 비꼰다는 의미의 아이러니의 기법은 김삿갓의 시에 많이 보인다. "일출원생원(日出猿生原) 묘과서진사(猫過鼠盡死) 황혼문첨지(黃昏蚊簷至) 야출조석사(夜出蚤席死)"란 시는 외형상 원숭이, 쥐, 모기, 벼룩을 노래한 것으로 되어 있다. 그러나 실제 내용은 원생원(元生員), 서진사(徐進士), 문첨지(文僉知), 조석사(趙碩士)를 희롱한 것이다.

9) 패러디에 의한 표현

패러디(parody)란 다른 작품의 사상이나, 표현 등을 모방하여 풍자하거나 비판하거나 하는 것이다. 대표적인 용례로는 개의 오륜, 닭의 오덕, 무변의 사우(四友) 따위를 들 수 있다. 개의 오륜은 강령탈춤에 보이는데, "지주불폐(知主不吠)하니 군신유의요, 모색상사(毛色相似)하니 부자유친이요, 일폐중폐(一吠衆吠)하니 붕우유신이요, 잉후원부(孕後遠夫)하니 부부유별이요, 소부적대(小不敵大)하니 장유유서라."한 것이 그것이다. 닭은 벼슬을 지니고 있어 문덕(文德)을, 며느리발톱이 있어 싸움을 잘 해 무덕(武德)을, 적과 대해서는 목숨을 걸고 싸워 용덕(勇德)을, 먹을 것을 보고는 동료를 불러 같이 먹어 인덕(仁德)을, 때를 잊지 않고 새벽을 알려 신덕(信德)의 오덕(五德)을 지녔다는 것이다. 이는 특히 병가(兵家)의 오덕을 패러디한 것이라 하겠다.

10) 해학적 표현

해학은 유머(humour)를 의미한다. 이는 형식이기보다 익살스러운 내용과 좀 더 관련된다. 익살스러운 내용의 표현은 참으로 많다. 이는 장황하게 예를 들 필요조차 없다 하겠다. 해학적인 표현의 대표적인 것으로는 흥부전에서 흥부의 두옥(斗屋), 및 놀부의 심사 묘사 등을 들 수 있을 것이다. 다른 예로는 태평한화골계전에 수록된 손님 대접 이야기를 들 수 있다. 주인은 손님에게 집이 가난하고 시장이 멀어 상차림이 담박해 미안하다고 인사를 했다. 이에 손은 이렇게 응수하였다. “대장부란 천금을 아끼지 않는 것이니, 내가 타고 온 말을 잡아서 안주를 장만하시구려.” 하였다. 그러자 주인은 어떻게 돌아가시려고 그러느냐고 걱정한다. 손은 마당에 있는 닭을 빌려 타고 가겠다고 익살스럽게 응대하였다. 주인은 이에 손 대접이 소홀했음을 깨닫고, 닭을 잡아 손을 잘 대접했다. 해학적 이야기다.

허구적 사실을 마치 사실인 것처럼 익살스럽게 노래한 허언시(虛言詩)도 있다. 김삿갓의 한시 “푸른산 그림자 속에 사슴이 알을 품고”와 실명씨의 시조 “중놈은 승년의 머리털 잡고, 두 끈 맞매고” 같은 것이 그것이다.

11) 풍자적 표현

풍자적 표현이란 풍유(諷諭)의 기법을 활용하거나 광의의 풍자적 표현을 한 것을 말한다. 결말에는 이러한 풍자적 내용의 표현이 많다. 김삿갓의 "낙민루(樂民樓)"란 시에서 "선화당에는 화적질하는 무리들뿐이고/ 낙민루 아래에서는 백성들이 눈물을 떨군다/ 함경도 백성은 학정에 놀라 도망가니/ 관찰사 조기영의 집안이 어찌 오래 가겠는가?"도 이러한 풍자적 시다.

"빗나간 화살"이란 설화는 선을 베풂으로 요절할 운명에서 벗어나 잘 살게 되었다는 풍자적 설화다. 주인공은 부자이면서 아주 인색한 사람이었다. 그는 다리 밑의 거지들이 배가 고파 그의 소를 잡아먹자 저들의 거처인 움막을 불태워 의지할 데 없이 만들어 놓았다. 이에 주인공의 아내가 한 번만 자기 소원을 들어 달라며, 그들을 거두어 주기를 눈물로 호소하였다. 이에 주인공도 느끼는 바 있어 그들을 집으로 불러 들여 우선 같이 기거하기로 하고 내년에는 새로운 거처를 마련해 주겠다고 했다. 그래서 지나는 중이 하는 말이 관상이 변했다며 "화살이 목을 맞힐 것 같더니 아슬아슬 빗나갔습니다."라 한다. 이는 사람이 적선(積善)을 해야 함을 풍자한 것이다.

12) 외설적 표현

우리말에 육담(肉談)이란 것이 있다. 이는 사전에서 저속하고 품격이 낮은 이야기라 풀이하고 있지만 재담(才談), 곁말과 같이 쓰이는 말이기도 하다. 다만 재담과 구별을 한다면 좀 더 내용이 성에 기울어지는 것이라 할 것이다.

서민적인 문예물에는 이 육담이 많이 쓰이고 있다. 김삿갓이 서당의 모습을 그린 시 "서당내조지(書堂乃早知) 방중개존물(房中皆尊物), 생도제미십(生徒諸未十), 선생내불알(先生來不謁)"은 그중 대표적인 것이다. 이는 겉에 드러나는 문의와는 달리 "서당, 방중, 생도, 선생" 다음에 이어지는 표현은 독음이 완전히 성과 관련된 욕설이다. 시조에도 육담 시조가 적지 않다. "각씨네 외밤이 논이 물도 많고 걸다 하데/ 병작(竝作)을 주려거든 밑 안은 날을 주옵소/ 진실로 주려 곧 하거든 가래 들고 씨 지워 볼까 하노라" 이는 불륜의 성애를 노래한 것이다. 판소리 적벽가에는 계간(鷄姦)의 장면까지 그려져 있다(하, 152).

신재효의 변강쇠가에는 변강쇠와 옹녀의 말로 남녀의 성기가 익살스럽게 묘사되고 있다. 그런데 놀라운 것은 동양문고본 춘향전에도 이 성기가 도령과 춘향의 말로 각각 묘사되고 있다. 지난날에는 이렇게 육담은 금기사항이라기보다 자연스런 소화(笑話)의 소재였다.

2. 곁말 사용의 효용성

곁말의 특성을 살펴보았다. 그렇다면 이 곁말을 활용할 때 어떤 효용이 있는가? 각론에서 곁말의 용례를 살피는 가운데 간간이 그 효용에 대해 언급한 바 있다. 곁말의 효용성은 대체로 표현 자체와 독자에게 미치는 것의 두어 가지로 정리할 수 있을 것이다.

① 환정적 기능을 지닌다.
② 재미를 느끼게 한다.
③ 강조 및 변화를 꾀한다.
④ 해학성을 지니게 한다.
⑤ 풍자성을 지니게 한다.
⑥ 운율성을 지니게 한다.
⑦ 발상의 폭을 넓힌다.
⑧ 유무식, 혹은 반상이 두루 즐긴다.
⑨ 교훈성과 지식을 안겨 준다.
⑩ 외국 수사 기법의 이해를 돕는다.

그러면 이들 곁말의 효용성에 대해 약간의 설명을 덧붙이기로 한다.

1) 환정적(喚情的) 기능을 지닌다.

언어의 기능은 크게 두 가지로 나눈다. 그 하나가 통달적 기능이고, 다른 하나가 환정적 기능이다. 통달적 기능은 지시·지적하는 기능이고, 환정적 기능은 감정이나 태도를 환기하는 기능이다. 곁말은 환정적 기능을 지닌다. 따라서 감정이나 태도를 환기하는

가 하면, 긴장을 해소하고 마음의 여유를 갖게 한다. 이러한 기능을 수행하는 것의 대표적인 것이 시다.

곁말의 환정적 기능은 비유, 동음어, 다의어, 풍자, 재담, 육담 등에 의해 표현된다. 이러한 기능을 드러내는 대표적인 예를 춘향전에서 한 장면 보기로 하면 암행어사 출도 장면이라 하겠다. "남원고사"의 이때의 장면은 다음과 같다.

> "암행어사 출도하오."
>
> 이 소리 한 마디에 태산의 범이 울고, 청천의 벽력이라. 기와골이 떨어지고, 동헌이 터지는 듯, 노름이 고름이오, 삼현(三絃)이 파면이오, 노래가 모래되고, 배반(杯盤)이 현반(懸盤)이라.
>
> 좌우 수령 거동 보소. 겁낸 거동 가소롭다. 언어 수작 뒤켜 한다.
>
> "갓 내여라, 신고 가자. 목화(木靴) 내라 쓰고 가자. 나귀 내라 입고 가자. 창의 잡아라 타고 가자. 물 마르니 목을 다고."
>
> 임실 현감 갓모자를 뒤켜 쓰고, "이놈들 허무한 놈, 갓구멍을 막았구나."
>
> 칼집 쥐고 오줌 누니, 오줌 맞은 하인들이 겁결에 하는 말이 "요사이는 하늘에서 더운 비를 주나 보다."
>
> 쥐구멍에 상투 막고, 구례 현감 말을 거꾸로 타고 하인더러 묻는 말이, "이 말 목이 본래 없나?"
>
> 여산 부사 오줌 싸고" 문들어온다. 바람 닫아라."
>
> 말이 빠져 이가 헷날린다. 굴뚝 뒤에 숨었다가 줄행랑이 개가죽이라. 개구멍으로 달아난다.

이렇게 모두가 언어수작이 헷갈린다. 여기에는 비유, 어말음의 곁말 등이 많이 쓰이고 있는가 하면, 익살스러운 재담을 많이 하고 있다. 그리하여 통달적 표현이 아닌 환정적 표현으로 독자들의 감정을 자극한다. 이로 말미암아 웃음과 재미를 느끼게 된다.

2) 재미를 느끼게 한다.

곁말은 우선 재미를 느끼게 한다. 예를 들어 흥부전에서 흥부는 말집을 짓는다. 그 집이 얼마나 작은지 제대로 운신을 할 수 없다. "안방을 볼작시면 어찌 너르던지 누워 발을 뻗으면 발목이 벽 밖으로 나가니 착고 찬 놈도 같고, 방에서 멋모르고 일어서면 모가지가 지붕 밖으로 나가니 휘주잡기에 잡히어 칼 쓴 놈도 같고, 잠결에 기지개를 켤 양이면 발은 마당 밖으로 나가고, 두 주먹은 두 벽으로 나가고, 엉덩이는 울타리 밖으로 나가 동리 사람이 출입시에 거친다고 이 궁둥이 불러들이라는 소리에 깜짝 놀라 일어 앉어 대성통곡 하는 말이..." 같은 표현은 비유를 하고 익살을 떨어 우습고 재미있다. 이러한 재미는 "배비장전"에서 정 비장과 기생 애랑의 이별 장면에서도 볼 수 있다. 여기서는 "변강쇠가"에서 움생원과 각설이패가 송장 짐을 놓고 배꼽을 잡게 하는 장면을 보기로 한다.

"그 담배 맛 좋으냐?" "십상 조흔 상관초(上關草)요." "한 대 떼어

맛좀 볼까?" "와서 떼어 잡수시오."

마음 곧은 움 생원이 담배 욕심 잔뜩 나서 달려들어 손 쑥 넣으니, 독한 내가 코 쑤시고 손이 딱 붙는구나. 움 생원이 호령하여 "이놈, 이게 웬 일인고?" 뎁득이 경판(京板)으로 물어 "왜 어찌 하시셨소?" "괘씸한 놈 버릇이라. 점잖은 양반 손을 어찌 쥐고 아니 놓노?" 뎁득이와 각설이가 손뼉을 치며 대소하여, "누가 손을 붙들었소?" "이것이 무엇이냐?" "바로 하제. 송장 짐이오." "너 이놈 송장 짐을 외밭머리 놓았느냐?" "새벽 길 가는 사람 외밭인지, 콩밭인지, 아는 제미할 놈 있소?"

움생원이 달래어 "그렇든지 저렇든지 손이나 떼어 다고." 네 놈이 각기 문자로 대답하여 "아궁불열(我躬不閱)이오." "오비도 삼척이오." "동병상련이오." "아가사창(我歌査唱)이오." 움 생원이 문자 속은 익어 "너희도 붙었느냐?" "아는 말이오." "할 장사가 푹 쌓였는데 송장 장사 어이 하며, 송장이 어디 있어 저리 많이 받아 지고 어느 장엘 가려 하며, 송장 중에 붙는 송장 생전 처음 보았으니 내력이나 조금 알게 자상히 말하여라."

여기에서는 해학적 표현을 해 재미를 느끼게 하고 있다.

곁말은 비유를 하고, 기지·반어·패러디 등의 기법을 활용하여 그 내용을 해학적·풍자적으로 표현하여 흥미를 끌고, 나아가 재미를 느끼게 한다. 거기에다 재담이나 육담은 더욱 재미를 느끼게 한다. 지난날의 패설들은 주로 이러한 것을 그 내용으로 하고 있다. 그래서 그 패설집 이름을 "성수패설(醒睡稗說), 어면순(禦眠楯), 어수록(禦睡錄), 파수록(破睡錄)"과 같이 잠을 쫓는다고 하는가 하면,

"태평한화골계전(太平閑話滑稽傳), 동국골계전(東國滑稽傳)"과 같이 "골계(滑稽)"라는 말을 붙여 그 내용이 재미있음을 나타내고 있다.

3) 강조, 및 변화를 꾀한다.

수사법은 명료(clearness)와 구체성(concreteness), 그리고 강조(emphasis)를 증대하는 두 가지로 나누어 볼 수 있다. 특히 비유는 시각적 표현으로 사물을 보다 명료하고 구상적으로 표현하는 수사법이다. 곁말은 본성이 빗대어 표현하는 것이기 때문에 이는 강조를 위해 많이 쓰이고 있다. 곁말에 많이 쓰이고 있는 광의의 동음어 활용은 반복법의 일종이다. 이는 청각적으로 운율을 빚어내는가 하면 표현의 변화와 강조를 하는 대표적 수사기법이다. 이 밖에 아이러니, 풍유 등에 의해서도 사회를 고발하고, 표현에 변화를 주는가 하면, 비유를 통해 강조하는 기법이 된다. 참요, 풍자시 등은 그 대표적인 것이다.

그리고 여기 덧붙일 것은 곁말은 강조와 변화를 위한 수사일 뿐만 아니라, 완곡하게 순화하는 역할도 한다는 것이다. 말을 바꾸면 완곡법, 곁말법, 경구법은 직접적인 표현을 피하고 간접적인 표현을 하기도 한다. 외설적인 육담을 돌려 표현함으로 저속성의 강도를 완화하고 순화하는 것은 그 대표적인 것이다. 이들의 구체적인 용례는 거례를 피하고, 관련항목으로 미루기로 한다.

4) 해학성을 지니게 한다.

주관적 골계(滑稽)의 하부 영역은 해학(humour), 아이러니(irony), 풍자(satire), 기지(wit)의 넷으로 나누기도 한다. 곁말은 광의의 의미로, 비유와 동음어에 의한 언어 유희(word play)를 하는 것이다. 따라서 곁말은 골계(the comic)를 위해, 해학 곧 유머의 기법을 활용한다. 이에 곁말은 해학성을 지닐 수밖에 없다. 아니 이를 그의 특성으로 한다.

해학성을 드러내는 곁말의 예는 앞에서 여러 가지를 살펴본 바 있다. 여기서는 그 효용이 해학성을 지니게 한다는 의미에서 한두 예를 보기로 한다. 그 하나는 "파수록"에 수록된 "삼차위지(三次爲之)"라는 설화다. 이는 다의성을 설명하면서 언급한 바 있다. 같은 말을 다른 상황에 적용해 해학성을 드러낸 경우이다. 이는 똑똑치 못한 사위에 대한 동정을 갖게 하는 것으로, 해학성을 지니는 진짜 유머라 하겠다.

파수록에 수록된 글을 알아야 한다고 잘난 체하는 장인을 사위가 글을 모른다고 속여 망신을 준 이야기도 해학성을 안겨 준다. 장인은 소나무와 잣나무가 항상 푸른 것은 중심이 굳어서이고, 학이 잘 우는 것은 울대가 길어서이며, 버드나무가 축 쳐진 것은 사람들을 많이 겪은 때문이라며, 글을 알아야 이러한 이치를 안다고 사위를 안타까워하였다. 이에 사위는 그렇다면 대나무가 푸른 것도 중심이 굳어서이고, 맹꽁이가 잘 우는 것도 울대가 길어서이며,

장모가 축 늘어진 것도 사람을 많이 겪은 때문이냐고 반문하였다. 그래서 장인은 사위에게 속은 것을 알고 아무 말도 못했다고 한다. 이는 반어법에 의한 곁말을 씀으로 해학성을 지니게 한 것이다. 이러한 해학성은 단순한 지명의 풀이나, 인명의 파자에서도 드러나는 것을 볼 수 있다.

5) 풍자성을 지니게 한다.

풍자성은 앞에서 본 바와 같이 골계의 하위 요소다. 사람들은 표현 효과를 좀 더 드러내기 위해 풍유를 사용하거나 풍자적 표현을 한다. 풍자성을 지니는 곁말은 앞에서 개의 오륜, 닭의 오덕 등을 살펴보았다. 여기서는 곁말이 풍자성을 지니게 한다는 것을 확인하기 위해 다른 두어 개의 예를 더 보기로 한다. 우리의 민요에는 찔레꽃은 장가가고, 석류꽃은 상객을 간다는 것이 있다. "찔레야 꽃은 장개가고/ 석류야 꽃은 상객 가네/ 만 인간아 웃지 마라/ 씨 종자 바래 간다"가 그것이다. 여기서 찔레꽃은 흰 꽃, 곧 백발노인을 비유한다. 이에 대해 석류꽃은 붉은 꽃으로 홍안소년을 비유한다. 따라서 백발 노인이 장가를 가고, 홍안소년이 상객으로 간다는 것은 상황이 뒤바뀐 경우이다. 그러니 모든 사람이 웃는다. 그러나 웃을 일이 못 된다. 가계(家系)를 잇기 위해 부끄러운 장가를 간다는 것이다. 우리나라에서는 후사(後嗣)가 없고 절손(絶孫)이 된다는 것은 생각할 수 없는 큰 불효이다. 이 민요는 자손을 잇는 것이 얼마나 중요한가 한 것을 익살스럽게 보여 주는 풍자적 민요이다.

남녀승의 싸움을 희화한 시조도 풍자적 시조이다. "중놈은 승년의 머리털 잡고/ 두 끈 맞매고 이 외고, 저 왼고, 작작궁이 쳤는데, 뭇 소경이 굿을 보니/ 어디서 귀먹은 벙어리는 외다 옳다 하느니?"란 이 시조는 있을 수 없는 허구적(虛構的) 사실을 마치 사실과 같이 노래한 시조다(p.241 참조). 이는 세상의 모순된 사실을 고발한 풍자적 시조다. 이렇게 곁말은 풍자성을 안겨 준다.

6) **운율성을 지니게 한다.**

곁말은 비유와 광의의 동음어에 의한 표현기법이라 할 수 있다. 이는 전음 동음어와 어두음, 또는 어말음이라는 부분 동음어를 활용함으로 운율성(韻律性)을 드러낸다.

여기서 곁말의 운율성을 다시 한 번 확인하기로 하면, 아산지방의 민요에 "치고"라는 동음어가 연속적으로 사용되고 있는 것을 통해서도 쉽게 확인된다. "이리 치고 저리 치고/ 한강 그물 고기 잡아라/ 먹어 치고/ 양반은 상놈 치고/ 상놈은 기집 치고/ 기집은 개 불러다 똥 치고/ 개는 꼬리 치고"(박갑수, 1979)에는 무려 동음어가 7개가 쓰이고 있다. 따라서 반복적 사용으로 말미암아 운율성을 드러낸다. 더구나 이들은 "치고(打), 치고(조동사), 치고(處理), 치고(搖尾)"란 너덧 가지 다른 의미를 지니고 있어 흥미까지 자아내게 한다. 전음 동음어 외에 동일한 어두음은 두운(頭韻)을, 어말음은 각운(脚韻)을 드러냄은 물론이다. 여기서는 어두음을 활용한 민요로 북한 운산(雲山) 지방의 "나무타령"을 보기로 한다.

> 오다 가다 오동나무/ 가다 오다 가둑나무
> (십리 절반 오리나무)/ 소가 간다 소나무
> 개가 간다 개살구나무/ (거짓 없다 참나무)
> (칼로 찔러 피나무/ 발발 떠는 사시나무)
> 배 아프다 배나무/ (배고프다 시당나무)
> 젖 먹어라 젓나무/ 살이 진다 살구나무
> (떡 먹어라 시당나무/ 캄캄하다 밤나무
> 방구 뀐다 뽕나무/ 무서워라 옻나무)

위에 괄호를 치지 아니한 가사가 어두음을 활용하여 두운을 드러내는 것으로 해조(諧調)를 이룬다. 이렇게 동음어 내지 어두음과 어말음은 운율성을 지니게 한다.

7) 발상의 폭을 넓힌다.

곁말은 직설적인 표현을 하는 것이 아니라 빗대어 표현하는 기법이다. 빗대어 표현하자면 자연 빗댈 사물이 있어야 한다. 곧 보조관념(vehicle)을 찾아야 한다. 이에 풍부한 사고와 다양한 발상을 해야 함으로 표현의 폭이 넓어진다. 따라서 그 표현은 자연 다양해지고 풍성해진다. 이는 다른 말로 하면 표현교육에 기여한다.

발상의 폭을 넓히게 하는 예를 한 두 개 보기로 한다. 우리의 "꼭두각시놀음"에는 평안감사의 사냥에 관한 이야기가 나온다. 여기서 진동이가 몰잇군을 하겠다고 벌거벗고 나타난다. 이 장면은 이렇게 전개된다. "평안감사: 웬 발가벗은 놈이냐?" "진동이: 내가 발가벗은 놈이 아닙니다. 아주머니 바지저고리를 입었습니다." "평안감사: 요놈 곁말을 쓰는구나." 이렇게 전개된다. 여기서 "아주머니 바지저고리"를 입었다는 말은 나신(裸身)이 아니라, 투명한 고무 바지저고리를 입었다는 말이다. 그리고 "고무"는 유음어 "고모(姑母)"에 이끌려 "고모(姑母)"에 비유되고, "고모"는 다시 "아주머니" 벌이므로 "아주머니 바지저고리"를 입었다고 한 것이다. 그러니 이 말은 "벌거벗은 것"이 "고무 바지 저고리"에, 그리고 "고무"가 "고모" 나아가, "아주머니"로 발상이 전개가 된 것이다. 그러니 하나의 표현을 하기 위해 적어도 3단계의 발상 전환이 이루어진 것이라 하겠다.

이와는 달리 김삿갓 등의 국한혼용시(國漢混用詩)도 놀라운 발상의 변화에 따른 표현이라 할 수 있고, 봉산탈춤의 "유유정정화화(柳柳井井花花)"는 발상을 달리함으로 위트 있고, 해학적인 표현이 되었다 하겠다. "유유정정화화"는 앞에서 본 바와 같이 새김을 이용한 곁말이다 "버들 유(柳), 우물 정(井), 꽃 화(花)"자를 두 번씩 반복하여 "버들버들 우물우물 꼿꼿"을 나타낸다. 그리고 이는 여기에 그치지 아니하고, 의태어(擬態語)로서 사람의 죽어가는 모습, 곧 운명하는 모습을 익살스럽게 표현한 것이다(상, p.196). 이는 "버들버들 우물우물 꼿꼿"으로 풀이하기도 힘든데, 발상의 전환을 하여 사람이 죽어 가는 모습을 나타낸다는 것은 한마디로 놀라움 자체라고 하겠다. 이는 "버들버들 우물우물 하다가 죽어 꼿꼿이 굳었다"는 것을 나타낸다.

8) 유무식(有無識), 혹은 반상(班常)이 두루 즐긴다.

곁말은 흔히 서민적인 속된 말로 받아들인다. 그러나 그런 것만은 아니다. 앞에서 살펴본 바와 같이 위로는 대감에서 임금에 이르기까지 곁말을 사용하고 있고, 그 표현도 통속적인 것에서 학자들도 이해하기 힘든 유식한 표현까지 하고 있다(상, p.171). 곁말은 유무식이나, 계층과 관계없이 두루 쓰인 우리의 표현 기법이다.

서민들이 곁말을 즐긴다는 것은 설화에 많이 쓰이고, 판소리, 탈춤, 및 판소리계(系) 고전 소설에 많이 쓰인다는 것에서 확인 된다.

지식층과 상류계층에서 즐겼다는 것은 세조가 신(申), 구(具) 재상과 신구(新舊) 관료라는 동음어 "신·구"를 사용하여 신하에게 술을 권하는 수단으로 썼으며, 성종과 문명을 떨친 어득강(魚得江)의 일화에서도 볼 수 있다. 성종은 일본 사신 등안길(藤安吉)이 왔을 때 어득강에게 "등은 안지를 못하는데 등 안길이 있겠는가?"라 하였다. 그러자 어득강은 배로 업지 않아도 "백어피(白魚皮)"가 있다고 유음어로 대답했다. 뒤에 성종은 그의 재치에 질투를 느꼈던 지 어득강이 밤에 밖으로 나가자 횃불을 들고 가 그를 발로 차게 하였다. 그러자 어득강은 "불현자 수유차 불락(不賢者 雖有此 不樂)"이라 했다. 이 말은 "어질지 않은 자는 비록 이리 해도 즐겁지 않다."고 한 말이 아니다. "불 현자가 비록 차도 넘어지지 않는다"라 한 것이다. "불현 자"는 동음어인 "불켠 자"의 옛말, "차(此)"는 "차(蹴)", "불락(不樂)"은 "불락(不落)"을 나타낸다. 지식인의 곁말이다. 조선조의 문신 김일손(金馹孫)의 편지는 난해한 곁말의 편지다(하, p.213) 그래서 사실은 그 장인도 편지의 내용을 몰랐다.

9) 교훈성과 지식을 안겨 준다.

속담은 민간에 전승되어 관용적으로 사용하는 교훈이나, 경계를 말한다. "입 찬 말은 묘 앞에 가서 하여라"라는 속담이 희떱게 자랑하거나 장담을 하지 말라는 교훈을 주는 것이 이런 것이다. 풍자나 반어적 표현은 반면교사로서의 교훈을 안겨 준다. 파자는 한자의 자획을 익히게 한다. 수수께끼도 참여자에게 즐거움과 함께 지식을 제공해 줌은 말할 것도 없다. 김삿갓의 "개성축객시"는 "개성(開城)"이 이름과 달리 문을 닫고, 산은 "송악(松嶽)"인데 땔 나무가 없다고 한다는 것을 전제로, 황혼에 찾은 손을 내치는 것은 동방예의지국의 예의가 아니라고 읊은 것이다. 이는 축객의 비례를 풍자한 것이다. 김포에서 채집된 민요, "옛날 옛적에 꼬마 신랑이/ 이불에다 오줌을 쌌대요/ 난 몰라, 난 몰라 집에 갈 테야/ 서방님 서방님 가지 마세요/ 가마솥의 누룽지 긁어 드릴게."는 조혼의 폐습을 익살스럽게 고발한 것이다. 그리고 이 민요는 이러한 조혼의 폐습이 계속되어서는 안 되겠다는 교훈을 안겨 준다.

10) **외국의 수사 기법과 연관된다.**

곁말은 우리의 전통적 수사법이다. 이는 일상생활에, 그리고 소설, 가면극, 판소리, 설화 등 다양한 영역에 쓰이고 있다. 우리의 곁말에 해당하는 수사법에 서양에는 펀(pun), 패러노우메이지아(paronomasia) 같은 것이 있고, 일본에는 가케고도바(掛詞)가 있다.

펀(pun)은 "동일어를 다른 의미로 사용하거나, 동음 또는 유음의 의미가 다른 별개의 단어에 의탁해 사용하는 언어 유희"(현대영어학사전, 일본 성미당)라 정의하고 있다. 패러노우메이지아(paranou-masia)도 같은 의미로 본다. 김상선은 그의 "문장수사학"에서 패러노우메이지아를 곁말법, 펀을 패러노우메이지아와 거의 같다면서 육담이라 하고 있다. 펀이나, 패러노우메이지아는 이렇게 우리의 곁말과 유사한 수사기법이다. 그러나 우리의 곁말은 재담이나 육담 등까지 포함하고 있어, 우리의 곁말이 좀 더 의미영역이 넓다 하겠다. 펀이나, 패러노우메이지아의 예를 몇 개 들어보면 다음과 같다.

Pistol: To England will I **steal**, and there I'll **steal**.(Shakespeare, Henry

V) (영국에 조용히 들어가 훔쳐 오겠다.)

Fallstaff: [to Prince Hal] Were it not **here apparent** that thou art **heir apparent**.(Henry IV) (당신이 황태자이란 것이 여기에 분명치 않다면)

..... and to begirt the Almighty throne/ **Beseeching** or **besieging**. (Milton: Paradise Lost) (그래서 전능의 신의 옥좌를/ 탄원하면서 포위하면서 둘러싼다.)

위의 "steal ~ steal"은 동일어를 다른 의미로, "here apparent ~ heir apparent"와 "Beseeching ~ besieging"은 유음어를 사용해 언어유희를 한 것이다.

펀은 셰익스피어 시대에 특히 많이 쓰였다. 이는 본래 지적 유희로서 고전 작가들이 즐겨 썼고, 플라톤이나 희랍의 극작가들도 많이 사용하였다. 중세 및 문예부흥기에는 설교에도 많이 쓰였다. 영국의 엘리자베스조(朝)에는 펀이 수사적이고 장식적 기교로 중시되었다. 그러나 현대 영어에서는 펀이 이렇게 자주 쓰이지는 않으나, 언어 유희로서 표현을 풍부하게 하거나, 표현 효과를 드러낸다는 것을 인정하고 있다(大山敏子. 英語修辭學, 1981).

일본의 수사법으로 곁말에 상당한 것은 "가케고도바(掛詞)"라 할 수 있다. 이는 같거나 유사한 이의(異意), 혹은 다의의 형식을 활용하여 두 가지 이상의 뜻을 함축시키는 표현 기교를 말한다. "君が心に秋や來めらむ(님께서 싫증을 느끼셨는가)"에서 가을 "아키(秋)"에

의탁해 싫증 "아키(飽)"를 표현하는 것 같은 것이 그것이다. 표면적 의미와 이면적 의미를 함께 표현하려는 것이다. 이는 와카(和歌)를 비롯하여 요교쿠(謠曲), 죠루리(淨瑠璃) 등에도 쓰인다. 가케고도바는 의의 전환(轉換)의 괘사와, 이의(二義) 병립(竝立)의 괘사 등 이종(二種) 사류(四類)가 있다(국어학사전, 일본 동경당 출판).

이상 곁말의 효용성에 대해 살펴보았다. 물론 곁말의 효용성은 이 밖에도 더 들 수 있을 것이다. 그러나 여기서는 이쯤에서 마무리하기로 한다. 그리고 각박한 현실과 곁말의 효용을 생각하면서, 이를 효과적으로 운용하여 여유 있는 인생을 영위하기 바라며 대단원의 막을 내리기로 한다.

2018. 10. 10.

곁말의 용례와 예화

다

마

바

사

아

자

차

카

타

파

하

저자 박갑수

서울대 명예교수, 연변대 과기학원 겸직교수
일본 天理大學, 筑波大學, 중국 洛陽外國語大學 초빙교수 역임
국어심의위원, 방송심의위원, 법제처 정책자문위원
한국어 세계화재단 이사
한국어능력시험 자문위원장
재외동포교육진흥재단 상임대표
(사)한국문화국제교류운동본부 이사장 역임
국어교육학회·이중언어학회·한국언어문화교육학회·한국문화 국제교류재단 고문
저서 : 『현대문학의 문체와 표현』, 『고전문학의 문체와 표현』, 『일반국어의 문체와 표현』, 『신문·광고의 문체와 표현』, 『한국 방송언어론』, 『국어교육과 한국어 교육의 성찰』, 『한국어교육의 원리와 방법』, 『한국어교육과 언어문화 교육』, 『재외동포 교육과 한국어교육』, 『한국인과 한국어의 발상과 표현』, 『우리말 우리 문화』, 『재미있는 속담과 인생』 외 다수.

재미있는 곁말기행 (하)

－곁에 두고 읽는 곁말－

초판1쇄 인쇄 2018년 10월 16일 | **초판1쇄 발행** 2018년 10월 25일
저 자 박갑수
펴낸이 이대현 | **편집** 홍혜정 | **디자인** 안혜진 | **마케팅** 박태훈 안현진
펴낸곳 도서출판 역락 | **등록** 제303-2002-000014호(등록일 1999년 4월 19일)
주 소 서울시 서초구 동광로 46길 6-6 문창빌딩 2층
전 화 02-3409-2058(영업부), 2060(편집부) | **팩시밀리** 02-3409-2059
전자우편 youkrack@hanmail.net **역락 블로그** http://blog.naver.com/youkrack3888
역락 홈페이지 http://www.youkrackbooks.com

ISBN 979-11-6244-307-1 04710
979-11-6244-302-6 (전2권)

* 값은 뒤표지에 있습니다.
* 파본은 구입처에서 교환해 드립니다.

이 도서의 국립중앙도서관 출판예정도서목록(CIP)은 서지정보유통지원시스템 홈페이지(http://seoji.nl.go.kr)와 국가자료공동목록시스템(http://www.nl.go.kr/kolisnet)에서 이용하실 수 있습니다.(CIP제어번호 : CIP2018033080)